経営戦略の三位一体を実現するための

特許情報分析と
パテントマップ作成入門

第3版

野崎 篤志 著

発明推進協会

● 本書では主に特許情報分析について述べているが、特許情報と述べている場合は原則として実用新案情報も含めている。

● 本書に掲載しているロゴ、記載している会社名、製品・サービス名などの固有名詞は各社の商標または登録商標である。なお、本文中では、TM、® マークは省略している。

● 本書内において引用文献は以下のように記載している（なお、著者が執筆者の場合は拙著・拙稿と表記）。書籍の出版社・出版年やネット記事の URL 等は読者サポートウェブサイトに掲載している。

書籍	野崎篤志『特許情報調査と検索テクニック入門 改訂版』
論文・雑誌	野崎篤志「知財部員のための未来予測『魚の目視点』の考え方」（「知財管理」68巻11号1534頁［2018］）
ネット記事	特許庁「経営戦略に資する知財情報分析・活用に関する調査研究」

● 本書に掲載されている各種データベース等のインターフェースは2023年4～5月時点のものであり、今後変更される可能性がある点にご留意いただきたい（ブラウザは Google Chrome バージョン112.0.5615.139を用いて動作検証している）。また、本書で紹介しているサービスやソフトウエアについて著者は安全性を保証するものではない。本書掲載のサービスやソフトウエアのご利用は読者ご自身の責任と判断によって行っていただきたい。

第3版の発刊に当たり

　本書の初版が2011年、改訂版が2016年に発行され、既に初版から10年以上の歳月が経過した。その間、数多くの読者に恵まれ、特許情報分析を企業の知財活動だけではなく、経営・事業や研究開発戦略策定に活用していただけたことは著者として望外の喜びである。

　この10年ほどの間で特許情報分析を取り巻く環境は大きく変化した。その中でもとりわけ大きな変化は、2017年4月に発表された知財人材スキル標準（version2.0）において、知財人材が持つべき戦略レベルのスキルとして「IPランドスケープ」が導入されたことと、2021年6月にコーポレートガバナンス・コードが改訂されて「知的財産への投資」に関する情報開示・発信が盛り込まれたことであろう。この影響もあり、特許情報をはじめとした知財情報分析を研究開発戦略だけではなく、事業戦略やマーケティング戦略、そしてIR戦略へ活用しようという機運が高まっている。

　そのほかにもこの10年ほどの間に、第三次人工知能ブームを背景に機械学習を活用したツールをはじめ、機能性に優れたさまざまな特許分析ツールがリリースされた。また、直近ではChatGPTをはじめ、生成AIブームの今後の動向も注目である。

　著者が日本技術貿易株式会社（現在のNGB株式会社）に入社した2002年は、小泉純一郎首相（当時）が内閣施政方針演説において憲政史上初めて知的財産に言及した年である。知財立国宣言を受けて特許庁が提唱したコンセプトが、本書のサブタイトルにもなっている「経営戦略の三位一体」である。特許情報、広義にいえば知財情報を経営戦略や事業戦略へ活用するという試みは決して新しいものではなく、知財部門にとって長年の課題であった。その課題達成が容易ではなく、さらにはさまざまな製品・サービスがコモディティ化してしまった現在だからこそ、特許情報も積極的に活用してデータドリブン・データ駆動型で自社オリジナルの戦略を策定する重要性がより一層増しているといえるであろう。

第3版では、初版からの特徴である MS Excel を用いた特許情報分析・パテントマップ作成のテクニックについて詳述する点は変えていないが、経営・事業に活用することを意識して、記載等を充実させた。特許情報分析・パテントマップを事業に活用するためには、ビジネス的な視点で特許情報を料理しなければならない。そこで必要になるのが仮説・分析ストーリー構築からの戦略策定である。今回の改訂では最近の分析・コンサルティングプロジェクトでのご相談が多いこの点についても解説を加えている。

　さらに、J-PlatPat（特許情報プラットフォーム）の機能改善[1]や、無料で利用可能なテキストマイニングツールの登場により、高価な分析ツールを導入しなくても、J-PlatPat と MS Excel だけで事業に活用するための特許情報分析を実施できる環境が整ってきた。この点を踏まえて J-PlatPat と MS Excel・無料ツールだけでも十分な特許情報分析から戦略立案を行うことができるように改訂した。今回の主な改訂のポイントは以下のとおりである。

● 知財人材スキル標準（version2.0）を受けて、IP ランドスケープに関する記載や事例を追加（例：序章、第7章、COLUMN など）
● 特許情報分析プロジェクト・パテントマップ作成の流れを全面的に修正し、課題の見極め、仮説・分析ストーリーの構築について説明を拡充（2.5）
● 改訂版では COLUMN で説明していた J-PlatPat を用いた特許リストの作成方法を、第3章内へ移動し、J-PlatPat と MS Excel だけで特許分析・パテントマップを作成することが可能なことを強調
● ピボットテーブルだけではなく、関数を活用した特許情報分析・パテントマップ作成についても追加（3.6）
● 第5章と第6章を入れ替えて、特許および特許以外の情報収集・分析を行った上で、総合的に特許情報分析結果・パテントマップの解釈を行い、戦略策定につなげる流れへ変更

1　2023年3月の機能改善では CSV 出力によって1回当たり3000件まで書誌データをダウンロードできるようになった。

● 第7章の「特許情報分析・パテントマップの組織への定着」については全面的に内容を変更
● 読者サポートウェブサイトを開設し、本書で引用・紹介している文献のみならず、参考になると思われる「800件超」の文献（書籍、論文等）の詳細な書誌情報を「引用文献・参考文献リスト」として公開

　ぜひ本書を読んで、特許情報分析を実践することで「知財情報を組織の力に[2]」を実現していただきたい。

　最後に、IPランドスケープに積極的に取り組んでいる旭化成株式会社知財インテリジェンス室シニアフェローの中村栄様にはご多忙の中、原稿を読んでいただき、帯文を寄せていただいた点に感謝申し上げたい。また、第3版の出版に当たり多大なご協力をいただいた発明推進協会の原澤様をはじめとした皆さま方に心から感謝の意を表したい。

2023年8月　野崎 篤志

2　「知財情報を組織の力に」は著者が2017年に株式会社イーパテントを設立した際に掲げたモットーである（商標登録第6234376号）。

改訂版の発刊に当たり

　本書は2011年12月に上梓した「特許情報分析およびパテントマップ作成入門」の改訂版である。著者初の単著[3]である「特許情報分析およびパテントマップ作成入門」が上梓から約5年間で第3刷まで版を重ね、数多くの方々に読んでいただいたのは非常に光栄であった。初版では主にMS Excel2003/2007を用いたパテントマップ作成テクニックを中心に、マップの見せ方や活用方法まで網羅的に取り扱ったが、肝心な「特許情報分析・パテントマップ作成における考え方」についての説明が不足していた感は否めない。

　改訂版ではMS Excel2016を用いたパテントマップ作成テクニックだけではなく、自ら特許情報分析を行うための基本的な思考の枠組みに重点を置いて加筆・修正した。主な改訂のポイントは以下のとおりである。

● 「インテリジェンスとデータ分析」や「特許情報分析の目的・種類」についての説明を第2章へ追加するとともに、パテントマップの種類としてコンパラマップや出願ポジショニングマップなどを追加
● 第2章のパテントマップ作成の流れでは、分析設計や分析の切り口（分析項目の設定）について特に重点的に説明を追加
● 第3章はMS Excel2016の操作画面に一新（初版はMS Excel2003と2007に対応）
● 第5章の「パテントマップの解釈」では、どのように作成したパテントマップを読み解けばよいのか、どのように深掘りすればよいのかについて説明を大幅に追加
● 新たに第8章「海外特許情報分析」と第9章「特許情報分析スキルを磨

3　正確に言うと技術情報協会よりCD-ROM付き書籍「EXCELを用いたパテントマップ作成・活用ノウハウ～講演映像資料付き～」が本当の初の単著であるが、これは専門書籍であり一般書店に流通していないので「特許情報分析およびパテントマップ作成入門」が著者初の単著と考えている。

くために」を追加
● 脚注および引用文献・参考文献を大幅に補充
● 全ての章末にコラムを掲載し、本文中で触れていない Tips などについて
解説

　「良い工学書は、単に過去の発明や製品を紹介するのではなく、設計の原理や方法、あるいは、計画や管理の手順を述べ、それをもとに読者が新たな発明や製品を生み出す手助けとなるように書かれたものである」とは東京大学名誉教授である丹羽清氏の言である（出所：丹羽 清『イノベーション実践論』）。本書は工学書ではなく特許情報分析に関する実務書であるが、著者本人としては「良い実務書」になるよう努めたつもりである。理解を深めるために過去の企業や技術動向分析事例を掲載するのは有益であるが、本書が目指しているのは、あくまでも自ら特許情報分析を行えるようになるための考え方・マインドセットの習得である。そのため、過去の企業や技術動向分析事例については引用文献・参考文献で掲載した書籍・論考等を参照いただきたい。

　本書は2015年10月に上梓した「特許情報調査と検索テクニック入門」と同様、著者自らの特許情報分析における経験知を可能な限り形式知化した結果である。初版のあとがきでも書いたが、特許情報分析スキルは一朝一夕に身に付くものではなく、絶えず磨きをかけていかなければならないものである。最近は書店等でも「10時間で分かる○○○」や「3時間で学ぶ○○○」のような書籍を目にするが、本書を読んだからといってすぐに効率的に特許情報分析・パテントマップ作成を行えるわけではない。地道に着実にスキルを身に付けていただくために本書が少しでもお役に立つのであれば著者にとって望外の喜びである。

2016年8月　野崎 篤志

初版はじめに

　本書は特許情報分析およびパテントマップの入門書であると同時に、MS Excel を用いてパテントマップを作成するための具体的なテクニックについて解説した実務書である。

　2002年2月4日に小泉首相（当時）が施政方針演説で"知財立国"を目指すことを表明してから約10年が経過した。世の中に知的財産（略して知財）というキーワードが浸透し、その重要性について注目が集まったことは好ましいことである。

　企業において戦略立案する上で情報収集・分析は欠かせない。自社の内部環境分析、競合他社や市場の外部環境分析を行うために、マーケット情報や財務情報、政策・規制情報などさまざまなデータを収集し、自社の競争優位性を確保するために分析を行う。知財情報、その中でも特許情報は非常に重要な情報源の一つである。しかしながら、特許情報を戦略的に活用している企業が多いとはいえないのが著者の実感である。

　知財実務には出願、調査・分析、ライセンス・契約、訴訟、管理などさまざまな業務があるが、調査・分析業務はどちらかといえば地味な業務である。また、研究開発の現場にいる研究者・技術者にとっても特許は近寄り難い存在であろう。しかし、今後市場において自社独自のポジションを築こうとすれば、十分な特許情報の収集・分析を行い、他社の模倣ではない自社オリジナルの戦略で勝負していかなければならない。特許情報分析・パテントマップのスキルはますます重要性が増すであろう。

　しかしながら、特許情報分析・パテントマップのスキルを習得しようと思っても、特許調査・分析やパテントマップに関する書籍は、国内外の出願実務に関する書籍と比べると圧倒的に少ないのが現状である。本書では、特許情報分析・パテントマップに関する基礎知識はもちろん、パテントマップ作成の具体的な方法や作成したパテントマップの分析方法や見せ方、その活用方法など網羅的な内容を取り上げた。本書によって、少しでも読者の方々が特

許情報分析・パテントマップのスキルを習得していただき、自社の戦略立案や日々の業務に役立てていただければ著者として望外の喜びである。

　なお、本書の内容はこれまで著者がさまざまなクライアントの方々と調査・分析案件を通じて得た経験がベースになっている。クライアントの方々のお名前を挙げることはできないが、厚く御礼申し上げたい。

　最後に、本書の出版に当たり多大なご協力をいただいた発明協会の鴨井様および渡邊様をはじめとした皆さま方に心から感謝の意を表したい。

2011年8月　野崎 篤志

読者サポートウェブサイトについて

　本書の目的は、読者に特許情報分析・パテントマップ作成のスキルを習得していただくことであるが、紙幅には限界があり、書籍よりデータのほうが使い勝手が良い内容もある。そこで、以下の内容をウェブサイトから無料でダウンロードできるようにしたので、ぜひ、本書と併せてご活用いただきたい。

1. 母集団検索式や MS Excel リスト

　本書の**第2章**の統計解析型パテントマップの実例や、**第3章**の MS Excel を用いたパテントマップ作成では「魚介類の養殖技術」関連日本特許・実用新案を対象とした。「魚介類の養殖技術」関連特許の母集団検索式は以下のようにキーワードと特許分類を用いた。

J-PlatPat 論理式（出願日：2003年1月1日以降）
［A01K61/10/IP］＋［A01K61/10/FI］＋［2B104AA01./FT］＋［（魚＋サケ＋鮭＋イワシ＋鰯＋ヒラメ＋平目＋カレイ＋鰈＋フグ＋河豚＋ウナギ＋鰻＋マグロ＋鮪＋鯉＋金魚）,5N（,養殖＋生簀＋生け簀＋水槽）/TI ＋（魚＋サケ＋鮭＋イワシ＋鰯＋ヒラメ＋平目＋カレイ＋鰈＋フグ＋河豚＋ウナギ＋鰻＋マグロ＋鮪＋鯉＋金魚）,5N（,養殖＋生簀＋生け簀＋水槽）/AB ＋（魚＋サケ＋鮭＋イワシ＋鰯＋ヒラメ＋平目＋カレイ＋鰈＋フグ＋河豚＋ウナギ＋鰻＋マグロ＋鮪＋鯉＋金魚）,5N（,養殖＋生簀＋生け簀＋水槽）/CL］＋［A23K/IP ＋ A61K/IP ＋ A61P/IP ＋ C02F/IP ＋ C12N/IP ＋ G06/IP ＋ G16Y10/15/IP ＋ A23K/FI ＋ A61K/FI ＋ A61P/FI ＋ C02F/FI ＋ C12N/FI ＋ G06/FI ＋ G16Y10/15/FI］＊［養殖/TI ＋養殖/AB ＋養殖/CL］

　また、**第2章**および**第3章**の一部では、商用特許検索データベースである「PatentSQUARE」を用いた分析方法についても掲載している（母集団検索式は次ページの表のとおりであり、J-PlatPat の母集団検索式とほぼ同じ）。

式 No.	登録件数	検索項目	条　件　式
S001		条件式メモ	// 日付限定
S002	6445959	出願日	20030101:
S003		条件式メモ	// 検索式
S004	197	IPC	A01K61/10!//・魚＜水棲動物の養殖
S005	1289	FI	A01K61/10!//・魚＜水棲動物の養殖
S006	3368	名称＋要約＋請求項	[?魚?,?サケ?,?鮭?,?イワシ?,?鰯?,?ヒラメ?,?平目?,?カレイ?,?鰈?,?フグ?,?河豚?,?ウナギ?,?鰻?,?マグロ?,?鮪?,?鯉?,?金魚?*?養殖?,?生簀?,?生け簀?,?水槽?]A5
S007	1764	Fターム	2B104AA01!//・魚類＜対象魚介類＜養殖
S008	6050	名称＋要約＋請求項	?養殖?
S009	2128808	IPC	A23K!+A61K!+A61P!+C02F!+C12N!+G06!+G16Y10/15!
S010	2096404	FI	A23K!+A61K!+A61P!+C02F!+C12N!+G06!+G16Y10/15!
S011	1719	論理式	S008*(S009+S010)
S012		条件式メモ	// 総計
S013	2211	論理式	S002*(S004+S005+S006+S007+S011)

2．引用文献・参考文献リスト

　本書で引用・紹介している文献のみならず、読者の参考になると思われる「800件超」の文献（書籍、論文、ウェブサイト等）の詳細な書誌情報を収録。著者名や日付、テーマ等の書誌データでソートや並べ替えができる。本リストは適宜アップデートしていく予定である

　著者の note：読者サポートウェブサイトにアクセスし、
https://note.com/anozaki/n/n3a10496ec73e
『特許情報分析とパテントマップ作成入門 第3版』
のファイルからデータをダウンロードされたい。

■ 目　次

序章
特許情報分析・パテントマップに求められる知識・スキル

　　データサイエンティストとは、「データサイエンス力、データエンジニアリング力をベースにデータから価値を創出し、ビジネス課題に答えを出すプロフェッショナル」です。ここでの「ビジネス」とは企業の営利活動だけではなく、社会の役に立つ意味のある活動全般を指します。「プロフェッショナル」とは、体系的にトレーニングされた専門的なスキルをベースに顧客（お客様、クライアント）に価値を提供し、その対価として報酬を得る人です。
（出所：データサイエンティスト協会、データサイエンティストのためのスキルチェックリスト／タスクリスト概説）

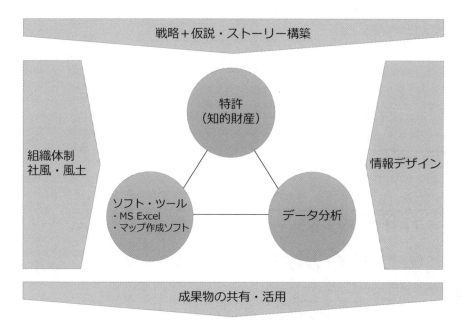

図1　特許情報分析・パテントマップに求められる知識・スキル

　2017年に特許庁より発表された「知財人材スキル標準（version2.0）」において戦略レベルのスキルとしてIPランドスケープが取り上げられたことで、知財情報（特に特許情報）をより積極的に活用していこうという動きが活発になっている。国内外を見てもIPランドスケープについて明確な定義はないが〈出所：杉光一成「IPランドスケープ総論～定義に関する一考察～」（「情報の科学と技術」69巻7号282頁［2019]）〉、「**特許情報を始めとした知財情報と、知財以外の情報と総合的に分析することで各種戦略立案に活かす**」のような意味合いで用いられることが多い。特許庁の報告書に拠れば「**経営戦略又は事業戦略の立案に際し、経営・事業情報に知財情報を組み込んだ分析を実施し、その分析結果（現状の俯瞰・将来展望等）を経営者・事業責任者と共有すること**」[1]（出所：特許庁「経営戦略に資する知財情報分析・活用に関する調査研究」）のように定義しており、経営者や事業部門と分析結果を共有することの重要性を強調している。

IPランドスケープを行う上でベースとなるのは、特許情報分析・パテントマップ作成の考え方・スキルであり、特許以外の情報も含めて総合的に分析する必要性については本書の初版から述べているとおりである。

本書で解説する特許情報分析およびパテントマップ[2,3]に求められる知識・スキルについて図1に示した。特許情報分析およびパテントマップに求められる知識・スキルには、個人レベルで習得すべきスキルもあれば、チームや組織全体として定着させるべき能力もある。

特許、ソフト・ツール、データ分析の3つの円が、特許情報分析・パテントマップ作成の上で必須となるコアスキルである。つまり特許の知識（広義にいえば知的財産の知識）[4]、特許情報分析・パテントマップ作成を行うソフト・ツールに関する知識および使いこなすスキル、そして特許に限らずデータ分析全般に関する知識から構成される[5]。この3つは研究者・技術者あるいは知的財産部員個人として特許情報分析・パテントマップ作成ができるようになるための必須スキルである。

特許情報分析結果や作成したパテントマップは一個人だけではなく、組織的に展開することでより効果を発揮する。

1　このような意味合いでIPランドスケープという用語が使われるのは日本のみというのが著者の実感である。外国では法制度や訴訟状況なども含めた知財全般の概況について把握するという意味合いで利用されることが多く、"経営者や事業部門と分析結果を共有する"という定義は日本独自のものであると考えている。詳細は本章COLUMN掲載のリンクを参照いただきたい。

2　本書では特許情報を中心に説明していくが、特許情報には実用新案情報も含めている。なお、意匠・商標情報や特許以外の情報収集・分析については第5章で述べる。

3　分析とは「複雑な事柄を一つ一つの要素や成分に分け、その構成などを明らかにすること」であり、類似した言葉である解析の意味は「事物の構成要素を細かく理論的に調べることによって、その本質を明らかにすること」である（出所：goo辞書）。分析と解析を使い分けている場合もあるが、本書では分析という言葉を用いる。

4　本書では知的財産について一定の知識を持っていることを前提に話を進めているが、知的財産について初歩から知りたい方は宮川幸子・清水至『事業をサポートする 知的財産実務マニュアル』、高橋政治『技術者・研究者のための 特許の知識と実務【第4版】』などを参照されたい。

5　データ分析の知識・スキルに加えて、分析対象母集団を正確に抽出することのできる検索手法の知識・スキルが必要なのは言うまでもない。2.5.5において分析対象母集団の設定について説明しているが、より詳細に検索手法を学びたい場合は拙著『特許情報調査と検索テクニック入門【改訂版】』や酒井美里『特許調査入門【第3版】』を参照いただきたい。

　それには、戦略に関する知識[6]や自社の既存事業の発展や新規事業の創出に向けた仮説や分析ストーリーを構築する能力、特許情報分析・パテントマップ作成を推進するための組織体制や風土づくりが必要となる。また、組織的に特許情報分析結果やパテントマップを展開する際に、受け手がスムーズに理解できる情報デザインや分析結果の見せ方・知識も重要である。

　そして、最も重要なのが上述した特許庁の報告書のIPランドスケープの定義にもあるように、特許情報分析結果およびパテントマップを組織内において、誰とどのように共有し、活用するかという点である。既存事業の立て直しを行うために競合他社分析を行ったり、新たな顧客のニーズを捉えるために動向分析を行うといった何かしらの目的・課題があって、特許情報分析やパテントマップ作成を行う。分析しっ放し、作成しっ放しにするのではなく、成果物を担当者だけではなく、経営層、事業部門、研究開発部門、知財部門や組織全体で共有し、分析結果から得られる自社として講じるべき対応策についてコンセンサスを形成し、各種戦略・戦術策定に活用しなければならない。また、実施した特許情報分析・パテントマップ作成が1回限りのものでよいのか、今後、定期的にアップデートする必要があるのであれば、その更新時期・更新体制についても決めておく必要がある。

　次に、知財人材スキル標準（version2.0）のIPランドスケープのスキル評価指標から、知財情報分析人材に求められるスキル・知識について見ていく[7]。**表1**は知財人材スキル標準フレームワークの全体マップであり、IPランドスケープは戦略レベルのスキルとして定義されている。

6　ここでいう戦略に関する知識とは、知財戦略だけではなく経営戦略・事業戦略や研究開発戦略、およびイノベーション戦略（イノベーションマネジメント）、ビジネスモデルなど多種多様な戦略に関する知識である。パテントマップとは特許情報という企業・組織活動の一つのアウトプットを切り出して可視化したものであるため、パテントマップが意味しているところを解釈するためには特許以外の企業情報・ビジネス情報だけでなく、戦略に関する知識が不可欠である。戦略関連の知識習得については9.3において述べる。

7　なお、2020年に特許庁から「弁理士に求められるスキル標準に関する調査研究」が公開されており、企業ニーズが大きいながらも質的な課題が想定される項目として「経営戦略・事業戦略の検討」における「社内・競合の知財分析」が言及されている。今後は企業勤務の弁理士だけではなく、特許事務所勤務の弁理士にも「経営戦略・事業戦略の検討」フェーズでの関与が期待されている。

表1　知財人材スキル標準フレームワーク（全体マップ）

戦略	戦略		A：IPランドスケープ		
			B：知財ポートフォリオマネジメント		
			C：オープン＆クローズ戦略		
			D：組織デザイン		
実行	管理	情報	A：情報開示	B：情報収集・分析	C：システム
		人材	A：教育	B：インセンティブ	
		法務	A：営業秘密	B：規定	C：法的審査
			D：法令情報収集・分析		
		リスクマネジメント	A：係争対応	B：他社権利監視	C：他社権利排除
			D：ブランド保全		
		予算	A：策定	B：管理	C：資金調達
		アウトソーシング	A：調査会社	B：特許事務所	C：法律事務所
			D：翻訳会社		
	実務（調達）（競争力のデザイン）	創造 調査	A：先行資料	B：他社権利	C：パテントマップ
		知的創造	A：研究・開発	B：デザイン開発	C：コンテンツ開発
		創造支援	A：ブランド創出支援	B：発明支援	C：コンテンツ創造支援
			D：デザイン創造支援		
		委託・共同研究	A：研究開発委託	B：共同研究	
		保護 ブランド保護	A：商標権利化	B：事務	
		技術保護	A：国内特許権利化	B：外国特許権利化	C：国内事務
			D：外国事務	D：品種登録申請	
		コンテンツ保護	A：申請	B：事務	
		デザイン保護	A：意匠権利化	B：事務	
		渉外	A：条件交渉	B：ルール形成	C：権利処理
	活用	エンフォースメント	A：侵害判定	B：侵害警告	C：国内訴訟
			D：外国訴訟	D：模倣品排除	
		価値評価	A：定量評価	B：定性評価	C：棚卸し

　各スキルについてはさらにスキル評価指標が設定されている。以下がIPランドスケープの評価指標である。

　以下について、事業部門／知的財産部門／研究開発部門と連携し、業務を行うことができる。

① ミッションおよび貢献すべき課題
・事業に貢献するため、以下の全社的課題について貢献した。
- 新規事業の創出
- 既存事業の維持／成長
- 既存事業の縮小／撤退

② 業務内容
・以下の業務を複数回成功裡に行った。
- 知財情報と市場情報を統合した自社分析、競合分析、市場分析

- 企業、技術ごとの知財マップおよび市場ポジションの把握
- 個別技術・特許の動向把握（例：業界に大きく影響を与え得る先端的な技術の動向把握と動向に基づいた自社の研究開発戦略に対する提言等）
- 自社および競合の状況、技術・知財のライフサイクルを勘案した特許、意匠、商標、ノウハウ管理を含めた特許戦略だけにとどまらない知財ミックスパッケージの提案（例：ある製品に対する市場でのポジションの提示、およびポジションを踏まえた出願およびライセンス戦略の提示等）
- 知財デューデリジェンス
- 潜在顧客の探索を実施し、自社の将来的な市場ポジションの提示

③ **知識**

・業務内容を実行するため、以下の知識を有している。

- ビジネス（経営学の基礎理論等を含む）とそのトレンドに関する知識
- オープン＆クローズ戦略
- 市場の視点からみた技術のトレンドに関する知識 (IoT、AI、革新的製造技術・手法等）

④ **能力**

・業務内容を実行するため、以下の能力を有している。

- 自社の業界および関連するさまざまな業界の企業動向、技術動向を把握する能力
- 競合等の特許出願動向や、特定技術からビジネス上のインパクトを把握する能力
- 複数の技術・アイデアをパッケージ化して自社の将来戦略と整合させた上で提案する能力
- 業務に有用な情報システムを適切に選択し、活用することができる能力

⑤ **経験**

- 新規事業を担当した経験
- M&A に携わった経験
- 経営戦略部門での経験

重要なポイントは、以下の３点である。

● 事業部門／知的財産部門／研究開発部門と連携[8]
● 市場の視点からみた技術のトレンドに関する知識（IoT、AI、革新的製造技術・手法等）
● ビジネス（経営学の基礎理論等を含む）とそのトレンドに関する知識

　まず、「事業部門／知的財産部門／研究開発部門と連携」であるが、IPランドスケープというのはあくまでも企業などの組織における経営や事業上の何らかの課題や目的を解決するための手段であり、特許情報分析自体が目的ではない。そのため、課題を抱えている経営層や事業部門、R&D部門と密に連携を取って実施することが欠かせない[9]。

　次に、「市場の視点からみた技術のトレンドに関する知識」であるが、これは特許情報分析を行う上で、特許以外の情報収集・分析の重要性を示している。特許情報のみで分析を行う場合もあるが、特許情報と特許以外の情報を総合的に分析しようという取り組みが過去になかったわけではない。

　ただし、経営や事業へより積極的に貢献するためには、特許以外の情報収集が必須であることを改めて指摘している。特許以外の情報収集・分析については第5章で、特許情報と特許以外の情報分析結果を解釈し、各種戦略策定に役立てていくための考え方については第6章で触れる。

8　20年以上前から特許情報分析に積極的に取り組み、最近では中期経営計画にIPランドスケープという文言が盛り込まれている旭化成は2018年にIPランドスケープ専業の組織である知財戦略室を設置した。また、同社では分析プロジェクトの実施に当たって事業部門からのエントリー制を敷いている。詳細については中村栄氏の論考である「IPL de Connect －経営層にインパクトを 旭化成グループにおけるIPランドスケープ」（「Japio YEAR BOOK 2019」154頁）や「経営層にInsightを－旭化成グループにおけるIPランドスケープ」（「IPジャーナル」12号34頁［2020］）を参照されたい。また、2017年7月の日本経済新聞でIPランドスケープに積極的に取り組んでいる企業として取り上げられたナブテスコの例についても参照されたい〈菊地修「ナブテスコの知財経営戦略におけるIPランドスケープの実践」（「情報の科学と技術」69巻7号298頁［2019］）〉。

9　経済産業省は2003年3月14日に「知的財産の取得・管理指針」を発表し、その中で「事業戦略、研究開発戦略及び知的財産戦略は、三位一体として構築するべきである」と述べている。また、元キヤノンの丸島儀一氏は書籍『知的財産戦略』において「研究開発部門、事業部門、知財部門の3つの部門における常時の連携、融合活動を三位一体と呼ぶ。全社戦略における三位一体は、社長をはじめとした経営トップと各部門の責任者による全社の視点を持つ部門連携である」と述べている。

　最後の「ビジネス（経営学の基礎理論等を含む）とそのトレンドに関する知識」が、いわゆる IP ランドスケープにとって最も重要である。特許情報分析というと、ややもすると分析スキル・テクニックの向上に興味が向きがちであるが、経営・事業に貢献するにはビジネスに関する知識が必要不可欠である。3C や 4P、5F（ファイブフォース）、SWOT 分析、PEST といったフレームワークに関する知識も大切であるが、より重要なのは取り組むべき課題の見極め（経営学の研究では“リサーチクエスチョン”と呼ぶ）とその課題に対する仮説・分析ストーリーの構築である。この点については2.5.2および2.5.3で解説する。

　特許情報分析・パテントマップに求められる知識・スキルを概観したところで、データサイエンティスト協会が公開しているデータサイエンティストに求められるスキルセットを紹介したい。知財情報もビッグデータの１つであるので、実際の特許情報分析・パテントマップ作成を行う担当者はデータサイエンティストであり、参考になる点がある。

　図2に示すようにデータサイエンティストにはビジネス力、データサイエンス力、データエンジニアリング力の３つが必要とされる（図1と３つのスキルが全て対応するわけではないが、ビジネス力は「戦略＋仮説・ストーリー構築」「組織体制／社風・風土」や「成果物の共有・活用」に、データサイエンス力やデータエンジニアリング力は「ソフト・ツール」「データ分析」や「情報デザイン」に該当するものと考えていただきたい）。

　知財情報もビッグデータの一つであることから、この３つのスキルは特許情報分析・パテントマップおよびその活用を行う上でも必要となることがご理解いただけるであろう。

　そして図3に示すように、３つのスキルはいずれか１つが欠けてもデータサイエンティストとしては十分な力を発揮できない。

　また、図4に示すように、問題解決（分析プロジェクト）のフェーズにおいて必要とされるスキルは異なることからも、いずれかのスキルに特化して習得すれば戦略立案につながる分析ができるようになるわけではないということもご理解いただけるであろう。

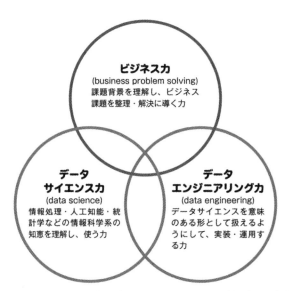

図2 データサイエンティストに求められるスキルセット（出所：一般社団法人データサイエンティスト協会スキル定義委員会「データサイエンティストのためのスキルチェックリスト／タスクリスト概説」第二版）

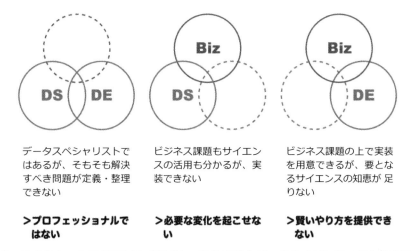

データスペシャリストではあるが、そもそも解決すべき問題が定義・整理できない

＞プロフェッショナルではない

ビジネス課題もサイエンスの活用も分かるが、実装できない

＞必要な変化を起こせない

ビジネス課題の上で実装を用意できるが、要となるサイエンスの知恵が足りない

＞賢いやり方を提供できない

図3 スキルセットのバランス（出所：一般社団法人データサイエンティスト協会スキル定義委員会「データサイエンティストのためのスキルチェックリスト／タスクリスト概説」第二版）

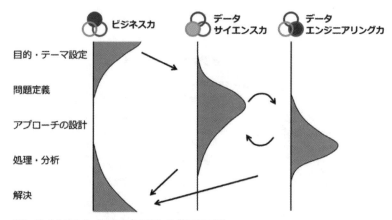

資料：データサイエンティスト協会プレスリリース（2014.12.10）
http://www.datascientist.or.jp/news/2014/pdf/1210.pdf

図4　問題解決のフェーズによって要求されるスキルセット（出所：一般社団法人データサイエンティスト協会スキル定義委員会「データサイエンティストのためのスキルチェックリスト／タスクリスト概説」第二版）

　それでは、特許情報分析・パテントマップ作成を行う担当者がビジネス力、データサイエンス力、データエンジニアリング力の3つを完璧に習得しなければいけないのであろうか？　上記で引用した「データサイエンティストのためのスキルチェックリスト／タスクリスト概説」第二版でも言及されているとおり、1人で全てのスキルをこなすことを想定したものではない。あくまでも自分自身の得意なスキルを伸ばし、自分の足りないスキルに秀でたメンバーとチームを組むことで解決に当たればよい。

　本書の性格上、データサイエンティストに求められるスキルの中で「データサイエンス力」「データエンジニアリング力」に焦点を当てて解説していく。「ビジネス力」に関する戦略、フレームワーク、仮説思考などについては、可能な限り参考になる情報や書籍・文献情報を読者サポートウェブで公開しているので、ぜひとも活用いただきたい。

　それでは次章から特許情報分析・パテントマップの基礎事項、分析時の考え方、そして、分析テクニックについて詳しく解説していく。次章以降では各章の扉ページに、図1のどのスキルについて習得する章であるのか示しているので参考にしていただきたい。

COLUMN 「IP ランドスケープとは何か？」

　2017年4月の知財人材スキル標準（version2.0）が発表されて、IP ランドスケープと従来のパテントマップは異なるのか？　IP ランドスケープは新しいのか？　欧米に比べて日本は遅れているのか？　といった質問をいただく機会が数多くあった。

　当初、パテントマップは「守りの知財」であり、特許情報しか分析対象としないのに対して、IP ランドスケープは「攻めの知財」であって、特許情報だけではなく特許情報以外の情報も含めて総合的に分析するものであるとの言説が見られた。その原因は知財人材スキル標準（version2.0）に先立ち公開された特許庁の報告書内の「本報告書では IP ランドスケープという用語が出てくるが、これは**パテントマップとは異なり**、自社、競合他社、市場の研究開発、経営戦略等の動向及び個別特許等の技術情報を含み、自社の市場ポジションについて現状の俯瞰・将来の展望等を示すものである」（出所：特許庁「企業の知財戦略の変化や産業構造変革等に適応した知財人材スキル標準のあり方に関する調査研究」）にある（太字・下線は著者）。また、近年急速に欧米企業が使い始めたが、それに対して日本企業は遅れているとの解説もあった。果たしてパテントマップは古く、IP ランドスケープは新しいのであろうか？　また、日本企業のビジネス・事業への特許情報活用は遅れているのであろうか？

　2000年代前半から特許調査・分析、そして、現在は知財情報コンサルティングに従事している著者からすると、上記の言説なり解説には大きな違和感を抱いていた。そのため、1970年代以降の日本の書籍や論文などさまざまなファクトに基づいた上で、以下のような論考や YouTube 動画を通じて情報発信を行っているので参照いただきたい。

- Yearly Review in PI field 特許情報をめぐる最新のトレンド：人工知能、IP ランドスケープおよび特許検索データベースの進化（Japio YEAR BOOK 2018）
- IP ランドスケープの底流─情報分析を組織に定着させるために（IP ジャーナル）
- 特許情報をめぐる最新のトレンド（Japio YEAR BOOK 2020）
- 特許情報をめぐる最新のトレンド（Japio YEAR BOOK 2021）
- 特許情報をめぐる最新のトレンド（Japio YEAR BOOK 2022）

　なお、真の重要性は、他社事例なども参考にしながら[10]、自社独自に知財情報（特に特許情報、ひいては全ての情報）を自らの事業・ビジネスに役立てる地道な取り組み・活動を継続していくことにある点を強調しておきたい。

10　他社の事例を参考にすること自体は重要であるが、各社とも内部環境・外部環境が固有であるため、他社の仕組みをそのまま導入しようとしてもうまくいかない。世の中にある正解を求めるのではなく、自社にとっての最適解を自ら創り出す姿勢が重要である。

第1章
知財戦略実現のためのパテントマップ

　　知的財産を情報面から活用し、経営戦略に結びつける IP ラン
ドスケープにおいては、これまでの出願・権利化や FTO、訴訟
対応等の知財活動とは異なるアプローチが必要である。したがっ
て、IP ランドスケープへの社内の理解や取組姿勢や、知財部員
のこれまでとは異なる戦略面からの理解やスキル向上等、新たな
取組が必要であり、これらを認識した上で取組を進めることが重
要である。

（出所：特許庁「経営戦略に資する知財情報分析・活用に関する調査研究」）

1.1　企業・組織における戦略の種類と知財戦略の位置付け

　企業や組織が競争優位性を構築するためには、戦略[1]が必要となる。そして、戦略を立案するためにはデータ・情報を収集し、分析する必要がある。書店のビジネス書コーナーに行けばさまざまな戦略に関する書籍が並んでいることに気付く。また、テレビやインターネット、SNS上でも頻繁に「戦略」という言葉を見聞する。この言葉はかくも世の中に出回っているが、いったい何であろうか？

　経営学者の間でも定まった定義はないが、ここでは酒井穣氏の『あたらしい戦略の教科書』で紹介している一文を引用したい[2]。

● 戦略とは現在地と目的地を結ぶルート

　企業や大学・研究所などの各種機関には目指すべき目的地[3]がある[4]。

　現在の企業や組織の現在地と、目指すべき目的地との間に存在するギャップをどのように埋めていくか、その埋め方（＝ルートの設定）が戦略である[5]。このギャップを埋めることで、競合他社に対する競争優位性を構築し、それを維持・発展させていくことが必要である。

　ギャップを埋める上で現在地と目的地の情報が重要になってくる。企業や組織の現在地とは、内部環境と外部環境の2つに大別される。

1　戦略について知るには、診断、基本方針、行動の3つの要素で構成されるカーネルの観点から説明しているリチャード・ルメルト『良い戦略、悪い戦略』、戦略のストーリー性に着目した楠木健『ストーリーとしての競争戦略』が平易で読みやすい。

2　日本で初めて戦略（strategy）という用語を論じたのは村田蔵六（後の大村益次郎）であったといわれている（出所：後正武『経営参謀が明かす 論理思考と発想の技術』）。

3　伊丹敬之『経営戦略の論理』は目的地のことを終着点と表現しており、「終着点はあらかじめ誰かが決めてくれるものではない。自分で選ぶものである。どうなりたいか、と企業が主体的に選択するものである」と述べている。

4　目的地を定める前提として組織の理念やビジョンが重要になる。最近はミッション、ビジョン、バリューの上位概念としてパーパスに注目が集まっている（参考：名和高司『パーパス経営』）。

5　簡単な例を示すと、例えば私が現在地＝東京にいて、目的地＝大阪に行く場合、持っている資源＝お金・時間によって取り得るルートは異なる。お金を利用して可能な限り早く到着したい場合は、新幹線や飛行機というルートを取るが、ある程度時間がかかってもよいので安く済ませたい場合は夜行バスというオプションもあり得る。

　内部環境とは自社・自組織の顧客や取引先、社員や組織風土、研究開発レベルや生産設備などであり、外部環境とは市場・顧客の状況や競合他社・新規参入企業の状況などである。

　また、企業や組織の目的地とは、経営理念やビジョンを背景にして設定された戦略目標である。

　戦略の定義を理解したところで、企業を取り巻くさまざまな戦略について確認する。図1に示したように、よく目にする経営戦略や事業戦略といった戦略から、マーケティング戦略、イノベーション戦略といったカタカナ戦略や、M&A戦略・IR戦略のような英語戦略まで実に多種多様な戦略が存在する。

　多種多様な戦略は存在するが、その中でも企業にとって最も重要な戦略、それは経営戦略とその下位に位置する事業戦略である。

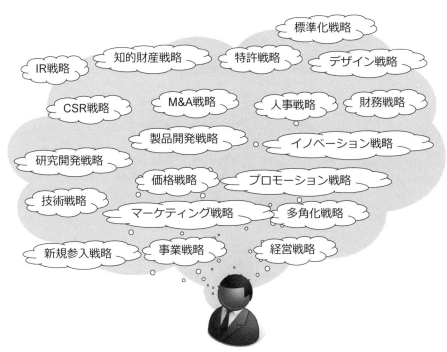

図1　企業・組織を取り巻く多種多様な○○戦略

　複数の事業から成り立っている企業の場合、事業部ごとの事業戦略があり、その事業戦略を統括するのが経営戦略である[6]。なお、企業が単一事業から構成されている場合、経営戦略＝事業戦略となる[7]。

　図2に企業における戦略の3階層を示した。知的財産戦略（以下、知財戦略）だけではなく、R&D戦略（研究開発戦略）やマーケティング戦略、人事戦略、財務戦略といった各種オペレーション戦略は、あくまでも経営戦略・事業戦略あってのオペレーション戦略である。つまり、いくらオペレーション戦略が卓越したものであっても、上位戦略である肝心要の経営戦略および事業戦略がしっかりしていなければ、せっかくのオペレーション戦略も意味のないものとなってしまう[8]。

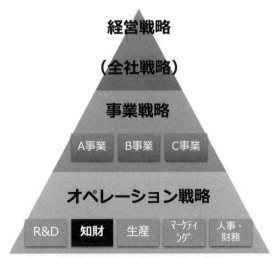

図2　戦略の3階層：知財戦略の位置付け

6　経営戦略は全社戦略、事業戦略は競争戦略といわれる。複数の事業部門を抱える企業であれば事業部門ごとの事業戦略＝競争戦略があり、各事業戦略を統合して企業全体の資源配分や競争優位性を構築するための戦略が経営戦略＝全社戦略である。

7　経営戦略＝事業戦略＝知財戦略となる場合もある。それは知的財産ビジネスが主たる事業であるNPE（Non-Practicing Entity：いわゆるパテントトロール）である。

8　企業・組織によっては、経営戦略・事業戦略の下位に知財戦略を位置付けるのではなく、経営戦略・事業戦略と並列に位置付けている場合もある。知財戦略を含めた各種オペレーション戦略を経営戦略・事業戦略の下位戦略として位置付けているのはあくまでも著者の見解である。

　図２において事業戦略とR&D戦略および知財戦略をつないだものが、図３に示す"経営戦略における三位一体"である。2002年２月の小泉元首相の施政方針演説を受けて、経済産業省の「知的財産の取得・管理指針」で提唱された考え方であり、事業戦略⇔R&D戦略⇔知財戦略の３つの戦略が相互に連携しながら、企業の持続的な競争優位性を構築・維持するというものある[9]。

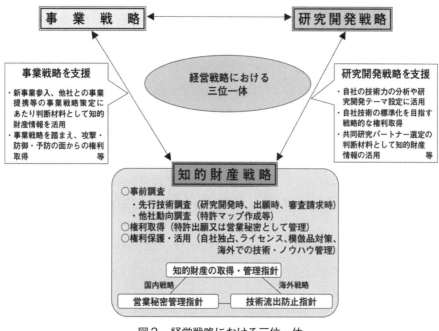

図３　経営戦略における三位一体
（出所：特許庁「特許行政年次報告書 2004年版」）

9　経営戦略全般について俯瞰したい場合は三谷宏治『経営戦略全史』やジェイ・バーニー『企業戦略論（上・中）』、ロバート・M・グラント『現代戦略分析』を参照されたい。また、R&D戦略やイノベーションマネジメントについて知識を得たい場合は延岡健太郎『MOT技術経営入門』、近能・高井『コア・テキストイノベーション・マネジメント』などが参考になる。経営戦略との対比でMOT・技術経営論全般について本格的に学びたい場合は丹羽清『技術経営論』がお勧めである。なお、事業戦略とR&D戦略を融合した書籍としては高橋透ほか『図解でわかる技術マーケティング』、知財戦略と事業戦略・技術戦略を融合した書籍としては出川通『技術経営の考え方』、中村大介『経営トップの技術戦略と知財戦略』や安彦元『競争力が持続する戦略』がある。

　"経営戦略の三位一体"には特許情報分析・パテントマップへの言及があり、事業戦略および研究開発戦略を情報調査・分析面からサポートすることが非常に重要であることが分かる。

　企業・組織における知財戦略の位置付けについて確認したところで、本書における知財戦略を定義したい[10]。

● **知財戦略とは、経営戦略・事業戦略の実現を知的財産の側面からサポートするための戦略**

　知財戦略も経営戦略・事業戦略と同様、現在の自社の内部環境と自社を取り巻く外部環境を照らし合わせた上で、目指すべき目的地との間にあるギャップの埋め方を考えることになる。知財戦略で目指すべき目的地とは、あくまでも経営戦略・事業戦略で目指すべき目的地と方向性が一致している必要がある。知的財産のための知財戦略というように自己目的化してはいけない。

　図2に示したとおり、オペレーション戦略には知財戦略以外にも財務戦略・人事戦略、また、記載していないが営業戦略・IT戦略などさまざまある。それにもかかわらず、なぜ知財戦略が注目されるのであろうか？

　それは、知財戦略が、知的財産法（およびその周辺法）という法律を利用して、競合他社に対する競争優位性を構築するための仕組み（戦い方・もうけ方）であると同時に、2000年代に入り知的財産をはじめとした無形資産の重要性が増してきたからである。

10　個別企業の知財戦略について解説した論考等は見られるが、知財戦略の概要や考え方を解説している書籍は丸島儀一『知的財産戦略』、長谷川曉司『御社の特許戦略がダメな理由』、鮫島正洋『第2版 技術法務のススメ』や鮫島・小林『知財戦略のススメ』など数少ない。また、中小企業やベンチャー・スタートアップに関する知財戦略については佐原雅史『知財戦略の教科書』、山本飛翔『スタートアップの知財戦略』や後藤昌彦『中小企業のための知財戦略2.0』などがある。具体的な知財戦略の策定手順については、大藪一『知財戦略の策定手順』等において、パナソニックが用いていたU'Methodを紹介している。

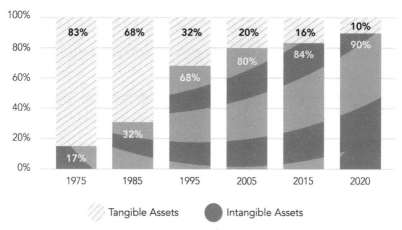

図4　S&P500社の時価総額に占める無形資産比率の推移
（出所：Ocean Tomo）

　Ocean Tomo が発表している「Intangible Asset Market Value Study」を見ると、S&P500（ダウ・ジョーンズ・インデックスが算出している米国の代表的な株価指数）の企業の時価総額に占める無形資産の比率は、1975年は17% であったが、2020年には90% に達している。

　アップルとサムスン電子のスマートフォンを巡るグローバルな知財訴訟や、5Gを巡る SEP（標準必須特許）に見られるように、知的財産を自社製品・サービスの競争優位性を構築するための武器として積極的に利用する企業が増加していることは実感されていると思う。

　また、2021年6月のコーポレートガバナンス・コードの改訂により、知的財産への投資について取締役会が管理・監督を行うとともに、投資家向けに情報発信・開示を行っていくことが追記されたことも、知財戦略へ注目が集まる背景といえるであろう（**第7章の COLUMN** も参照いただきたい）。

　さらに、知的財産にはノウハウやドメインなども含まれるので、特許や意匠・商標にとどまらず、企業の重要な経営資源であるヒト・モノ・カネ・情報のうち、ノウハウやドメインといった情報資産をどのように管理していくかということも重要なポイントになる[11, 12]。

　以上のように知財戦略とは企業にとって、さまざまな面から注目を集めており、技術と法律を融合させて自社の競争優位性を構築・維持するための非常に重要かつ難易度の高い戦略である[13]。

　企業・組織において知財戦略を実践していく組織は知的財産部門[14]になるが、上述のとおり戦略を立案する上でデータ・情報収集が必須である。戦略の定義に立ち返り、現在地と目的地のルートである戦略を立案するためには、現在地の情報を正確に把握する必要があるといえる。

　つまり、知財戦略立案における現在地情報とは、現在の自社の知財状況（＝内部環境）、競合他社の知財状況および対象となる事業分野全体の知財状況（＝外部環境）を指す。

　「彼れを知りて己を知れば、百戦して殆うからず。彼れを知らずして己を知れば、一勝一負す。彼れを知らず己を知らざれば、戦う毎に必らず殆うし」（出所：金谷治『論語』）という孫子の有名な言葉がある。

11　何を出願して、何をノウハウとして秘匿化すべきかは非常に重要な業務であり、詳細は高橋政治『ノウハウ秘匿と特許出願の選択基準およびノウハウ管理法』を参照されたい。

12　以前、ある企業の知財部長経験者と話をした際に「知的財産部はノウハウ・営業秘密などの管理も含めて無形資産部・知的資産部に改称したほうがよいのではないか」という提案があった。時価総額に占める無形資産比率が上昇しているので（図4参照）、まさに我が意を得たりというコメントであった。ただし、IPランドスケープのように知財情報をベースに企業全体の競争優位性を構築するには、知的財産部門が経営層や事業部門、企画部門、マーケティング部門など他部門と連携しながら進めていかなければいけないことも付言しておく。

13　平成22年度 特許庁産業財産権制度問題調査研究報告書「企業等の知的財産戦略の推進に関する調査研究報告書」において企業の知財戦略の推進状況についてアンケート・ヒアリングを通じて分析を行っているので参照されたい。また、日本知的財産協会 知的財産マネジメント第1委員会第1小委員会「知的財産マネジメントの現状分析と今後のあるべき姿についての研究」（「知財管理」63巻3号337頁［2013］）では"経営戦略の三位一体"の状況についてアンケートおよびヒアリングを実施しており、個々の企業・事業特性に合わせた三位一体の在り方を考えた上で知財戦略を立案することが望ましいと提言している。

14　出願・権利化や渉外業務など、知財戦略立案以外にも知財部門には行うべき業務が多々あるのは言うまでもない。なお、「知財部あるある」として友利昴『知財部という仕事』が面白い。

　孫子が主張しているのは、自らの状況と敵の状況を的確に把握・分析していれば100回戦闘することがあっても負けないが、仮に自らの状況も敵の状況も把握・分析していない場合は、太平洋戦争時に情報参謀・堀栄三氏がその著書『大本営参謀の情報戦記』で述べているように必ず危機に陥ってしまうということである。

　全く同様のことが知財戦略だけではなく、経営戦略・事業戦略にもいえる。自らの知財状況および競合他社の知財状況を把握・分析せずに、新規事業テーマを決めてしまった場合、他社が自社と極めて類似したビジネスを行っており特許出願・権利化も進めていたため、自社の新規事業開発活動を断念せざるを得なくなるケースもあり得る。また、特許調査・分析を全く行わずに新製品・サービスなどを市場に投入してしまった場合、他社特許を侵害してしまい訴訟に発展するなど、危機的状況に陥る可能性は非常に高いであろう。

　もちろん、知財戦略を実践する上で必要となる機能は調査・分析だけにとどまらず、出願・権利化や契約、エンフォースメント（訴訟対応・模倣品対策等）など多岐にわたる。しかし、これらのさまざまな知財機能を実行していき、自社事業を強化していく上で自社・他社の正確な情報収集・分析は必須であり、情報・分析機能は非常に重要な役割を担っているといえる。

1.2　戦略策定プロセスに必要となる情報

　知財戦略も含めた戦略策定のプロセスを図5に示す。自社の内部環境および自社を取り巻く外部環境について情報収集し、外部環境が自社に及ぼす機会や脅威を分析するとともに、自社の強み・弱みを把握した上で、戦略オプションを抽出する。この外部環境分析・内部環境分析を行う上で情報が必要となる。十分な情報収集・分析に基づかずに、経験や勘に頼って戦略を策定しても、それは独り善がりのものとなってしまう。

　情報には公開情報と非公開情報があるが、我々が収集できるのは前者である。もちろん、自分が所属する組織の内部情報は、外部の人にとっては非公開であるので、一部非公開情報も収集は可能である。

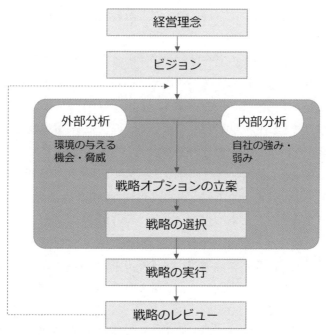

図5　戦略策定プロセス（出所：グロービス経営大学院『グロービス MBA マネジメント・ブック【改訂3版】』）

　しかし、競合企業の今後の計画・戦略や市場や技術の将来動向は原則非公開、または未確定情報であるから、スパイ等の非合法手段を用いない限り入手できない。

　戦略策定の上で重要なのは、公開情報をしっかりと収集することである。

　また、他社の今後の中長期戦略や製品・サービス開発の方向性などの公開されていない情報も、公開情報を収集して組み合わせることで予測・推測することができる。知財戦略の基礎となる特許をはじめとした知財情報は公開情報であり、特許情報とそれ以外の公開されている企業情報・市場情報などを丹念に収集してつなぎ合わせて分析することで、事業環境および競合状況を把握して、自社の知財戦略策定につなげることが重要である。

　知財部門が知財戦略だけではなく、経営戦略や事業戦略立案策定に貢献する際に必要となる情報の枠組みを**表1**に示す。

表1　知財戦略策定に必要な情報の枠組み

	知財情報	知財以外の情報
内部情報		
外部情報		

↑　　　　　　　↑

- ✓ 特許公報（未公開出願）
- ✓ 知的財産法制
- ✓ 訴訟・係争
- ✓ ライセンス契約
- ✓ 標準化・パテントプール

- ✓ P：政治面
- ✓ E：経済面
- ✓ S：社会面
- ✓ T：技術面

表2　特許戦略策定に必要な情報（出所：宇佐美弘文『企業発展に必要な特許戦略』）

自社の（開発）製品に関連する情報	研究計画
	特許性に関連（影響）する公知技術
	実施発明（物、用途、製法等）
	開発計画（発売時期、発売国等）
	委託計画、委託内容（製造、販売等）
	開発に影響のある他社特許（出願）
	関連する契約
他社関連の情報	他社の製品、開発（予定）品についての情報
	他社の学会・文献発表の内容
	他社の特許情報、契約情報
	他社の製品販売国および製造国
	他社の紛争・係争情報
その他の情報	審判決、関係法規の改正
	各国の審査プラクティス
	国内外代理人の情報

　知財情報といっても、特許公報などの情報だけではなく、国内外の知的財産制度に関する情報、訴訟・係争情報、ライセンス契約や標準化の動向なども含まれる。特許戦略策定には**表2**に示すような情報が必要である。

　知財以外の情報は、外部環境分析でよく用いられる PEST 分析のフレームワークで分けるとよい。PEST 分析とは、政治的な面 P（Political）、経済的な面 E（Economical）、社会的な面 S（Social）、技術的な面 T（Technological）の 4 つの面からマクロ環境分析を行う際のフレームワークである。

　表3に代表的な知財以外の情報源を示した。ほとんどの情報はインターネット経由で入手できるが、全ての情報がインターネットから入手できるわけではない。紙媒体しか存在しないものもあるので、国会図書館等に訪問することも必要である（資料中の必要な箇所が特定できていれば遠隔複写サービスも利用できる）。また、電子媒体でもなく紙媒体でもない、人から得られる情報というのは非常に貴重である。知財面の情報だけではなく、さまざまな面で情報を入手できるような人的ネットワークを構築しておくことが望ましい[15]。

　本書では主に特許情報に焦点を当てて、その分析方法およびパテントマップ作成方法について解説していくが、特許情報の分析結果およびパテントマップを読み解くためには、上述したとおり企業情報やニュース情報・マーケット情報など知財以外の情報と総合的に分析する必要がある。この点については**第5章**や**第6章**で解説する。

15　情報収集一般の考え方やスキル向上については、拙著『調べるチカラ−「情報洪水」を泳ぎ切る技術』も参照いただければ幸いである。

表3 戦略策定に役立つ主な知財以外の情報源

P：政治面	各国政府機関ウェブサイト
	外務省−国・地域
	JETRO ウェブサイト
E：経済面	＜企業情報＞
	企業ウェブサイト
	有価証券報告書　Edinet（日本）／10-k（米国）
	日本経済新聞等のニュースサイト
	＜産業動向＞
	官公庁ウェブサイト（内閣府、経済産業省など）
	官公庁の資料（白書、審議会配布資料など）
	e-stat、経済産業省　工業統計ほか
	業界団体　統計
	OECD ライブラリー
	＜業界情報＞
	業界紙および業界紙ウェブサイト／業界団体ウェブサイト・発行物
	業界地図（日経、東洋経済など）
	keizai report.com
	富士経済・矢野経済ウェブサイト
	Global Information
	シードプランニングウェブサイト
	シンクタンク発行レポート・ウェブサイト
	外資系コンサルティング発行レポート・ウェブサイト
S：社会面	各国政府機関ウェブサイト
	国際機関ウェブサイト（国際連合、ユネスコ）
	官公庁ウェブサイト（内閣府、経済産業省など）
	官公庁の資料（白書、審議会配布資料など）
	ウェブサイト上にあるアンケート結果など
T：技術面	＜技術動向＞
	科学技術・学術政策研究所（NISTEP）資料
	NEDO、産業総合研究所などのウェブサイト
	官公庁の資料（白書、審議会配布資料など）
	各種機関が発行しているロードマップ
	＜技術文献＞
	無料データベース：Google Scholar、CiNii、J-STAGE、ScienceDirect
	有料データベース：JDreamIII、Web of Science など

1.3　特許情報活用の現状と課題

　前節まで知財戦略の位置付けと戦略策定に必要な情報について概観してきた。本節では特許情報を組織的かつ戦略的に活用している企業、IP ランドスケープを積極的に推進している企業はどれくらいあるのか、過去のアンケート結果も交えて歴史を振り返りながら紹介したい。

　まず、図6は2006年秋〜冬に特許庁が実施した特許情報活用の将来像・理想像に関するアンケート結果である[16]。

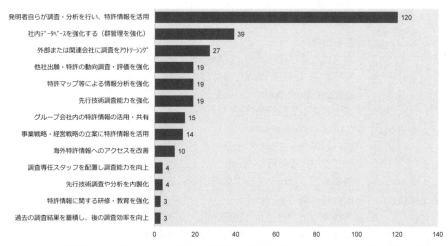

(n=878)

項目	値
発明者自らが調査・分析を行い、特許情報を活用	120
社内データベースを強化する（群管理を強化）	39
外部または関連会社に調査をアウトソーシング	27
他社出願・特許の動向調査・評価を強化	19
特許マップ等による情報分析を強化	19
先行技術調査能力を強化	19
グループ会社内の特許情報の活用・共有	15
事業戦略・経営戦略の立案に特許情報を活用	14
海外特許情報へのアクセスを改善	10
調査専任スタッフを配置し調査能力を向上	4
先行技術調査や分析を内製化	4
特許情報に関する研修・教育を強化	3
過去の調査結果を蓄積し、後の調査効率を向上	3

図6　特許情報活用の将来像・理想像（出所：特許庁「戦略的な知的財産管理に向けて－技術経営力を高めるために－＜知財戦略事例集＞」）

　企業の特許情報活用の理想像として最も多い回答は“発明者自らが調査・分析を行い、特許情報を活用”である。アンケート実施時期を考慮すると、2002年の小泉元首相の知財立国宣言から4年しか経過していなかった点、特

16　本アンケートは2004年度に10件以上の出願を行った出願人を対象に、2078社へアンケートを送付し、878社からの回答をまとめたものである。事業分野は機械、電気、化学等がバランス良く含まれ、大企業が80％弱を占めている。回答項目については一部修正している。

許検索データベースがインターネットを介して利用しやすくなった点などから、これまで発明者がアクセスしにくかった特許情報に自ら積極的に触れて、活用してもらいたいという知的財産部門の意図がうかがえる。

　一方、経営戦略の三位一体の経営を目指した"事業戦略・経営戦略の立案に特許情報を活用する"や、研究開発段階における組織的な"特許マップ等による情報分析を強化する"といった項目は軒並み回答数が少なく、各種戦略立案へ特許情報を活用しようという動きはあまり活発ではなかったといえる。

　次に、2015年にみずほ情報総研が公開した上場企業約800社の知的財産戦略に関するアンケートの集計結果[17]を以下に示す。

(n=807)

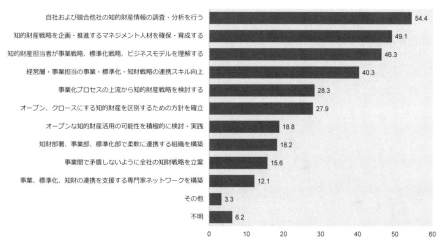

図7　知的財産戦略のステップが次のステップに進展していくために必要な取組み（出所：みずほ情報総研「権利化の先を拓くグローバル知的財産戦略」）

17　本アンケートはみずほ情報総研が2013年11月に上場企業1万社に対して知的財産戦略に関するアンケート調査を発送して回答が得られた807社の結果を集計したものである。残念ながら2023年7月時点ではウェブサイト上での閲覧はできなくなっている。

　図6の特許庁アンケートの質問項目（特許情報活用の将来像・理想像）とは異なり、「知的財産戦略のステップが次のステップに進展していくために必要な取組み」という質問への回答で最も多かったのは"自社および競合他社の知的財産情報の分析・解析を行う"となっており、2015年時点で特許情報を分析して、自社の競争優位性を高めるため戦略的かつ組織的に有効活用しようと考えている組織が多かったことが分かる[18]。

　また、"知的財産担当者が事業戦略、標準化戦略、ビジネスモデル[19]を理解する"という回答も上位にきているが、これはIPランドスケープに見られるように、知財戦略ありきの知財、知財部門ありきの知財ではなく、経営や事業をより強く意識することの必要性を示唆している。

　ここ数年、IPランドスケープへの注目の高まりとともに、特許庁から「経営に資する知財マネジメントの実態に関する調査研究報告書」や「経営戦略に資する知財情報分析・活用に関する調査研究」といった企業における知財情報活用に関する実態に関するアンケート調査結果が公表されている[20]。

18　知財情報ではないが、データ分析力が競争優位性構築につながる事例を多数示している例としてはH・E・マイヤー『CIA流戦略情報読本』、トーマス・H・ダベンポートほか『分析力を武器とする企業』および『分析力を駆使する企業 発展の五段階』、河本薫『会社を変える分析の力』などが参考になる。また、最近ではアパレル業界において躍進しているワークマンの書籍『ワークマンは 商品を変えずに売り方を変えただけで なぜ2倍売れたのか』や『ワークマン式「しない経営」』はMS Excelを活用したデータ駆動型組織へ展開するストーリーが描かれており大変参考になる。

19　ビジネスモデル全般について理解したい場合は三谷宏治『ビジネスモデル全史』、今枝昌宏『ビジネスモデルの教科書』および『ビジネスモデルの教科書【上級編】』や根来龍之ほか『この一冊で全部わかる ビジネスモデル』などが参考になる。

20　他に日本知的財産協会 情報検索委員会第3小委員会「IPランドスケープに関する研究（その1）」（「知財管理」71巻2号251頁［2021］）および「IPランドスケープに関する研究（その2）」（「知財管理」71巻3号389頁［2021］）もあるので参照されたい。

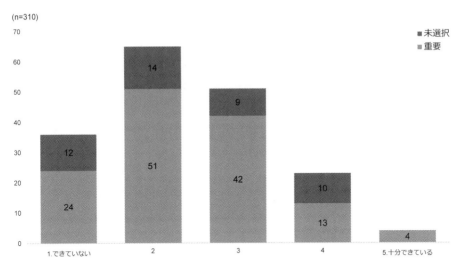

(n=310)

図8　知財情報の活用－IP ランドスケープ等を含む－（出所：特許庁「経営に資する知財マネジメントの実態に関する調査研究報告書」）

　上図を見ると、知財情報の活用について「5．十分できている」「4．できている」よりも圧倒的に「1．できていない」「2．あまりできていない」の回答が多く、2015年時のみずほ情報総研のアンケート結果で必要な取り組みとしてトップであった“自社および競合他社の知的財産情報の分析・解析を行う”についてもまだ道半ばであるといえる。

　そして、2021年4月に公開された「経営戦略に資する知財情報分析・活用に関する調査研究」では IP ランドスケープの理解・実施状況等に関するアンケート調査結果が公開された[21]。

21　2021年5月13日の参議院・経済産業委員会において糟谷元特許庁長官が IP ランドスケープについて言及している。詳細は参議院インターネット審議中継のウェブサイトにアクセスし、審議中継カレンダーの5月13日をクリックして経済産業委員会を選択すると動画が流れる（2時間36分頃より IP ランドスケープに関連する討議が始まる）。

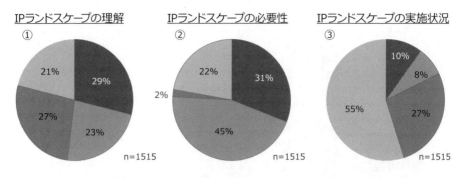

図9　IPランドスケープの理解・実施状況等（出所：特許庁「経営戦略に資する知財情報分析・活用に関する調査研究」）

　IPランドスケープという言葉を知っているという回答は約8割、IPランドスケープが必要であるとの回答も約8割、しかしながら、IPランドスケープを十分に実施できているのは約1割にとどまっている。

　2006年のアンケート結果から順を追って示してきたが、経営戦略の三位一体にはじまり、事業戦略策定に知財情報を活用しようという動き自体は決して目新しいものではない[22]。しかし、経営戦略の三位一体から20年近く経過した現在に至っても、まだ知財情報活用が十分ではないのが現状である。

　本章の最後に特許情報分析・知財情報分析結果の活用を含めたデータ活用・情報活用の課題に関するアンケート結果を表4に示したい（n=3,999）。

　上位に挙げられている課題としては、業務プロセスや人材・スキルに関するものが多いことが分かる。本報告書の結論として、データ活用の取り組みではその特性上、分析手法やITなどの技術面だけではない、戦略・計画・

22　富士フイルムの今井正栄知的財産本部長（当時）は雑誌のインタビューで「IPランドスケープという概念は決して新しいものではなく、当社でも以前から取り組んでいることですし、大手企業と呼ばれるところはどこも既に着手しています。今後はこの取組みをさらに加速していく考えです」と述べている（出所：IP Business Journal 2017/2018）。

表4　データ活用における「課題」回答率上位15項目（複数回答）（出所：NTT データ
　　　経営研究所「企業におけるデータ活用の取り組み動向調査」）

回答率 順位	カテゴリ	データ活用における「課題」	回答率 (%)
1	業務プロセス	データ活用が単発の取組みとなってしまい、業務として定着しない	31
2	人材・スキル	自社にビジネス面のスキルが不足（データ活用の仮説設定や業務への組み込み等）	31
3	人材・スキル	自社にデータサイエンススキルが不足（仮説検証、必要データ選定、分析、施策検討等）	30
4	業務プロセス	データ活用のスキル・経験が一部メンバーに属人化している	27
5	業務プロセス	本業が忙しく、データ活用の取組みに手が回らない	27
6	戦略・計画・管理	取組み結果の評価・検証手法が不明確（正確な効果検証が困難）	26
7	戦略・計画・管理	取組みの目標指標・数値が決められていない	25
8	人材・スキル	自社にデータエンジニアスキルが不足（データ加工・整形や分析基盤構築）	24
9	戦略・計画・管理	データ活用の取組みを実施する目的が定まっていない	23
10	企業文化・カルチャー	企業上層部（経営層や組織長など）が、データ活用の意義を理解していない	22
11	システム・データ	データの入力率・正確性が低い	21
12	システム・データ	データの種類や項目数（（顧客データの場合）家族情報、子供の年齢等）が不足	20
13	システム・データ	データの量（件数）が不足	19
14	企業文化・カルチャー	事業部門・業務部門の現場メンバーが、データ活用の意義を理解していない	18
15	戦略・計画・管理	経営戦略や事業計画における、データ活用の取組みの位置づけが曖昧	17

管理、業務プロセス、人材・スキル、企業文化など、複合的な障壁に各企業
が直面していることが明らかになっている。

　全ての課題が一気に解決する魔法の杖が存在するわけではないが、少なく
とも「人材・スキル：自社にデータサイエンススキルが不足（仮説検証、必
要データ選定、分析、施策検討等）」「人材・スキル：自社にデータエンジニ
アスキルが不足（データ加工・整形や分析基盤構築）」については本書を読
んで習得いただき、読者の方々が所属組織においてデータ活用・情報活用に
向けたきっかけとなれば幸いである。

COLUMN 「知財マネジメントの標準化ー ISO 56005：2020」

　2020年11月に ISO 56005：2020（Innovation management ― Tools and methods for intellectual property management ― Guidance.：イノベーションマネジメント−知的財産管理のためのツールと方法−ガイダンス）[23]が発行された。
　以下の図「イノベーションマネジメントに貢献する知財管理活動」には5つの主要な活動が示されており、1つ目が「1.IP ランドスケーピング」となっている。

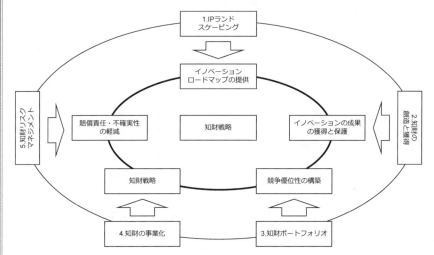

　ISO 56005：2020において「知財戦略を立案する」「技術の状態を特定することで、革新のための潜在的な機会を定義し、優先順位をつける」「製品・サービス展開を展開する」ために IP ランドスケープを用いることが述べられている（本標準化文書において、IP ランドスケープは知財マネジメント活動を支えるツールまたは手法と紹介されており、特許庁の報告書の定義にあるような経営層・事業部門との分析結果の共有については特に言及されていない）。
　なお、この知財マネジメントの標準化は、中国知識産権局が2015年に ISO/TC279 に提案したものであり、2021年6月には「専利導航指南（GB/T39551-2020）」として国家標準に採択された[24]。出願件数では既に世界最大となっている知財大国・中国が、さらなる知財マネジメント強化の姿勢を打ち出していることは注目される[25]。

23　https://www.iso.org/standard/72761.html（プレビューから一部閲覧可能であるが、全文については PDF を購入する必要がある）

24　JETRO 香港事務所の【香港発中国創新 IP 情報】「進む、中国版 IP ランドスケープ「専利導航」に注目を！〜重要政策文書には必ず言及あり〜」を参照されたい。

25　この経緯については東京大学未来ビジョン研究センター客員研究員（シニアリサーチャー）の二又俊文氏より情報提供いただいた。

第2章
特許情報分析・パテントマップの基礎事項

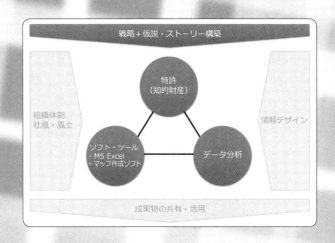

Research：The systematic search for answers to certain questions, often using empirical evidence but also using logical arguments and reflection on social understandings.

リサーチ：ある疑問に対する答えを体系的に探すことで、多くの場合、経験的な証拠を用いますが、論理的な議論や社会的理解への考察も用います。

（出所：Oxford Reference／和文は DeepL による機械翻訳）

2.1　インテリジェンスとデータ分析[1,2]

インテリジェンスとは「判断・行動のために必要な知識（特に機会と脅威を特定）」であり、もともとは国家安全保障面から発達してきた。

1980年代に入り米国を中心としてインテリジェンス生産のための方法論や活用方法が国家安全保障分野からビジネスの分野へ適用されるようになり、ビジネス・インテリジェンス（BI：Business Intelligence）やコンペティティブ・インテリジェンス（CI：Competitive Intelligence）が発達してきた。

米国中央情報局（CIA：Central Intelligence Agency）出身のジャン・ヘリング氏は、ビジネスの現場におけるインテリジェンスに対する要求を以下の3つに分類した（出所：北岡元『ビジネス・インテリジェンス』）。

● **自社の戦略的決定に関するインテリジェンス**
● **自社による、早期警戒を可能とするインテリジェンス**
● **ライバル社を含む、市場の主なプレイヤーに関するインテリジェンス**

1点目の自社の戦略的決定は現時点についてのものもあれば、自社の将来に関する戦略的決定に関するものもあるであろう。

2点目の早期警戒については、現時点ではリスクとして顕在化していないが、将来的に自社にとって脅威となり得る新たなテクノロジーの登場、ベンチャー・スタートアップ企業の台頭、法改正の変化、進出国に対する政治状況の変化などが考えられる。

1　ビジネス・インテリジェンスやコンペティティブ・インテリジェンス全般についてはラリー・カハナー『競争優位の情報戦略』、北岡元『仕事に役立つインテリジェンス』や『インテリジェンス入門』、上田篤盛『戦略的インテリジェンス入門』などを参照されたい。テクノロジー・インテリジェンスについては高橋文行『技術インテリジェンスの基礎と応用』や『新製品開発の競争力向上に特化した技術インテリジェンス活動に関する研究』にまとまっている。
2　データ分析の基礎についてはグロービス『正しい意思決定のための「分析」の基礎技術』、あんちべ『データ解析の実務プロセス入門』、中村力『ビジネスで使いこなす「定量・定性分析」大全』、経営学におけるデータ分析・統計学については久保克行『経営学のための統計学・データ分析』が参考になる。

　そして、3点目は自社を取り巻く環境についてである。1.2でも述べたように、戦略策定には内部環境と外部環境の情報分析が欠かせない。ここで示唆される重要な点としては現時点の情報だけではなく、将来的な視点も加味しなければいけないということが挙げられる。

　インテリジェンス生産のためには、**表1**のような情報収集手段がある。

　特許情報分析はインテリジェンス生産においてはオシントに分類される。『Mission：Impossible』や『007』などのスパイ映画を見ると、映画の舞台である米国 CIA や英国 MI 6（「秘密情報部」SIS：Secret Intelligence Service の通称）ではオシントがあまり重要視されていないように感じられるが、実際のところ公開情報を丹念に収集・分析するオシントが活動の90% 以上を占めているといわれている[3]。

　よって、特許情報も含めた公開情報を十分に収集・整理して分析することが、企業・組織の競争優位性構築のために重要である[4]。

表1　インテリジェンス生産に用いる主な情報収集手段

情報収集手段	概要
オシント （OSINT：Open source intelligence）	書籍や新聞・雑誌などの公開資料を収集して情報を得る手法
ヒューミント （HUMINT：Human intelligence）	有識者や関係者に直接ヒアリング等を行って情報を得る手法
イミント （IMINT：Imagery intelligence）	衛星や偵察機等によって撮影された画像・映像を分析することで情報を得る手法
シギント （SIGINT：Signals intelligence）	電話・インターネット等で通信を傍受して情報を得る手法

3　ビジネス・インテリジェンスの世界では、情報は公的情報・私的情報・秘密情報（スパイ・不正手段）の3種類に分類される。米国の諜報機関である CIA の情報専門家によれば、公的情報と私的情報から十分な情報を入手することが可能であり、「どんな経営者も目的を達成するためには秘密情報が必要だという考えを再考すべきである」と述べている（出所：H・E・マイヤー『CIA 流戦略情報読本』）。

4　現在のようにインターネットが普及する前に公開情報だけでも十分に分析できることを示しいるのはラリー・カナハー『競争優位の情報戦略—公開情報でここまで読めるライバルの経営戦略』である。

　情報は公開情報と非公開情報の2種類に大別される。当然のことながら、特許情報をはじめとして入手できる情報は公開情報である[5]。

　競合他社がいつ、どの国・地域で、どのような新製品・サービスを上市するのかといった競合他社の将来戦略に関するような情報は非公開であり入手することは基本的には不可能である。しかし、インテリジェンス生産におけるオシントの意味するところは、特許や競合他社のプレスリリース、業界全体の動向などさまざまな公開情報を駆使することによって、競合他社の取り得る戦略の方向性について予測・推測できるということである。

　オシント、つまりデータの収集・分析はインテリジェンス活動の根幹を成すものである。近年発行されているデータ分析に関する書籍では、機械学習や深層学習といった人工知能関連のものが多いが[6]、特許情報や学術文献情報などの書誌情報を計量的に研究する学問としては計量書誌学（ビブリオメトリクス）がある（例えば藤垣裕子ほか『研究評価・科学論のための科学計量学入門』など）。特許情報分析では出願人・権利者および発明者や特許分類といった書誌情報を定量的に分析する計量書誌学的な側面だけではなく、より技術内容や権利的内容まで踏み込んだ内容分析も必要である。

2.2　特許情報分析の目的および種類

　戦略経営論の創始者であるイゴール・アンゾフ氏は、軍事用語であった「戦略」という言葉をビジネスの世界へ適用し、企業における各事業の位置付けを明確化するために、市場と製品を縦軸・横軸に設定し、それぞれを既存・新規に分けることにより2×2の成長マトリックスを提案した[7]。

5　公開情報と非公開情報については「氷山の一角」の例えを用いて説明する。「氷山の一角」とは、世の中ほとんどの事柄は、その事柄全体のごく一部しか見えていないという意味であり、ごく一部が公開情報に当たる。その事柄全体について公開情報のみで知り得ることはできず、ごく一部の公開情報を丹念に収集・分析する必要がある。しかし、事柄全体の一部の情報が公開情報として得られているので、100%正解はあり得ないとしても正解に近い予想を立てることはできるであろう。最も重要なポイントは「絶対解は存在しないが、どのような情報を集めれば答えに近づくことができるのか？」というスタンスであると著者は考えている。

6　特許情報調査・分析における人工知能技術については、拙稿や著者のnoteに記事を掲載しているので興味がある方は参照されたい。

　このアンゾフの成長マトリックスをベースに特許情報分析の目的および種類を層別化すると図1のようになる。

　アンゾフの成長マトリックス内に位置する特許情報分析、つまり自社が既存市場に参入済みである場合の分析の種類としては、① 現状分析[8]（技術動向分析／競合[9]他社分析）、② 新規事業開発（新規用途探索・ニーズ探索）、③ 新規技術開発（シーズ探索）の3つとなる。

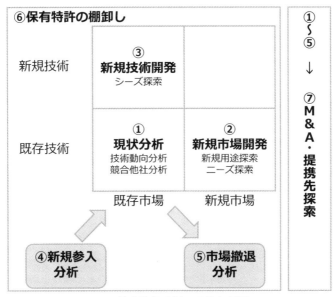

図1　特許情報分析の目的と種類

7　アンゾフの成長マトリックスについては牧田幸裕『フレームワークを使いこなすための50問』、手塚貞治『武器としての戦略フレームワーク』や琴坂将広『経営戦略原論』などを参照されたい。2×2のマトリックスの各セルは、既存市場×既存技術は「市場浸透」、既存市場×新規技術は「製品開発」、新規市場×既存技術は「市場開拓」、新規市場×新規技術は「多角化」と呼ぶ。

8　既存技術×既存市場における未来予測・将来予測もここに含まれる。未来予測は上田篤盛『未来予測入門』、特許情報を用いた未来予測の考え方は拙稿「知財部員のための未来予測『魚の目視点』の考え方」（「知財管理」68巻11号1534頁［2018］）を参照されたい。

9　ここでいう競合とは顕在競合だけではなく潜在競合も含む。特許情報を用いることで既に把握している顕在競合だけではなく潜在的な競合他社を特定することもできる（note記事「【潜在競合も意識した】競合分析のための特許情報検索・分析テクニック」も参照いただきたい）。

　それ以外の4つの特許情報分析はマトリックス外（④ 新規参入分析、⑤市場撤退分析、⑦ M&A・提携先探索）またはマトリックス全体を包含（⑥保有特許の棚卸し）する位置付けである。各特許情報分析の目的と種類、および対応する分析内容とゴールについて以下にまとめた。

表2　特許情報分析の目的と種類の詳細

分析の目的	現在 vs 未来	知財情報／知財 以外の情報中心	期待される結論
① 現状分析（技術／他社）	現在＋未来	知財（ただし、業界構造・出願特性による）	●自社の現在のポジショニング、強み・弱みは？ ●既存業界における変化（技術変化、競合）は？機会・脅威は？ ●将来におけるリスク（特許網が手薄になる等）はないか？
② 新規事業開発（新規用途・ニーズ探索）[10]	未来	知財＋知財以外（推測）	●新規用途・アプリケーション候補は？ ●新規用途・アプリケーションの想定市場規模は？
③ 新規技術開発（シーズ）	現在＋未来	知財（論文情報も活用）	●自社の現在のポジショニングは？ ●競合が手掛けている技術は？ ●大学・研究機関等が手掛けている全く新規の技術は？
④ 新規参入分析	未来	知財＋知財以外（推測）	●新規参入市場は魅力的か？ ●自社単独での新規参入は可能か？アライアンスや買収の必要性は？ ●新規参入に当たり、知財面のリスク（既参入済企業、訴訟等）はないか？
⑤ 市場撤退分析	未来	知財以外	●自社は本市場から撤退すべきか踏みとどまるべきか？ ●撤退するのであれば、現保有特許資産の活用策（＝売却など）は？
⑥ 保有特許の棚卸し[11]	現在	知財	●どの特許を維持し、どの特許を放棄すべきか？ ●本来は自社ポートフォリオと他社ポートフォリオの比較分析の後に、維持・放棄方針を決めるのがよい
⑦ M&A・提携先探索[12]	現在	知財＋知財以外	●自社事業を成長させるために M&A または提携すべき相手はどこか？ ● M&A または提携すべき相手とのシナジーは？ ● M&A または提携に当たっての知財面のリスクは？[13]

技術動向分析や競合他社分析、ベンチマーク分析[14]、ポートフォリオ分析といった分析の種類もあるが、これらは①〜⑦の目的のいずれかに含まれるものである。

知財戦略は、事業戦略だけではなく研究開発戦略・技術戦略とも密接に関係しているので、アンゾフの成長マトリックス上の市場浸透、市場開拓、製品開発においてどのような戦略をとるべきか、また、事業戦略および研究開発戦略・技術戦略として取り得るオプションにはどのようなものがあるのかを知っておくことは有意義である。

次ページの**表3**にはアンゾフの成長ベクトル別技術戦略モデルを抜粋したので参照していただきたい。

10　IP ランドスケープを実施する目的の一つとして新規事業開発が挙げられる。特許情報を用いることでより客観的に新規事業開発案を抽出することは可能である。特許情報をエッジ情報として利用した新規事業開発方法の詳細については楠浦崇央『新規事業を量産する知財戦略』を参照されたい。ただし、新規事業開発の成功確率は決して高いものではない。詳細は大江建『なぜ新規事業は成功しないのか 第3版』を参照されたい。

11　自社視点・他社視点の特許レイティング・スコアリングを用いた特許棚卸しの考え方については著者の note「特許の棚卸しによる知財価値評価と権利維持・放棄判断への活用」を参照されたい。

12　M&A の際に行われる知財デューデリジェンスについては TMI 総合法律事務所・デロイトトーマツ ファイナンシャルアドバイザリー合同会社『M&A を成功に導く 知的財産デューデリジェンスの実務 第3版』や﨑地康文『M&A、ベンチャー投資における知的財産デュー・デリジェンス』のほか、特許庁の「知的財産デュー・デリジェンス標準手順書」を参照されたい。また日本知的財産協会 知的財産情報検索委員会第3小委員会「M&A や新規事業開拓に必要な情報の調査・解析・提案手法」（「知財管理」64巻1号93頁［2014］）では M&A 時に用いる解析手法について、日本知的財産協会 国際第1委員会「米国企業の戦略的特許買収」（「知財管理」65巻10号1363頁［2015］）では Google、Apple 等の米国企業の M&A 戦略事例について分析し、知財面から見た M&A の目的を「防衛」「事業強化」および「ライセンス」の3つに類型化している。

13　一般的に M&A においては、知財以外の検討（ビジネスデューデリジェンス、財務デューデリジェンスなど）比重のほうが大きい。また、M&A を企業価値につなげる上では、買収後のPMI（Post Merger Integration）がより重要である。

14　ベンチマーク分析（ベンチマーキング）とは「国や企業等が製品、サービス、プロセス、慣行を継続的に測定し、優れた競合他社やその他の優良企業のパフォーマンスと比較・分析する活動」である（出所：ウィキペディア）。同業種の競合他社の場合もあれば他業種の優良企業をベンチマーク対象とすることもある。

表3　アンゾフの成長ベクトル別技術戦略モデル
（出所：高橋透ほか『図解でわかる技術マーケティング』）

成長方向	戦略の定義	主な技術戦略
市場浸透 （既存市場 ×既存技術）	●既存市場における既存製品の深耕を行う ●既存事業における顧客資産、技術、ブランド、スキルなどの企業内部資産を徹底活用する ●企業にとって成長のコアとなる資産は何か。また、その優位性はどこにあるのかを見直し、強化・徹底する	●コアテクノロジーの強化 ●コアテクノロジー深耕によるプレミアム製品の開発 ●生産性向上によるコストダウン ●コア顧客への技術ソリューション強化と関係性強化 ●購入後のサービス技術強化 ●製品ラインの細分化
市場開拓 （新規市場 ×既存技術）	●既存製品・技術で新規市場、顧客を探索する ●自社の製品・技術を適用可能な顧客をセグメンテーションする ●購入という視点で顧客を捉えるだけでなく、顧客の使用場面、使用機会も新市場・新顧客として捉え、技術を新たな顧客視点で把握する	●コアテクノロジーの新用途開発 ●コアテクノロジーをベースにした新製品開発 ●技術をテコにした市場開拓面でのアライアンス ● OEM 供給 ●他業界への技術ライセンシング
製品開発[15] （既存市場 ×新規技術）	●新製品・新サービスを開発し、既存顧客、市場へ投入する ●既存製品に対するものとは異なる顧客の使用機会、ニーズを把握する ●既存製品やサービスのブランドイメージを損なうことなく、新ブランドを拡張させ、成長させる	●外部からの新技術の導入 ●大々的な研究開発投資 ●アライアンスによる技術、製品の補完 ● OEM 調達と顧客サイドからの技術の習得 ●顧客接点を活用したソリューション力からの技術開発（評価技術をテコにする）

備考：「多角化戦略」については本書で触れないため省略した。

15　特許情報分析を製品開発・商品開発に適用した例として、鶴見隆「特許情報に基づく新商品開発の展開」（「Japio YEARBOOK」204頁［2014］）や和泉守信「商品企画・開発への特許情報の活用」（「情報の科学と技術」60巻8号313頁［2010］）、座間正信「特許情報と市場情報の分析・組合せで勝てる市場を見出す」（「研究開発リーダー」14巻12号44頁［2018］）および「特許情報をマーケティングツールとして活用する」（「研究開発リーダー」16巻12号44頁［2020］）などがある。

2.3　特許情報の特徴とパテントマップの必要性

2.3.1　特許情報の特徴

　知財情報（特に特許情報）を各種戦略立案へ活用する IP ランドスケープを実践するためにはパテントマップを作成する必要がある[16]。ここではパテントマップ作成の基礎となる特許情報を調べることの必要性と特許情報の特徴について見ていく。まず、特許法1条から必要性を考えてみる。

特許法1条

この法律は、発明の保護及び利用を図ることにより、発明を奨励し、もつて産業の発達に寄与することを目的とする。

　"発明の保護を図る"とは特許権者の権利を守るということ、"発明の利用を図る"とは過去生み出されてきた発明、つまり特許公報として発行されている発明を利用して事業戦略の検討、研究開発テーマの設定、新規顧客候補やサプライヤの選定、新規事業開発案を検討、M&A・アライアンス先候補の抽出を行うことを意味している。特許法1条から特許情報を調べることの必要性は、以下の2つに集約できる。

他社特許権の侵害を防止する（＝ 発明の保護）

　既に特許権として成立している他社特許を調べることで侵害を回避する。

研究開発の二重投資を防ぐ（＝ 発明の利用）

　他社が既に出願している特許を調べることで他社と同様の技術開発を回避する。

16　「IP ランドスケープはパテントマップは異なる」という特許庁「企業の知財戦略の変化や産業構造変革等に適応した知財人材スキル標準のあり方に関する調査研究報告書」の説明は明らかに誤りであり、そもそも IP ランドスケープとパテントマップは Apple-to-Apple で比較するものではない。IP ランドスケープを実践されている企業の分析事例は従来のパテントマップである。従来と異なるのは事業的な視点を明確に踏まえた上で特許情報分析・パテントマップを作成している点である。

　これらは、権利情報としての特許と技術情報としての特許という二面性を反映している[17]。特許情報は他社特許の侵害を防止する場合には権利情報であり、事業開発や研究開発の二重投資を防ぐために他社特許を調べる場合には技術情報である（**図2**参照）。

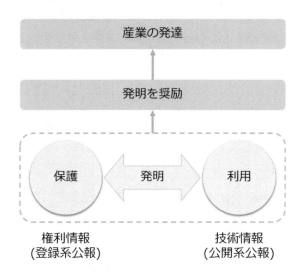

	技術情報	権利情報
公開系特許 （公開・公表・再公表）	●書誌的事項 ●要約 ●実施例 ●図面	●特許請求の範囲[注1]
登録系特許（公告・登録）	●書誌的事項 ●要約[注2] ●実施例 ●図面	●特許請求の範囲

注1：公開系特許の特許請求の範囲は権利としてまだ成立しているものではない。
注2：公開を経ずに登録系特許が発行される場合、登録系特許に要約が掲載される。

図2　特許法1条と特許情報の関係

17　権利情報と技術情報だけではなく、ヒト・モノ・カネという企業の資源を投じたアウトプットとして経営情報の側面も有しているといえる。権利情報・技術情報に加えて、経営情報を含めた特許情報の活用形態については2.3.2で述べる。

　ここまで特許情報という言葉を定義せずに使ってきたが、特許情報とは特許公報（公開系特許公報、登録系特許公報、審決公報[18]）およびそれに付随する情報（経過情報、包袋、パテントファミリーなど）の総称である。特許は出願されてから原則1年半（18カ月）で出願公開され、公開系特許公報が発行される（特許法64条）。

　また、特許庁審査官による審査を経て特許査定となったものについては登録系特許公報が発行される（特許法66条）。

　この審査の過程を記した経過情報や包袋（英語では File Wrapper または File History と呼ぶ）、そして、外国対応特許情報であるパテントファミリーなど、これらの情報を総称して特許情報という。

　上記で説明した特許情報を調べることの必要性（他社特許の侵害を防ぐ、事業開発・研究開発の二重投資を防ぐ）は防衛的側面である。つまり、基礎研究・応用研究、製品開発や設計、製品の生産・販売のそれぞれの前段階において可能な限り法的・金銭的リスクを低減しようという考え方である。

　一方、特許情報の持つ技術情報に着目すると、特許情報を分析し、パテントマップを作成して経営・事業や研究開発等へ利用する積極的な側面が見えてくる。技術情報には特許のほかに学会誌や論文、各社の技報・テクニカルレポートなどがあるが、特に特許に着目する理由は以下による。

・*Patents contain detailed technical information which often cannot be found anywhere else: up to 80% of current technical knowledge can only be found in patent documents.*

　特許には、ほかでは得られない詳細な技術情報が含まれており、現在の技術的知識の80％は特許文書にのみ含まれています。

（出所：EU「Why researchers should care about patent」／和文は DeepL による機械翻訳）

18　正直ベースで申し上げると、著者は過去20年近く特許調査や特許情報分析・コンサルティングに従事しているが、審決公報についてはきちんと調べたことがない。しかし、特許公報の一種であるためここで触れている。

　上述のように、世界中の技術情報の80%以上が特許公報として発行されており、特許情報を調べずに事業戦略・研究開発戦略を策定することは無謀だということである[19]。さらに、特許情報は他の技術資料にはない特徴を有している。下表に特許情報の特徴をまとめた。

表4　特許情報の特徴（出所：WIPO『WIPO-MOST Intermediate Training Course on Practical Intellectual Property Issues in Business』）

特徴	説明
特許情報の入手・収集が容易である	特許情報の電子化が進み、無料・有料特許検索データベースから容易に特許公報データを入手することができる。また特許公報データをリスト形式で取得することも可能である。
国際的に統一された技術分類分けがなされている	国際特許分類・IPC によって特許公報が技術分野ごとに分類分けされている。また、日本では FI（ファイル・インデックス）や F ターム、米国・欧州では CPC（欧米共同特許分類）を採用している。
書誌的事項の書式が決まっている	INID（Internationally Agreed Numbers for theIdentification of Bibliographic Data）コード、つまり書誌的事項の識別記号により他言語の特許公報に記載されている書誌的事項（番号・日付・出願人など）を理解することができる。
技術分野に偏りがない	国際特許分類・IPC は下記8セクションから成り立っており、全技術分野についてカバーしている。 　　A 生活必需品 　　B 処理操作・運輸 　　C 化学・冶金 　　D 繊維・紙 　　E 固定構造物 　　F 機械工学・照明・加熱・武器・爆破 　　G 物理学 　　H 電気 FI も IPC と同じ8セクションから成り立っている。なお、CPC には技術融合領域をカバーするために Y セクション[20]がある。
公報に開示されている発明の内容が具体的に記載されている	特許法36条4項1号には、"その発明の属する技術の分野における通常の知識を有する者がその実施をすることができる程度に明確かつ十分に記載"と定められており、発明の内容がその分野の技術者にとって実施可能な程度に具体的に記載されている。

　次に、特許公報からどのような種類の情報が得られるのか見てみる。下表は特許公報から得られる情報を種類別にまとめたものである。

表5　特許公報から得られる情報

種類	データ	
書誌的事項	種別データ	（特許、実用新案、意匠、商標）
	番号データ	（出願番号、公開番号、公告番号、登録番号など）
	日付データ	（出願日、公開日、公告日、登録日など）
	機関・人データ	（発明者、出願人、権利者、代理人、審査官など）
	分類データ	（IPC、FI、Fターム、CPCなど）
	引例データ	（引用文献・被引用文献など）
技術的内容	要約	
	発明の詳細な説明（発明の属する技術分野、課題・解決手段、作用など）	
	図面　　など	
権利的内容	特許請求の範囲	
その他	審査状況・審判状況	
	権利状況（権利存続中・権利消滅済）	
	包袋閲覧請求の有無	
	パテントファミリー・対応外国出願	
	引用文献・被引用文献	
	維持年金納付状況　　など	

　書誌的事項には他社出願動向を分析する際に必要となる出願人・権利者や発明者のほかに、時系列でデータを整理する際に必要な出願日などの情報が含まれている。

19　情報収集・分析を怠った結果、どのような事態に陥ってしまうかを知る例としては太平洋戦争時に情報参謀であった堀栄三の『大本営参謀の情報戦記』が参考になる。

20　Yセクションには分野横断型の特許分類としてY02（天候変更の影響を緩和または適応するための技術または機器）が設定されており、今後は一層注目が集まる脱炭素・サステナビリティ関連の分析を行う上で有用である。また、脱炭素関連の動きとして2022年6月に特許庁が「グリーン・トランスフォーメーション技術区分表」を公開し、各技術区分に含まれる特許文献を検索するための特許検索式も併せて公開している。

　また、国際的に統一された技術分類である国際特許分類（IPC：International Patent Classification）で整理することにより、特許明細書（要約、実施例、図面など）を読まずに特許の技術的内容を概観することができる[21]。さらに、日本特許公報であればIPCを細分化したFI（ファイル・インデックス）やFターム、米国特許公報やEP特許公報などにはCPC[22]が書誌的事項に含まれているので、IPCよりもさらに細分化された技術的内容まで分析することが可能である。

　要約や実施例（発明の属する技術分野、発明が解決すべき課題、課題を解決するための手段、発明の効果など）、図面からは特許の技術的内容を把握することができる。

　特許請求の範囲は特許発明の技術的範囲を定める（特許法70条）もので、特許の権利的内容を把握するための情報である。特許請求の範囲を構成要件ごとに分解し、特許侵害品（イ号）と構成要件を比較することで侵害を発見したり、または先行資料（特許や文献など）と比較することで特許権の技術的範囲を把握したりする。ほかには特許請求の範囲を分析することで他社の出願戦略や権利化戦略を見ることもできる。

　最後にその他の情報として審査状況や権利状況、パテントファミリー情報などがある。審査状況や権利状況は、競合他社の既存事業や新規事業の推進・撤退について判断する上で重要な情報となる。

　特許分類を利用した分析や公報の読み込みによって競合他社の事業戦略や研究開発戦略の概要を把握したら、審査状況や権利状況の面からも検討すると競合他社の事業戦略や研究開発戦略の方向性について、より精度高く推測することができるであろう。特許出願していても権利化されていない場合もあるため、特許の出願規模自体が大きくてもほとんどが権利消滅済みの場合もあり得る。

21　2.5.4で解説するが最近はテクノロジーの進歩が早いため、特許分類の設定が追い付いていない。特許分類だけで分析できる場合もあるが、分析の目的に対して特許分類の分解能が合致しない場合は独自に分析軸・分析項目を設定して分析を行う必要がある。

22　各国特許庁におけるCPC付与状況についてはウェブサイトのCPC Annual Reportsを参照（ただし、本書執筆時点ではCPC Annual Report 2017-2018が最新版で更新されていない）。

逆に特許の出願件数自体は少なくとも登録特許網で他社参入障壁を築いている場合もあり得る。そして、パテントファミリー情報からは外国特許出願戦略を把握することができる。

ある企業の特許出願動向を調べて、そのパテントファミリーを全て洗い出すことで、その企業がどの国で事業を展開しようとしているのか推測することが可能である。

2.3.2 特許情報の活用形態

前述したとおり、特許情報には権利的側面と技術的側面の2つがある。出願人・権利者や発明者は、企業・組織の人的資源に関する情報であり、特許出願件数は特許の基になっている発明を生み出す研究開発活動のアクティビティを示しているため、経営的側面も持っている情報ということができるであろう。

特許情報の持つ権利的側面、技術的側面に加えて経営的側面の3つの側面に着目した活用形態について下図に示す。

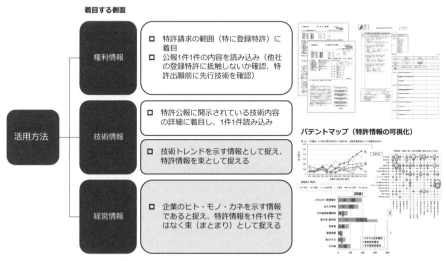

図3 3つの側面に着目した特許情報の活用形態

　権利的側面に関する特許情報の活用形態は、先行技術調査や無効資料調査・有効性調査、侵害防止調査・FTO（Freedom to Operate）[23]に代表される特許調査である。また、技術的側面に着目すると、研究者・技術者（＝発明者）が特許1件1件を確認して自らの研究開発活動に役立てる形態がある。

　事業戦略や研究開発戦略等の戦略立案・策定に特許情報を役立てるIPランドスケープは、特許情報の技術的側面と経営的側面に着目した活用形態であるといえる[24]。この場合、主に特許情報を1件1件の公報としてではなく、技術トレンドや企業・組織に資源配分を確認するために束として捉える。

　なお、2.5.4で説明するように業界・業種によって特許の出願特性が異なり、特許1件の価値も変化する。そのため、特許情報を束として捉えて統計解析ベースで分析するのではなく、特許公報の内容を精査していくほうが適切な業界・業種や技術領域がある点に留意する必要がある。

2.3.3　パテントマップの必要性とその定義

　そもそも特許情報を収集・分析し、パテントマップを作成する目的は何であろうか。また、パテントマップとしてまとめることでどのようなメリットが得られるであろうか。パテントマップとは特許情報を分析して視覚的に整理したものであるから、上位概念的に捉えれば「なぜデータや情報をグラフやチャートにする必要があるのか？」という問いになる。

　ビジネスにおいては定性的な評価も必要であるが、定量的に評価することも重要である。「A社の特許出願件数は最近急激に伸びています」と定性的に言葉で説明するよりは、「A社の特許出願件数は2015年に50件だったのが2019年には200件へと急激に増加しています」と数字を交えて説明すると、主観や思い込みではなく、客観的な裏付けがあることを示せる。

23　特許調査全般については拙著『特許情報調査と検索テクニック入門 改訂版』や酒井美里『特許調査入門 第三版』、小島浩嗣『技術者・研究者のための特許検索データベース活用術 第2版』を参照いただきたいが、無効資料調査や侵害防止調査について詳しく知りたい方は角渕由英『改訂版 侵害予防調査と無効資料調査のノウハウ』が参考になる。

24　もちろん戦略策定に活用する際も権利状況を加味した分析を行う場合もあるので、権利的側面を無視するわけではないが、相対的に技術的側面・経営的側面の両面に注目するということである。

　しかし、数字だけでは発表者＝分析担当者が説明するのに手間がかかり、聞き手が数字の羅列から傾向を把握するのは困難である。そこで、聞き手の理解を促すために数字・数表をグラフ化・チャート化する。

　そうすることで数字をイメージとして捉えることができ、傾向が把握しやすくなる。聞き手のみではなく発表者にとっても傾向を把握しやすくなることで、問題・課題がどこにあるのか発見しやすくなる。さらに、その問題・課題に基づいて次にどのように分析を進めていったらよいのか、方向性を検討する上でも役立つ。

　仮に自社A社と競合他社B社の技術C1およびC2について分析した結果、以下のような数表が得られたとする。

表6　数表で整理した分析結果の例

出願年	A社（自社）		B社（競合他社）	
	技術C1	技術C2	技術C1	技術C2
2015	10	10	50	5
2016	15	15	25	5
2017	20	15	10	10
2018	25	10	10	15
2019	30	15	5	30
総件数	100	65	100	65

　この数表だけを見てトレンドを把握することは困難であり、この数表を用いてプレゼンを行っても自社・競合他社の出願状況について聞き手には何ら印象が残らないであろう。

　しかし、パテントマップ化＝可視化することで、自社と競合他社の出願傾向の違いを視覚的に捉えることができる。次ページの図4にパテントマップ化するメリット（データをグラフ化・チャート化するメリット）について示した。

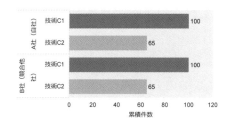

技術 C1 と技術 C2 について、A 社（自社）と B 社（競合他社）の公開特許件数を比較したところ、技術別に見た両社の累積件数は全く同件数でした。

技術 C1 と技術 C2 について、A 社と B 社の公開特許件数の推移を比較したところ、B 社が技術 C1 から技術 C2 へ出願を大幅にシフトさせていることが明らかとなりました。我が社（A 社）としては競合であるB 社の技術 C2 へのシフトに対して・・・

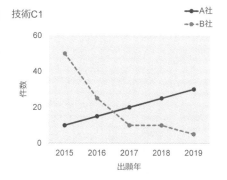

パテントマップ化のメリット

＝ 理解の促進

ー傾向の把握

ー問題の発見

ー追加分析の方向性を決定

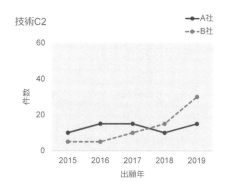

図4　パテントマップ化するメリット（データをグラフ化するメリット）

　例えば A 社・B 社の技術 C 1・C 2への累積出願件数は現時点では等しいが、それぞれの件数推移マップを見ると、B 社は技術 C 1 から技術 C 2 へシフトしていることが出願件数推移から読み取れる。

　一方、自社 A 社技術 C 1・C 2の両方へ資源を分散していることが明白である。

　技術Ｃ2へ資源をシフトしているＢ社に対して、自社は今後どのような
アクションを起こすべきかといった問題・課題の発見[25]、そしてＢ社の出願
している技術Ｃ2はどのような製品・サービスに利用されているのか、そし
てどのような課題・目的や解決手段に着目しているのかといった追加分析の
方向性など、マップ化することで得られるメリットは大きい。

　次に、これまで定義せずに使用してきたパテントマップという言葉につい
て見ていく。パテントマップ（または特許マップ）にはさまざまな定義が存
在するが、過去に出版された書籍に掲載されている定義から共通要素を抽出
すると下図に示した3要素がパテントマップの必須要素となる[26]。

　つまり、「**パテントマップとは特許情報を調査・整理・分析して視覚化・
ビジュアル化したもの**」ということができる。

　以下、各要素の詳細について見ていく。

図5　パテントマップの3要素

25　競合他社が技術Ｃ2にシフトしているので、自社もＣ2にシフトすべきか否かは自社の強み・
　　弱みなども踏まえて検討しなければならない。パテントマップはあくまでも外部環境や内部環
　　境を特許情報という客観データで可視化するものであり、自社のとるべき戦略の方向性を自動
　　的に指し示すものではない。
26　以前の改訂版までは過去の書籍で紹介されているパテントマップ・特許マップの定義を整理
　　した表を掲載していたが、第3版からは削除した。

　1つ目の「特許情報」は特許情報から得られる権利情報、技術情報、経営情報としての3つの側面を踏まえた分析が必要であることを示している。

　これから行おうとしている特許情報分析、作成しようとしているパテントマップは、経営情報や技術情報としての特許情報をまとめたパテントマップなのか、それとも権利情報としての特許情報をまとめたパテントマップなのか、どの側面に重点を置いているのかを意識しながら分析を行うことが重要である。

　また、特許公報から得られる情報は非常に豊富である。書誌的事項の情報のみを利用して特許情報分析・パテントマップ作成を行うのか、それとも技術的内容を読み解いて特許情報分析・パテントマップ作成を行うのか、特許情報分析・パテントマップを作成する目的に応じて利用する情報を選択する必要がある。

　2つ目の「調査・整理・分析」は3要素の中において、スキル・テクニック面で最も重要である。なぜならば、特許情報分析・パテントマップ作成の目的に応じて、調査・分析の方法が異なってくるためである。

　単純に自社と競合他社[27]の出願件数を比較したいのであれば、データベース上で検索することで確認できる。しかし、自社の既存事業の事業戦略策定に当たって特定技術の出願動向（例えば養殖技術に関するトレンド）を把握したい場合、養殖装置に関する特許なのか、それとも制御に関する特許なのか、養殖の対象（魚、イカ・タコ、貝、甲殻類など）についての動向も把握したいのか、といったように複数の分析軸・分析項目[28]を設けて特許公報を整理・分類分けする必要がある。

　既存の特許分類（IPC、FI、Fターム、CPCなど）で公報の分類分けが可能であれば特許分類を用いて作業を省力化することができる。

27　企業名で分析する場合は社名変更や買収なども丹念に調べる必要がある。データベースによっては企業関係（親会社・子会社・関係会社）をコーポレートツリーのような形で保有しているものもあるが、自ら企業名の変遷や主要なM&Aについては把握しておくことが望ましい。また、ベンチャー企業・スタートアップの場合、企業名義ではなくCEOやCTOの個人名で出願していることもあるので注意していただきたい。

28　特許情報を整理・分類分けする項目を"分析軸"や"分析項目"と呼ぶが、本書では分析軸や分析項目と同じ意味で"（分析の）切り口"といった呼び方もする。

　しかし、既存の特許分類で対応できない場合は独自の分析項目を設けて特許公報を読み込んだり、分析軸ごとに検索式を設定して機械的に分類展開を行う必要がある。調査・分析方法は、特許情報分析・パテントマップ作成の目的によって異なるが、分析対象の業界・業種やテクノロジーの特性によっても変化するので、分析プロジェクトの依頼者の課題や期待値、事業の目的を十分に理解した上で分析設計・デザインを行う必要がある。

　3つ目の「視覚化・ビジュアル化」は、調査・整理・分析した結果をいかに分かりやすくまとめ、見せるかが重要である。この視覚化・ビジュアル化で重要な点は、特許情報分析結果・パテントマップの報告対象、その報告対象に合わせたアウトプットの2点である。

　経営層・事業部門向けなのか、技術者・エンジニアや知財部員向けなのか、それとも IR（Investor Relations：投資家向け広報）の一環として投資家に見せるのか[29]、報告対象によって特許情報分析結果・パテントマップのアウトプットも異なる。

　経営者・事業部門長や投資家向けであれば、特許情報の細部についてマップ化するよりも特許出願件数の推移や自社と競合他社の出願件数の比較などマクロ動向を把握できるパテントマップに加えて、知財面から見た自社の競争地位・ポジションや将来起こり得るリスク、潜在的に脅威となり得る企業や技術などについて言及したほうがよいであろう[30]。

　技術者・知財部員向けであれば、マクロ的なパテントマップも必要であるが、より細かな視点で今後有望となる技術や課題、そして用途などを炙り出せるような視覚化・ビジュアル化が望ましい。

29　2021年6月のコーポレートガバナンス・コード改訂により“知的財産の投資”に関する情報開示・発信が盛り込まれたので、今後は取締役会だけでなく、投資家向けの可視化・ビジュアル化も重要なタスクとなる。

30　FIやFターム、CPCなどはIPCを細分化しており、分析を行う際に非常に便利であるが、特許分類に詳しくない経営層や事業部門向けの発表資料にそのまま掲載するのは好ましくないと著者は考えている。仮に特許分類を利用した分析を行ったとしても報告資料には特許分類や特許分類の定義をそのまま掲載するのではなく、経営層や事業部門向けに分かりやすく意訳すべきであろう（例えばB25Jは「マニピュレータ；マニピュレータ装置を持つ小室」であるが、意訳すれば「ロボット」となる）。

2.4　パテントマップの種類

　パテントマップの種類を大別すると図6のように、統計解析型パテント
マップと非統計解析型パテントマップに分けることができる。非統計解析型
パテントマップの中で、さらに独自フォーマット型、テキストマイニング型
に層別化される[31]。棒グラフ、円グラフ、バブルチャートなど、数量面から
出願動向を把握するのが統計解析型パテントマップである。非統計解析型パ
テントマップには特許から技術の流れを可視化した技術発展マップや対象技
術の特許の広がりを可視化する構成部位マップといった非統計解析型（独自
フォーマット型）、そして自然言語処理技術を用いて特定母集団のトレンド
を可視化するテキストマイニング型がある。

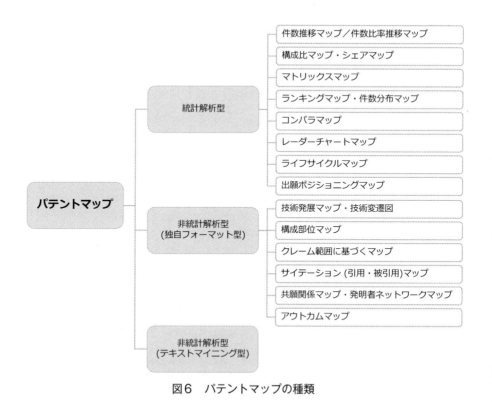

図6　パテントマップの種類

　統計解析型・非統計解析型パテントマップのいずれにおいても、特許公報の内容を1件1件精査する、内容解析型か否かという観点でも区分される。

　統計解析型パテントマップであれば書誌的事項に掲載されている出願人・権利者や発明者、特許分類（IPC、FI、Fターム、CPCなど）を利用して、特許公報を読まずにパテントマップを作成することができる。既存の特許分類は過去の技術を体系化したものであり、必ずしも最新テクノロジーに対応しているわけではない[32]。

　特許分類を活用すれば分析作業の効率化は可能であるが、重要なのは分析の目的に対して特許分類の分解能が十分であるか否か見極めることであり、十分でなければ独自分析項目を設定した上で特許公報を読み込む、または後述するように分析項目ごとに検索式を設定して機械的に分類展開した上で、統計解析型パテントマップを作成する場合もある。

　非統計解析型パテントマップは、特許公報を読み込んで手作りで作成するタイプのパテントマップであり、技術発展マップ・技術変遷図や構成部位マップ、ブレークスルー特許マップなどがその代表的なものである。

　一方、テキストマイニング型は、従来は人が公報の読み込みを行っていたものをテキストマイニング技術で代替するため、特許分類を用いた分析では得られないような気付きを得ることが可能である[33]。

　図6で示したパテントマップの種類や呼称はあくまでも典型的なものであり、このフォーマットに限定されるものではない。分析の目的に応じてパテントマップの形も変化する。

31　第3版ではパテントマップの種類の非統計解析型マップから「リスト型マップ」を外した。

32　例を挙げるとドローン（UAV：Unmanned Aerial Vehicle）に焦点を当てたB64Uが特許分類として設定されたのは2023年1月である。それまではB64C27/08（回転翼航空機；回転翼航空機特有の回転翼＞・ヘリコプタ＞・・二つ以上の回転翼をもつもの）やB64C39/02（他に分類されない航空機＞・特殊用途を特徴とするもの）などに付与されていた。

33　最近では無料で利用可能なテキストマイニングツールも登場しており、以前に比べて特許情報のテキストマイニングを行うハードルは下がってきた。ただし、テキストマイニングでは自らが設定した分析母集団内でのトレンドを見ることになるので、母集団に含まれていないトレンドや新たな兆しなどを捉えることは難しい点に留意する必要がある。よって、「テキストマイニングを使えば特許情報から新規事業開発案を抽出できますか？」という質問をいただくことがあるが、回答はYesでもありNoでもある。

　既存のパテントマップのフォーマットでは対応できない場合、どのような目的で、誰に対して、どのような特許情報分析結果を提示したいのかを明確にし、新たな切り口でパテントマップを創ることも重要である[34]。

2.4.1　統計解析型パテントマップ

　統計解析型パテントマップの種類を説明する前に、分析の考え方（特許情報分析の見方・視点）について触れておきたい。パテントマップの種類を多く知り、大量にマップを作成しても、有益なメッセージが得られるとは限らないし、効率的ではない。統計解析型パテントマップは下表に示す2つの見方と4つの視点のいずれかに基づいている[35]。

　A社の技術Bについて調べたいと仮定する。いきなり技術Bだけを特定するのではなく（マクロ的見方）、A社全体の出願件数はどのくらいなのか（量的視点）、また、A社全体に占める技術Bの割合はどのくらいなのか（比率的視点）、技術Bの出願件数は伸びているのか（時間的視点）、技術Bに注力している自社と比べると優位に立っているのはどちらか（比較的視点）のように、全体から細部へ分析を進め、量だけではなく比率や推移、比較を通じて、多面的にA社の技術Bの動向を把握することができる。

表7　特許情報分析の2つの見方と4つの視点

視点＼見方	マクロ	ミクロ
量的視点		
比率的視点		
時間的視点		
比較的視点		

34　どのような表現方法を用いれば分析結果を伝えやすいかという観点から、図解テクニックについて日頃から研究しておくことが望ましい（例えばジーン・ゼラズニー『マッキンゼー流図解の技術』、小林寿『プロ直伝 伝わるデータ・ビジュアル術』、藤俊久仁ら『データビジュアライゼーションの教科書』など）。

35　本書では特許分析のフレームワークとして量、比率、時間、比較の4つの視点を取り上げているが、分析技術について詳しく解説している後正武『意思決定のための「分析の技術」―最大の経営成果をあげる問題発見・解決の思考法』では、そのほかに"バラツキ"や"過程・プロセス"などさまざまな視点を解説している。

　この２つの見方と４つの視点はそれぞれ独立しているものではなく、複数の見方・視点を組み合わせて分析を進めることが必要である。例えば A 社と自社の件数の比較をする（マクロ：量的視点、比較的視点）、A 社と自社の全体件数に占める技術 B の割合がどのように推移しているか見てみる（マクロ：比率的視点、時間的視点、比較的視点）、技術 B をさらに細かな分析項目に展開して A 社と自社の技術開発力を比較する（ミクロ：量的視点、比較的視点）のようにさまざまな組み合わせ方が可能である。

　表7の特許情報分析の見方・視点は、**第3章**で紹介する MS Excel によるパテントマップ作成、**第4章**で紹介するウェブサイト上で公開されている無料ツールによるパテントマップ作成、また、本書では取り上げない市販のパテントマップ作成ソフトのいずれを用いた場合にも適用可能な考え方である。

　次に、分析の４つの視点と統計解析型パテントマップの関係について**表8**に示す。**第3章**において MS Excel を用いたパテントマップ作成方法について解説するため、表には MS Excel のグラフの種類と統計解析型パテントマップを示す[36]。

　MS Excel のグラフの種類に対応するマップ名、x 軸・y 軸項目の例、そして４つの視点（量、比率、時間、比較）についてまとめている。**表8**に掲載した MS Excel グラフでほとんどの統計解析型パテントマップを作成することができる。使用する MS Excel のグラフの種類としては縦棒グラフ、横棒グラフ、円グラフ、折れ線グラフ、散布図、レーダーチャート、バブルチャートの７種類である。

　１つのグラフでも異なった視点で分析することで異なる種類のパテントマップとなる（例えば 3-D 縦棒グラフは時間的視点・比較的視点で使えば件数推移マップになるが、量的視点・比較的視点で使うとマトリックスマップになる）。

36　良い分析結果を得ても、適切なグラフを選択しないと理解してもらえないことになる。適切なグラフの選択や見せ方などについては**第6章**で触れるが、参考書籍として前述のジーン・ゼラズニー『マッキンゼー流図解の技術』のほかに、松本健太郎『グラフをつくる前に読む本』を挙げておく。

表8　MS Excel のグラフの種類と主な統計解析型パテントマップ

グラフの種類	マップ名、x 軸・y 軸・z 軸項目の例	主な視点 / 章
	■**件数推移マップ（縦棒グラフ、スパークライン）** 【x 軸】出願日、公開日、登録日 【y 軸】出願件数、公開件数、登録件数、審査請求数、請求項数	時間（量・時間） **3.5.3** **3.5.6③**
	■**件数推移マップ（折れ線グラフ）** 【x 軸】出願日、公開日、登録日 【y 軸】出願件数、公開件数、登録件数、審査請求数、請求項数	時間（・比較） （量・時間） **3.5.3**
	■**ランキングマップ・件数分布マップ、コンパラマップ（横棒グラフ）** 【x 軸】出願件数、公開件数、登録件数、審査請求数、請求項数 【y 軸】出願人、発明者、分析項目（技術的観点、目的観点）	量 **3.5.1** **3.5.6④**
	■**構成比マップ・シェアマップ（円グラフ）** 分析項目別件数または出願人	比率 **3.5.4**
	■**構成比マップ・シェアマップ（縦棒グラフ）** 【x 軸】出願人 【y 軸】分析項目別件数、審査請求数、請求項数 ■**構成比推移マップ・シェア推移マップ（縦棒グラフ）** 【x 軸】出願日、公開日、登録日 【y 軸】分析項目別件数または出願人	比率・比較 比率・時間 **3.5.4**
	■**件数推移マップ（3-D 縦棒グラフ、バブルチャート、条件付き書式）** 【x 軸】出願日、公開日、登録日 【y 軸】出願人 【z 軸】出願件数、公開件数、登録件数、審査請求数、請求項数 ■**マトリックスマップ（3-D 縦棒グラフ、バブルチャート、条件付き書式）** 【x 軸】分析項目 【y 軸】分析項目または出願人 【z 軸】分析項目別件数	時間・比較 量・比較 **3.5.5**
	■**レーダーチャートマップ（レーダーチャート）** 分析項目別件数または出願人	量・比較 **3.5.5**
	■**ライフサイクルマップ（散布図）** 【x 軸】出願人数（＝参入企業数） 【y 軸】出願件数	比較（・相関） **3.5.6⑤**
	■**マトリックス、出願ポジショニングマップ（バブルチャート、条件付き書式）** 【x 軸】分析項目 【y 軸】分析項目または出願人 【z 軸】分析項目別件数	量・比較 **3.5.6①** **3.5.6②** **3.5.6⑥**

　以下では本書冒頭の**読者サポートウェブサイトについて**で述べた「魚介類の養殖技術」を例に挙げ、各種統計解析マップの例を示す（データはJ-PlatPat ではなく PatentSQUARE を利用）。ここで示した統計解析マップ例の具体的な作成方法については**第3章**で解説する。

① 件数推移マップ

　図7に件数推移マップの例を示す。件数推移マップは出願年や公開年、登録年ごとの件数推移を見るためのマップである[37]。

　分析対象全体の件数推移や、ある特定の出願人・権利者の件数推移について見たい場合は縦棒グラフが適しているが、権利状況別や複数の出願人の件数推移など2つ以上の件数推移を比較する場合は縦棒グラフよりも折れ線グラフやバブルチャートを利用するとよい。

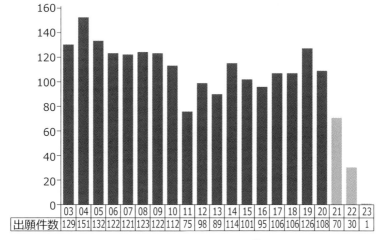

	03	04	05	06	07	08	09	10	11	12	13	14	15	16	17	18	19	20	21	22	23
出願件数	129	151	132	122	121	123	122	112	75	98	89	114	101	95	106	106	126	108	70	30	1

図7　件数推移マップの例[38]

37　件数推移マップを作成する場合、通常は出願年を用いる。ただし、外国特許も含めたグローバル分析をパテントファミリー単位で分析を行う際は、各パテントファミリーの最先出願年である最先優先権主張年を用いる。

38　初版・改訂版には3-D 縦棒を利用した件数推移マップも掲載していたが、著者が実務では利用しないため第3版では掲載していない。

　また、異なるグラフの種類（例えば縦棒グラフと折れ線グラフ）を併用することで、メッセージをより強く訴えることができる。異なるグラフの種類を併用する例については**3.5.7**で紹介する。

　なお、日本全体の特許出願件数は2001年の約42万件をピークに減少傾向にあり、AIやIoT、XR（VR・AR）などの注目を集めているテクノロジーを除くと、数多くの技術分野や企業において件数推移マップを作成すると右肩下がりとなる。以下の魚介類の養殖技術の件数推移マップも減少傾向にあるが、単純に件数推移の増減から当該分析対象企業や技術分野が活発、または低調であると判断するのは早計であり、特許以外の情報（企業情報、マーケット情報、学術文献など）を用いて裏付けを取らなければならない。

② 件数比率推移マップ

　「件数推移マップ」で述べたように、日本全体の特許出願件数は2001年をピークに減少傾向にあり、さまざまな企業および技術分野において件数推移マップを作成すると右肩下がりとなる。このような場合、実数ベースの件数推移マップではなく、件数比率推移のマップを作成すると、より明確に傾向を捉えることができる場合がある。

　図8（上）のグラフは筆頭FIメイングループ別の出願件数推移を示したものであり、**図8**（下）は筆頭FIメイングループの各年出願件数比率を算出してマップ化したものである。

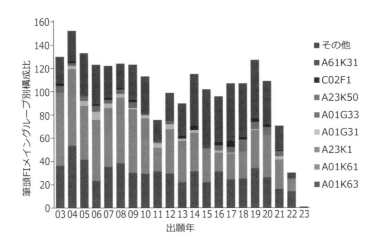

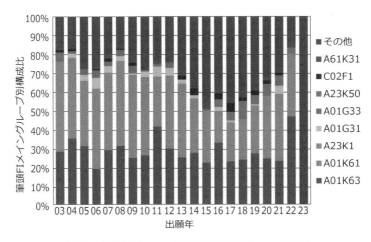

図8　件数推移マップと件数比率推移マップの例

　件数比率マップを見ると、実数ベースでは件数の増減はありながらも横ばいで推移していた A01K61 が増加傾向にあることが見て取れる。また、出願規模は小さいながらも A23K50 も2010年代に入り、漸増傾向であることが分かる。もちろん、実数ベースで増加・減少傾向を捉えることも重要であるが、実数ベースの件数推移マップでは読み取りにくい傾向も、比率を算出して件数比率推移マップにすることで明確に捉えられる場合もある。

③ ランキングマップ・件数分布マップ

図9にランキングマップ・件数分布マップの例を示す。母集団の中の出願件数の多い出願人・権利者順に並べたものがランキングマップ（上）である。出願件数の多い発明者順に並べれば発明者ランキングマップになる。

また、図に示したように FI サブグループごとの出願件数を横棒グラフで整理すれば、項目ごとの件数の分布を把握するマップ（下）となる。

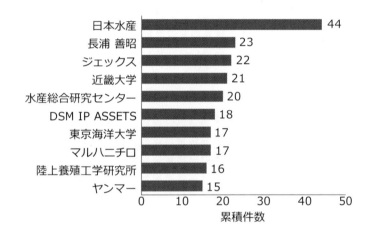

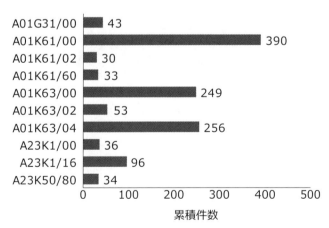

図9　ランキングマップ・件数分布マップの例

④ 構成比マップ・シェアマップ

　図10および図11に構成比マップ・シェアマップの例を示す。このマップは、ある母集合の中に占める特定項目（例えば技術項目や出願人・権利者）の比率を示している。図10のようにある母集合に占める技術項目（筆頭 FI メイングループ）ごとの件数をグラフ化すると、技術項目の出願件数占有率を見ることができる。

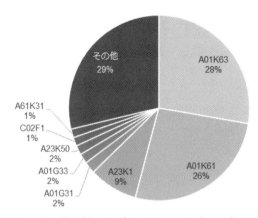

図10　構成比マップ・シェアマップの例①

　次ページの図11の構成比マップ・シェアマップは複数の項目間の比率を比較するためのマップである。例えば上位出願人・権利者の権利状況別比率を比較したい場合は円グラフを複数並べて比較するよりも図11のようなグラフを作成するとよい。

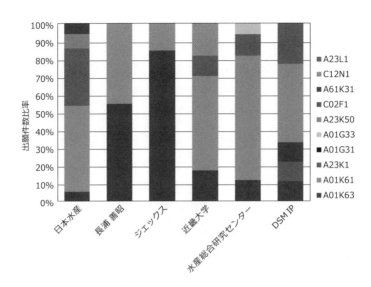

図11　構成比マップ・シェアマップの例②

⑤ マトリックスマップ

　図12にマトリックスマップの例を示す。これは複数の項目間の件数を比較するために使用する。例に示したように出願人・権利者と分析項目のマトリックスを組んで出願人・権利者別の注力している技術の違いを明らかにしたり、発明の課題と解決手段のマトリックスを組むことで技術別に抱えている課題を把握することができる。

　以下では出願人・権利者と技術項目（筆頭 FI メイングループ）のマトリックスマップを示している。一般的に 4 × 4 程度のマトリックスであれば 3 -D 縦棒グラフ、バブルチャートのいずれでも一覧性の上で問題はないが、それ以上のマトリックスの場合は視認性の観点からバブルチャートを使用したほうが好ましい。

　マトリックスマップは図13のように条件付き書式で作成することも可能である。MS Excel でバブルチャートを作成するにはデータフォーマットを変更する必要があるため多少の手間がかかる。

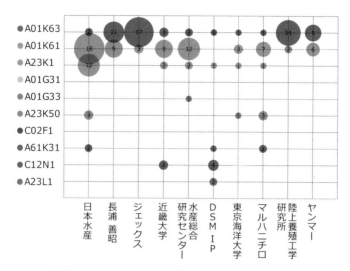

図12 マトリックスマップの例（バブルチャート）

条件付き書式であれば MS Excel のピボットテーブルで集計した結果をそのまま以下のようにヒートマップ形式で可視化できる。

	A01K63	A01K61	A23K1	A01G31	A01G33	A23K50	C02F1	A61K31	C12N1	A23L1
日本水産	2	18	12			3		2		
長浦 善昭	11	9								
ジェックス	17	3								
近畿大学	3	9	2						3	
水産総合研究センター	2	12	2		1					
ＤＳＭ ＩＰ	1		1					1	4	2
東京海洋大学	1	3	1		1					
マルハニチロ	1	7	1			3		2		
陸上養殖工学研究所	14	2								
ヤンマー	8	6								

図13 マトリックスマップの例（条件付き書式）

⑥ コンパラマップ[39]

　異なる出願人・権利者の件数分布マップを左右に並べて、技術や課題・目的別件数分布を比較・分析するための用いられるのがコンパラマップである。以下に日本水産とジェックスのコンパラマップの例を示す[40]。実数ベースで作成したコンパラマップであるが、比較対象としている出願人・権利者の全体件数で各分析項目別件数を除して件数比率を出すことで、出願人・権利者の出願規模を正規化して注力出願領域について論じることが可能となる。

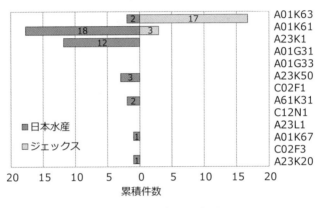

図14　コンパラマップの例

⑦ レーダーチャートマップ[41]

　図15は出願件数が複数の分析項目へどのように分布しているのか示したマップである。**表8**で示したように量を比較するという視点ではマトリックスマップ（3-D縦棒グラフ、バブルチャート）と同じであるが、レーダーチャートマップは特に分布の違いを強調したい場合に有効である。

39　コンパラマップはインパテック株式会社の登録商標である（登録第4591886号）。
40　本書で取り上げている魚介類の養殖技術の出願規模は小さいため、コンパラマップを作成しても両社に大きな差異は見られない。コンパラマップで差異を可視化したい場合はある程度の件数規模がある分野が適しており、数件程度の差で両社の違いを論じるのは適切ではない。
41　レーダーチャートはスパイダーチャートとも呼ばれる。

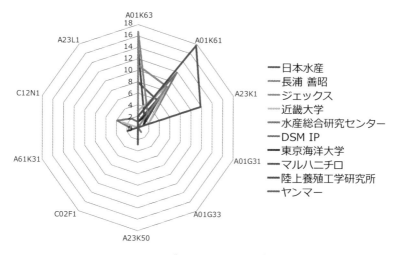

図15　レーダーチャートマップの例

　例えば**図12**や**図13**のマトリックスマップにおいて、分析対象企業2〜3社の特定技術項目に対する取り組みに違いがあった場合、その出願人・権利者を取り出してレーダーチャートマップで表現すれば、その違いを浮き彫りにすることができる。

　ほかには米国、欧州、中国、韓国などを項目に取り、異なる出願人A社・B社がそれらの国にどのくらい出願しているか、レーダーチャート化することで外国特許出願戦略の違いを見ることができる。分析結果を効果的に見せるという点でレーダーチャートは優れている[42]。

⑧ ライフサイクルマップ

　ライフサイクルマップとは一般的に横軸に出願人数、縦軸に出願件数を取り、それを出願年ごとにプロットしていくことで、以下のように技術開発のステージを特許出願面から把握するものである[43]。

42　著者は最近の分析プロジェクトにおいてレーダーチャートはほとんど利用していない。
43　インパテック社のパテントマップEXZのアウトプットとしてのライフサイクルマップが有名であり、特許情報分析におけるライフサイクルマップとして特に定まったフォーマットはない。

● 出願人数増・出願件数増　　　＝　技術発展期
● 出願人数変化なし・出願件数減　＝　技術成熟期
● 出願人数減・出願件数減　　　＝　技術衰退期

　図16に魚介類の養殖技術に関するライフサイクルマップの例を示す（確定値である2020年までを表示）。2004年以降は出願人数・出願件数ともに減少する技術衰退期であったが、2011年以降は増加傾向（技術発展期）に転じた後、2020年時点で2010年や2014年頃のレベルまで回復している。

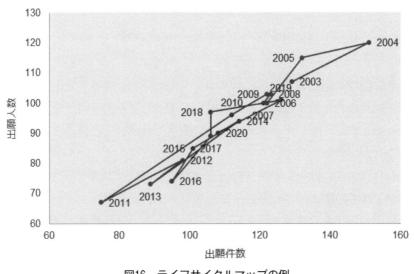

図16　ライフサイクルマップの例

　ライフサイクルマップから技術開発のステージを把握するためには、分析対象領域において特許の出願件数が競争優位性の構築に効いている必要がある点に留意すべきである。出願件数規模が小さい、ノウハウが重要な領域においてライフサイクルマップを作成しても、うまく技術開発のステージを捉えることは難しい。

⑨ 出願ポジショニングマップ[44]

これは、バブルチャートや散布図を用いて出願人・権利者や分析項目のポジションについて可視化するためのマップである。出願ポジショニングマップの横軸・縦軸のパターンとしては以下のような例がある[45]。

表9 出願ポジショニングマップの横軸・縦軸の例

グラフ	横軸	縦軸	バブルサイズ
バブルチャート	長期増減率[46]	短期増減率	出願人別累積件数 分析項目別累積件数
散布図	累積件数	直近の出願件数比率（例：各社の全出願に占める2018年以降の出願比率）	−
バブルチャート	平均被引用回数	最大被引用回数	出願人別累積件数 分析項目別累積件数

1つ目の横軸に長期増減率、縦軸に短期増減率を取った出願ポジショニングマップでは、各社の出願トレンドを実数ベースの影響を受けずに把握することができる。

2つ目の散布図を用いる出願ポジショニングマップは、横軸に累積件数、縦軸に直近の出願件数比率を取るタイプである。1つ目のタイプでは長期増減率や短期増減率が無限大になる場合があるため、軸の取り方を修正している。左上領域に位置する出願人・権利者や分析項目が、累積件数は少ないながらも直近出願が急増している要注目の出願人・権利者または分析項目となる。

3つ目の出願ポジショニングマップは、特許の注目度を示す指標の一つである被引用回数（平均・最大）を用いていることで重要な出願人・権利者や被引用面から見た際の要注意出願人・権利者を特定できる。

---

44 出願ポジショニングマップは著者が命名したものである（商標登録第6262560号）。

45 改訂版では横軸に長期増減率、縦軸に短期増減率を取った出願ポジショニングマップを取り上げていた。このタイプの出願ポジショニングマップの例としては拙稿「日本における高齢者関連特許・意匠出願トレンド」（「パテント」70巻3号13頁［2017］）の図6を参照されたい。

46 長期増減率、短期増減率とは、例えば2002～2020年の出願期間を、2002～2011年と2011～2020年の2区分に分けて長期増減率（横軸）を算出し、さらに2011～2020年を2011～2015年と2016～2020年の2区分に分けて短期増減率（縦軸）のように算出する。

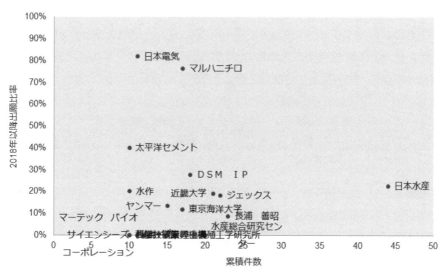

図17　出願ポジショニングマップの例（累積件数・直近の出願比率）

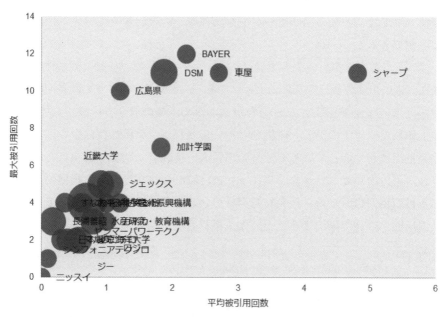

図18　出願ポジショニングマップの例（平均被引用回数・最大被引用回数）

2.4.2　非統計解析型パテントマップ：独自フォーマット型

① 技術発展マップ・技術変遷図[47]

　技術発展マップ（技術変遷図ともいう）は、ある特定の技術分野の特許群を出願年に沿って配置し、研究開発・技術開発の流れを可視化するマップである。特許公報を読み込んだ上で、特許同士のつながりを見いだしていく。図19に技術発展マップの例を示す（あくまで「仮」の事例である）。

　例えば下図で示したように技術のタイプ別に分けて時系列で配置し、特許公報の【解決すべき課題】に着目して、同一の【解決すべき課題】に対して、どのような【解決手段】を用いて課題を解決してきたかを時系列で配置するといった作成方法がある。技術発展マップから技術開発の広がりや今後の技術開発の方向性を予測することができる。

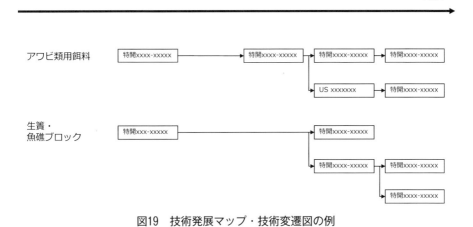

図19　技術発展マップ・技術変遷図の例

47　著者がNGBに2002年に入社して数年間は技術発展マップ・技術変遷図を作成していた。最大で2000件強の分析対象特許を図面ベースでグルーピングした上で、分析対象技術の流れや各社の研究開発の方向性などを整理していた。しかし、技術発展マップ・技術変遷図を作成するためには膨大な工数がかかるため、最近ではほとんど作成していない。なお、図面ベースでグルーピングした上で技術の流れを可視化する方法については拙稿「図面情報を用いたパテントポートフォリオ分析」（「日本知財学会第6回年次学術研究発表会」[2008]）および「図面情報を用いたパテントポートフォリオ分析（第2報：クラスタリング結果評価）」（「日本知財学会第7回年次学術研究発表会」[2009]）を参照（noteに掲載）。

　④で取り上げるサイテーションマップは、引用・被引用関係をベースに作成するが、技術発展マップは引用・被引用関係だけではなく技術内容も考慮するため、分析担当者の当該技術分野における経験や知識が重要である。一方で、技術発展マップには作成者の主観が加味される点に留意が必要である。

② 構成部位マップ

　個々の部位・部品（構成要素）の組み合わせであるシステムについて、それぞれの部位・部品にどのくらいの出願件数があるかを示したのが構成部位マップである。ここに掲載する公報番号を自社・他社や権利状況などによって色を変更することで、競合他社のパテントポートフォリオを可視化できると同時に、自社が今後どのようなポートフォリオを形成していくべきか、出願戦略立案の基礎資料として用いることも可能となる[48]。

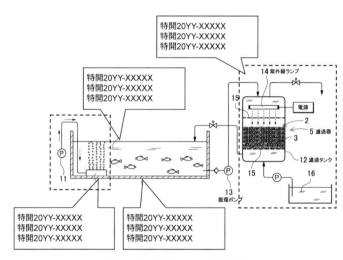

図20　構成部位マップの例[49]

48　構成部位マップに用いる図面を選定する際に、各社が注力しているシステム・構成・レイアウトを図面ベースのグルーピングから選び出す手法については前述した拙稿「図面情報を用いたパテントポートフォリオ分析」および「図面情報を用いたパテントポートフォリオ分析（第2報：クラスタリング結果評価）」を参照されたい。

49　特開2020-174569「魚の養殖装置」の代表図面を利用している。

③ クレーム範囲に基づくマップ

　クレーム範囲に基づくマップとしては、元・三菱化学の知的財産部長であった長谷川曉司氏が著書『御社の特許戦略がダメな理由』で提唱しているブレークスルー特許マップがある。

　特許マップに自社・他社の関連ある特許を全て掲載するとマップが複雑になり、理解不能なものとなってしまう。そのためブレークスルー特許マップでは、対象技術にブレークスルーを与えた代表的な特許だけを選定してマップ化する。

　このように掲載する特許を代表的な特許だけと割り切ることで、過去から見た技術の流れと今後の技術の方向性が分かってくる可能性が大きくなる。

　図21では有機物系および無機物系特許①が基本特許として非常に広い権利範囲を押さえており、その中に有機物系の基本特許②、無機物系の基本特許③があり、さらにその改良特許が④や⑤として出願されていることが権利範囲を表す面積の広さから把握できる[50]。

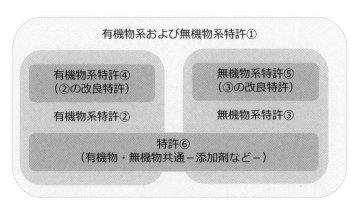

図21　クレーム範囲に基づくマップの例（出所：長谷川曉司『御社の特許戦略がダメな理由』）

50　医薬品業界では、松永敦夫ほか「科学技術情報としての特許情報の取扱の現状と問題点」（「情報の科学と技術」64巻7号265頁［2014］）が物質特許についてマーカッシュ形式の一般式をベースにしてベン図としてマップ化する例がある。

④ サイテーションマップ[51]（引用・被引用マップ）

　特許の引用・被引用関係を可視化したものがサイテーションマップである。特許出願後に、審査の過程において審査官により拒絶理由通知書に引用文献として利用されたものや IDS（米国における情報開示義務）、発明者引用が当該特許の引用文献となる。また、当該特許が後願の審査の過程等において引かれると被引用されたことになる[52]。

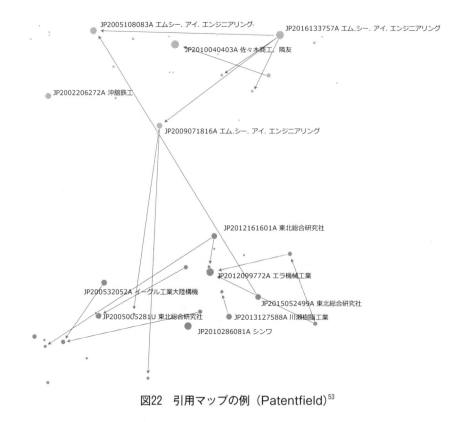

図22　引用マップの例（Patentfield）[53]

51　サイテーションマップはインパテック株式会社の登録商標である（登録第4448230号）。

52　学術論文の世界では引用される回数が多い（被引用回数が多い）ほど重要な論文だと見なされている。特許も同様で被引用回数が多いほど重要な特許であると見なされる（特許の引用回数と技術的な重要度に関する古典的な論文は Mark P. Carpenter ほか「Citation rates to technologically important patents」（「World Patent Information」3 巻 4 号160頁［1981］だと思われる）。

　研究開発の成果は過去の積み重ねの上に成り立っており、特許も同様である。ある特許の引用・被引用関係を整理していくと、当該技術分野の基本特許まで遡及することができ、当該技術の過去からの流れを把握できる[54]。

⑤ 共願関係マップ・発明者ネットワークマップ[55]

　出願人や発明者の共同出願関係をチャートやネットワーク形式で表現したのが共願関係マップである。魚介類の養殖技術に関する特許の出願人情報から作成したのが図23である。特許出願からは共願関係が見られなくてもニュースなどで共同研究開発が報じられることがあるため、特許情報のみならず、ニュースやプレスリリースなどの情報も総合的に分析すべきである。

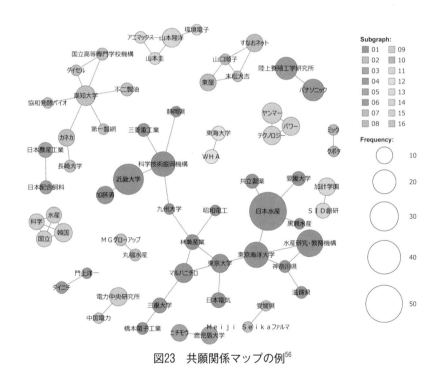

図23　共願関係マップの例[56]

53　Patentfield で発明の名称＝養殖×貝でヒットした母集団をベースに引用マップを作成した（横軸は出願日、縦軸は類似度）。

⑥ アウトカムマップ

　アウトプットとは特許や学術論文などのように研究開発の現象的・形式的成果である。一方、アウトカムとは研究開発がもたらす本質的・内容的成果である。つまり、研究開発投資や研究開発人材等のインプットによって、社会にどのような影響を及ぼしたか、その成果をアウトカムとして評価するものである。産業技術総合研究所や電力中央研究所が2000年代半ばからアウトカム評価に取り組んでおり、その評価結果について公開している[57]。

　図24は産業技術総合研究所の血液降下飲料におけるアウトカム創出の流れとアウトプット・アウトカムを示す知財系譜略図である。同研究所の研究成果・特許出願がカルピスやカネボウの研究開発・特許出願につながり、「アミールS」や「カゼインDPペプチドドリンク」などの製品化につながった様子が分かる。

54　引用・被引用情報を各種分析・評価に用いる取り組みは積極的になされている（例：小田哲明ほか「共引用分析による特許価値の推移」（「研究技術計画」20巻4号345頁［2005］）、六車正道「引用特許分析の有効性とその活用例」（「情報の科学と技術」56巻3号114頁［2006］）、和田哲夫「特許引用データの特質とその分析」（「情報の科学と技術」57巻7号353頁［2007］）および「先行技術の量的指標としての特許引用数」（「経済産業研究所ディスカッション・ペーパー」08-J-038［2008］）、梶川裕矢「リンクマイニングを用いた引用情報の活用」（「情報の科学と技術」60巻6号224頁［2010］）、石井康之ほか「特許データによる発明の価値の把握：被引用数と属性統合指標との比較」（「研究技術計画」29巻2・3号185頁［2014］）。また、パテントリザルトのパテントスコアやPatentSightのPatent Asset Indexのように特許価値評価に引用・被引用情報が積極的に用いられている。

55　発明者ネットワークマップとは特許公報から得られる発明者間のつながりを線で結んで可視化したものであり、⑤で紹介した共願関係マップの一種であるといえる。研究開発活動は発明者が行うものであるため、IPC・FIなどの特許分類ベースでは研究開発活動単位で特許集合を切り出すことは困難である。そのため、発明者に着目してマップ化すると、どの発明者がキーマンで、どのような組織体制（発明者体制）で研究開発を行っているかを浮かび上がらせることができる。発明者ネットワークマップの例としては著者のnote「R&D組織におけるコミュニケーション活性化と研究開発レベルの関係について」などを参照されたい。

56　この共願関係マップは無料のテキストマイニングツールであるKH Coderを用いて作成した。KH Coderでは特許明細書のテキストマイニングだけではなく、出願人・権利者や発明者を対象としたネットワークマップを描画することも可能である。

57　アウトカム評価やアウトカムマップについては「特許を活用したアウトカム追跡手法に関する調査（1）－特許活用マニュアル－」や「特許を活用したアウトカム追跡手法に関する調査（3）－骨補てん材料－」も参照されたい。なお、電力中央研究所は知的財産報告書内でアウトカム評価結果を公開していたが、残念ながら現在では閲覧不可になっている。

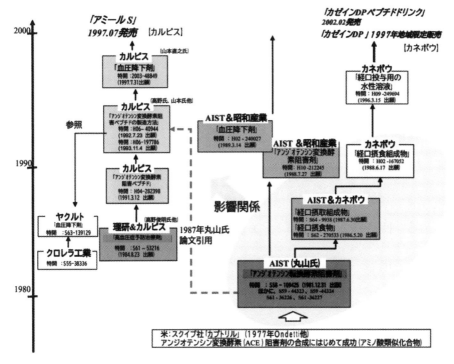

図24 アウトプット・アウトカム知財系譜略図（出所：産業技術総合研究所『特許を活
用したアウトカム追跡手法に関する調査（２）‐血圧降下飲料‐』）

2.4.3 非統計解析型パテントマップ：テキストマイニング型[58]

分析対象となる特許発行件数の増大に伴い、全ての特許を目視調査する工
数が膨大になるケースが増えてきた。そこで、特許情報分析・パテントマッ
プへのテキストマイニング[59]技術の活用が盛んになっている。

58　テキストマイニングによる特許情報分析や経営戦略・技術戦略について解説した書籍として
　は豊田裕貴ほか『特許情報のテキストマイニング』、菰田文男ほか『技術戦略としてのテキス
　トマイニング』や大森寛文ほか『人工知能を活かす　経営戦略としてのテキストマイニング』
　以外に、最近の論考としては川上成年『テキストマイニングを使用した特許マップ作成手法の
　開発』などがある。

59　テキストマイニングとは「テキスト＝文章データ」から「マイニング＝採掘する」、つまり、
　文章データから何らかの有益な情報を引き出すための手法・システムである。テキストマイニ
　ング自体の仕組みについては那須川哲哉『テキストマイニングを使う技術／作る技術』や『テ
　キストマイニングの基礎技術と応用』を参照されたい。

　代表的なテキストマイニング分析ツールとしては、クラリベイト・アナリティクスの Derwent Innovation「ThemeScape」、VALUENEX「VALUENEX Radar」、ワイズ特許サービス「ぱっとマイニング」、NTT データ数理システム「Text Mining Studio」、プラスアルファ・コンサルティング「見える化エンジン」や「Patent Integration」などがある[60]。

　各社ともテキストマイニングのアルゴリズムの詳細を公開していないため、アウトプットのテキストマイニングマップが何を意味しているかについてはベンダーの協力も得ながら読み解いていく必要がある。

2.5　特許情報分析プロジェクトのフロー

　特許情報分析およびパテントマップの基礎事項について述べたので、続いて特許情報分析プロジェクトの進め方について説明する。**表10**は特許情報分析・データ分析のフローであり、ステップ0を含めると大きく8つのステップから構成されている。

　ステップ0の「日々の情報収集」からステップ7の「実施後の提言内容の検証」まで作業の順に並んでいるが、実際に依頼者からの依頼・相談に基づいて特許情報分析プロジェクトが始まるのはステップ1からである。ステップ0は分析プロジェクトの依頼・相談がくる前に日々知識のストックを増やすために設けている。

　表10のステップ1「取り組むべき課題・範囲の見極め」からステップ6「分析結果の解釈、提言の取りまとめ」は出戻りなく進むわけではなく、後のステップにおいて前のステップでの検討が不十分な場合、前のステップに戻ってやり直す場合もある。

　分析の課題や目的に基づく仮説・分析ストーリーの構築が甘かった場合は、取り組むべき課題・範囲の見極めに戻る場合もある。

60　無料のテキストマイニングツールとしては KH Coder やユーザーローカルの AI テキストマイニングがある。テキストマイニングを活用した特許情報分析については3.7を参照されたい。

表10　特許情報分析・データ分析のフロー

ステップ	概要・留意点
0. 日々の情報収集	● Google アラートなどを活用して自社の課題や自社を取り巻く競合・環境に関してインプットし、整理
1. 取り組むべき課題・範囲の見極め（予備調査・ヒアリング）	●依頼者からの相談・依頼が真に取り組むべき課題や、適切な範囲ではない場合もある
2. 予備仮説・分析ストーリーの構築	●依頼主や分析担当者の主観や願望に沿った意図的な仮説を設定しない（＝確証バイアス[61]に陥らない）
3. 分析対象資料・分析方法・分析軸の検討	●特許情報至上主義に陥らないように分析対象となる業界や技術特性も考慮して分析対象資料・分析方法を検討 ●仮説・分析ストーリーに沿った分析軸設定
4. 情報・データ収集（母集団検索式作成）および前処理	●特許については分析方法（公報読む／読まない）を踏まえて精度・適合率を意識した的確な母集団
5. 各種分析—統計解析・内容分析	●分析ツールは手段であり目的ではない ●公報読み込み等による内容分析も必要に応じて実施
6. 分析結果の解釈、提言の取りまとめ	●公開情報だけで全て明らかにはならず、推測・予測も加味
7. 実施後の提言内容の検証	●依頼主サイドで何らかのアクションへつながることを意識

　また、分析対象母集団を分析している過程で分析母集団や分析軸設定が不十分であった場合、パテントマップ作成を行っていたら分析軸や分析項目をもう少し細分化したほうがよいと判断した場合など、前ステップに戻って作業をやり直す。各ステップにおいて行うべきことをしっかりと洗い出し、問題点があればそれを解決してから次のステップに進むことが重要である。

　以下、各ステップについて詳しく見ていく。

　なお、ステップ1〜4のことを著者は「分析デザイン・分析設計」と呼んでいる。

61　第2章COLUMN「確証バイアス‐分析担当者がやってはいけないこと‐」参照

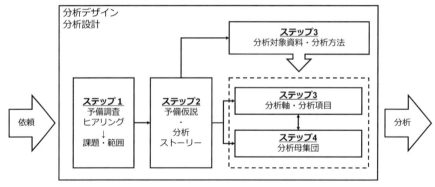

図25　分析デザイン・分析設計

　家を建てる際の建築設計士の立場であれば、クライアントの要望をヒアリングした上で、建築設計図を描くプロセスに該当する。いくら腕の良い大工であっても、建築設計図が悪ければ良い家を建てることはできない。分析プロジェクトも同様であり、良い分析ツール・ソフトウエアを保有していたとしても、上記の分析デザイン・分析設計のプロセスを疎かにしてしまうと、良い分析結果・提言を導くことはできない。

2.5.1　ステップ０：日々の情報収集[62]

　分析プロジェクトを依頼されていない状態であっても、分析プロジェクトがいつスタートしてもよいように日々の情報収集を怠らないことがステップ０である。ステップ２において分析プロジェクトの予備仮説・分析ストーリーの構築を行うが、仮説立案のために必要なのは知識のストックである。知識のストックがなければ良い仮説を立てることはできない。情報収集マニアになる必要はないが、将来的に依頼される可能性がある分析プロジェクトに備えて日々知識のストックを構築しておくことに越したことはない[63]。

62　日々の情報収集については拙著『調べるチカラ』も参考にしていただければ幸いである。

63　パナソニック技監の大嶋光昭氏は「ひらめきとは、まったくの無から、いきなり有を生み出すような便利なものではありません。(中略) 何もないところからは何も生まれない、というのは鉄則です」と述べている (出所：『「ひらめき力」の育て方』)。ひらめきというのは発明のアイデアだけではなく、仮説や戦略立案の際にも必要とされる。

具体的にどのような手段で、どのような情報を収集しておけばよいのか述べていく。まず、日々の情報収集手段としては、以下がある。

● Google アラート
● SNS（ツイッター、Facebook、LinkedIn など）[64]
● インターネット
● 新聞・雑誌
● 書籍[65]

この中でも Google アラートを利用してプロアクティブに情報収集することをお勧めしたい。Google アラートとは、Google で行ったキーワード検索（ウェブだけではなく、ニュース、ブログなども含む）結果について、ヒットがあった場合に定期的に指定したメールアドレスへ配信するサービスである。

図26に Google アラートの設定画面を示した。キーワードの例として「IPランドスケープ」を用いた。Google アラートの配信頻度やソース（ウェブ、ニュース、ブログ、書籍など）、言語、地域、件数、そして配信先である。

いったん Google アラートを設定しておけば、興味を持っている企業名や技術用語等の情報が自動的に配信されるようになるので、自ら毎回 Google等の検索エンジンでキーワードを入力する手間が省ける。

このように無料のツールやアプリを活用して、自分の興味ある情報が自動的に届くような環境を整備し、情報感度を常に高くしておくとよい。

なお、Google アラートには Google Scholar のアラートも別途あるので、学術文献等のウオッチをしたい場合は Google Scholar のアラートも設定しておくとよい[66]。

---

64 SNS については匿名でアカウント登録を行い、自ら積極的な情報発信を行わずに情報収集ツールとして活用することもできるが、著者は「情報は発信したところに集まる」（長谷川慶太郎『情報力』）と考えているので、ぜひとも積極的な情報発信を行っていただきたい。

65 書籍については時期によってムラはあるが、毎月 5-10冊ほど購入している。ただし、購入した本を全て通読しているわけではなく、部分的に参考にする書籍もあれば、買ってはみたものの予想していた内容とは異なるため読むのをやめる書籍もある。なお、読書を含めた各種情報の活用法については、山口周『読書を仕事につなげる技術』や田中志『情報を活用して、思考と行動を進化させる』が参考になる。

図26 Google アラートの設定画面

　次に、収集すべき日々の情報であるが、3C（自社、競合、市場・顧客）や4P（製品、価格、流通チャンネル、宣伝・広告）、5F（競争企業間の敵対関係、買い手の交渉力、供給企業の交渉力、新規参入業者の脅威、代替品の脅威）および PEST（法律・規制、経済、社会、技術）といったフレームワークで考えるとよいであろう[67]。

　以下の**表11**ではフレームワークごとに対応する収集すべき情報と Google アラートでの登録キーワードの例を示す（フレームワークの全てではなく主な情報に絞っている）。

66　著者は Google アラートおよび Google Scholar アラートを合わせると100以上のキーワードを設定している。ただし、アラートでヒットした全ての情報をチェックしているわけではなく、あくまでもタイトル等を見て関心がある情報のみをチェックするようにしている。重要なのは自ら Google 等でキーワード検索を行わなくても、あらかじめ興味あるキーワードでヒットした情報が日々届く状態をつくることにある。

67　ここに挙げたフレームワーク以外では競争地位（リーダー、チャレンジャー、ニッチャー、フォロワー）やバリューチェーン（価値連鎖）、プロダクトライフサイクルなどもあるが、必要に応じて適宜活用するとよいであろう。

表11　フレームワークに沿った主なウオッチすべき日々の情報

フレームワーク	収集すべき情報・Google アラートの登録キーワード例
3C[68]	Company：自社 －登録キーワード：自社名 Competitor －登録キーワード：競合他社名 Customer －登録キーワード：顧客名、市場・業界
4P	製品 －登録キーワード：自社および競合の製品・サービス名
5F	競争企業間の敵対関係（3C の自社・競合と共通） －登録キーワード：自社名、競合他社名 買い手の交渉力 －登録キーワード：顧客名（特に B2B） 供給企業の交渉力 －登録キーワード：サプライヤー名（サプライヤーの競合も） 新規参入業者の脅威 －登録キーワード：自社技術・製品・サービス AND 新規参入 代替品の脅威 －登録キーワード：自社技術・製品・サービス AND 代替
PEST	法律・規制 －登録キーワード：自社に関連する法律・規制 技術（特に学術文献） －登録キーワード：技術（Google Scholar アラート）

　日々収集すべき情報はさまざまであるが、中でも自社、競合、市場・顧客の3Cの情報、そして自社の情報は特に重要である。ベンチャー・スタートアップのように小規模な組織であれば、人的コミュニケーションによって情報収集が容易であるが、組織が大きくなればなるほど自社のことであっても新聞やインターネット経由で知る場合もあるであろう。

68　3Cで考える際に、B2B企業であれば自社の上流（原材料メーカー）、下流（顧客メーカー）、場合によってはさらに下流である顧客（一般消費者）まで考慮するとよい。なお、5Fも同様に、自社の競争環境だけではなく上流・下流の5Fも念頭に置くとより多面的な情報収集ができる。

Google アラートによってタイムリーに自社情報を把握しておけば、いざ分析プロジェクトがスタートした際にスムーズにステップ1以降の分析デザイン、実際の分析に移行することができる[69]。

なお、最近では ESG（環境、社会、ガバナンス）や SDGs（持続可能な開発目標）に対する注目も高まっているので、Google アラートの登録キーワードとして検討するとよいであろう。

2.5.2　ステップ1：取り組むべき課題・範囲の見極め（予備調査・ヒアリング）

分析プロジェクトの依頼がきた際、最初に行うべきことは取り組むべき課題と分析対象範囲の見極めである。取り組むべき課題のことを外資コンサルティングファームでは"イシュー"[70]、アカデミアの世界では"キークエスチョン"[71]と呼んでいる。なぜ、取り組むべき課題・範囲を見極める必要があるのかというと、分析プロジェクトの依頼者が筋の良い課題設定や適切な対象範囲を設定しているとは限らないためである。

例えば「A 社を買収したいので、A 社について知財面の問題がないか知財デューデリジェンスを行ってほしい」という依頼を事業部門から受けたとする。分析担当者として最初に持つべき疑問としては「なぜ A 社なのか？」、また、「A 社を買収した際に自社とのシナジー効果はあるのか？」である。仮に事業部門で A 社以外の B 社や C 社など他の候補と比較した上で A 社に決定し、A 社とのシナジー効果まで分析した上で知財デューデリジェンスの依頼を行っていれば問題ない。

69　読者が知財部門の方であれば自社情報だけではなく競合企業の情報についても事業部門や研究開発部門、営業部門などを経由して入手することが多いと思うが、Google アラートを活用することで自社情報だけではなく競合他社情報についてもタイムリーに入手することが可能となる。

70　イシューの見極めの詳細については安宅和人『イシューからはじめよ』や内田和成『論点思考』を参照されたい。

71　著者はステップ1〜4を分析デザインと呼んでいるが、アカデミアの世界ではリサーチ・デザインと呼んでいる。アカデミアと企業における分析実務には目的の違いはあるが、実際の思考プロセスには共通する部分も多い。その点、田村正紀『リサーチ・デザイン』や佐藤郁哉『ビジネス・リサーチ』はキークエスチョンの設定という面で参考になる。

　しかし、B社やC社との比較分析も行っておらず、シナジー効果の分析も十分ではない場合、仮にA社自体に知財面で問題がなかったとしても、自社の競争優位性向上に寄与しない可能性もあるであろう。

　さらにはA社の手掛けている技術は最新のものではなく、むしろ競合であるB社やC社を買収したほうが自社にとってメリットがあったというシナリオも考えられる。

　上記は極端な例かもしれないが、依頼者のリクエストを鵜呑みにするのではなく、まずは予備調査やヒアリングを通じて、その依頼内容が真に取り組むべき課題であり、適切な対象範囲かどうかを見極める必要がある[72]。

① 予備調査

　依頼者から分析プロジェクトの相談を受けた際に、いきなりヒアリングを行うのではなく、まず、予備調査は行ってからヒアリングに臨むとよい。予備調査で確認しておくべき項目としては以下のようなものがある。

表12　予備調査項目

5W1H	ヒアリング事項
Who	誰が：競合（顕在競合・潜在競合）
Whom	誰に：顧客・ユーザー
What	対象となる製品・サービス（現行、試作品、実証実験など）
When	製品・サービスの提供タイミング、利用時間
Where	製品・サービスの提供場所（流通チャンネル、提供方法）
Why	製品・サービスが必要な理由
How much	市場規模[73]、製品・サービス価格

72　後述するように依頼内容の課題や対象範囲を見極めるため、この段階でラフな予備分析（仮説設定型分析）を行うこともある。ただし、あくまでも取り組むべき課題・範囲の見極め、そして次ステップの仮説構築のための予備分析であることを忘れてはならない。

73　市場規模について必ずしも所望のデータ・情報が公開されているわけではない。その際は、フェルミ推定を用いて市場規模を推定する必要がある。フェルミ推定については高松智史『フェルミ推定の技術』や『「フェルミ推定」から始まる問題解決の技術』、東大ケーススタディ研究会『地頭を鍛えるフェルミ推定ノート』などを参照されたい。

　これらの事項について詳細に把握しておく必要はないが、分析を行う際、競合企業（大学や研究機関の場合もある）、想定される顧客・ユーザーといった業界構造、対象となる製品・サービス（自社が既に上市している製品・サービスや競合他社の製品・サービス）、現在・将来の市場規模や成長性は把握しておくべきであろう[74]。

　あくまでも依頼者へヒアリングを行う前段階の予備調査なので、工数をかけ過ぎないように注意すべきである（目安として1.5〜3時間程度）。また、IPランドスケープのように経営・事業に特許情報を活用したい場合は、特に予備調査のフェーズから特許情報ばかり追うのではなく、事業的視点（例：もうかるか否か、誰が顧客か）と**表12**に示した5W1Hを意識することを心掛けたい。

　ここでは予備調査を効率的に行う2つの方法を紹介したい[75]。1つはGoogle検索、もう1つは無料ウェブサイトの活用である。

　1つ目のGoogleについては、読者も日々活用していると思うが、ここで紹介するのは単なるキーワード検索ではなく、ドメインおよびファイル形式を指定したGoogle検索である。まず、キーワード「養殖」で検索を行い[76]、右上の歯車アイコンから［検索オプション］を選択する。

74　余力があればキーワードや特許分類を用いて予備分析母集団を作成し、分析対象件数の規模感を把握しておくとよい。また、データベースの統計解析機能や有料の分析ツールを活用して予備分析（件数推移、ランキングなど）を行ってもよい（**第4章**で無料ツールを活用した分析についても紹介する）。
75　ChatGPTのような生成AIを利用した情報収集については著者自身まだ十分に検討ができていないため、別の機会に書籍やnoteなどで発信していく予定である。
76　ここでは「養殖」だけで検索を行っているが、複数のキーワードをAND演算し、所望の情報が得られるように調整していただきたい。

図27　Google 検索の検索オプション

　［検索結果の絞り込み］の［サイトまたはドメイン］に「go.jp」を入力し、［ファイル形式］のプルダウンメニューから「Adobe Acrobat PDF（.pdf）」を選択して、［詳細検索］ボタンをクリックする。

図28　Google 検索の検索オプション（検索結果の絞り込み）

　これによって、以下のように官公庁系ウェブサイト（go.jp）の PDF 資料に限定した検索を行うことができる。官公庁系ウェブサイトの PDF 資料に限定する理由は、官公庁が発行している白書や研究会・審議会の配布資料などをピンポイントにヒットさせることができるためである。

図29　Google 検索結果（ドメイン・ファイル形式指定）

　図29に示したように養殖関連の分析を行いたい場合、官公庁（養殖関係であれば水産庁）が政策立案するための業界動向や業界の課題などを資料として整理している可能性が高い。もちろん、このドメイン・ファイル形式指定であらゆるテーマについて所望の情報が得られるわけではないが、予備調査の最初の第一歩としてやってみる価値はある[77]。

　２つ目の無料ウェブサイトの活用では、マーケットレポートの総合リンク集である「keizaireport.com」と海外マーケットリサーチ機関のレポート販売を手掛けている「グローバルインフォメーション」が有益である。

77　新しく登場した技術の場合は上記のような白書や審議会・研究会の資料ではなく、学術文献がヒットすることが多い（科学技術振興機構が運営している J-STAGE のドメインが go.jp のため）。また、市場規模を把握するためのテクニックとして、「養殖　市場規模」のように「○○市場規模」とキーワードを設定して画像検索を行う方法もお勧めである。

「keizaireport.com」には官公庁だけではなく、シンクタンクや銀行などさまざまな機関が無料で発表しているマーケットレポートへのリンクが整理されている。

図30　keizaireport.com（検索キーワード：養殖）

「グローバルインフォメーション」のウェブサイトでは、海外マーケットリサーチ機関のマーケットレポートを有料で販売しているが[78]、要約や目次情報は無料で閲覧することができる。

　概要欄には現在・将来の市場規模が掲載されていることもあり、Howmuch の情報を入手することができる。

78　実際に検索していただくと分かると思うが、マーケットレポートはかなり高額である。著者は実際に購入したことがないので、マーケットレポートのクオリティについては把握していない（なお、国内シンクタンクが発行している高額のレポートを数回購入したことはあるが、当たり外れが大きいというのが正直な感想である）。

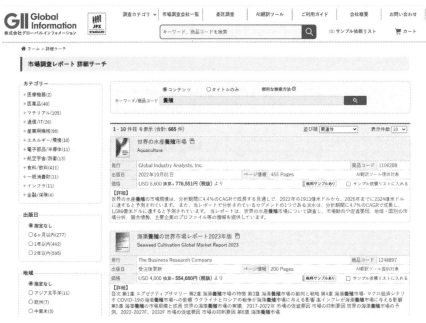

図31　グローバルインフォメーション（検索キーワード：養殖）

　また、目次情報の「競合情報」や「企業プロファイル」から対象分野における国内外の主要企業や、「○○の種類別」といった章立てからステップ3で検討する分析軸（用途、タイプ、技術、課題など）のヒントを得られる。注目を浴びている分野であれば発行されているマーケットレポート数も多いため、タイトルをざっと眺めるだけでもどのような点に注目が集まっているか感触を確かめることも可能である。

　ここではGoogle検索と無料ウェブサイトの活用を紹介したが[79]、特定企業を対象にした競合他社分析であれば競合他社のウェブサイト・プレスリリース、有価証券報告書・IR資料などをしっかりと確認しておく必要がある。

79　そもそも分析プロジェクトとして相談を受けた技術についてあまり詳しくない場合は、書籍や学術文献（特にレビュー記事）のほかに、YouTube動画も参考になる。最近は最新テクノロジーについての解説動画もアップされており、便利な時代になったものである。

SPEEDA[80]のような有料マーケットデータベースを契約しているのであれば、そちらを活用するとよいであろう。

なお、予備調査のスピードやクオリティ（時間対効果）は保有知識量に比例するので、ステップ0での日々の情報収集が非常に重要になってくることはあらためて強調しておきたい。

② ヒアリング

予備調査を踏まえた上で依頼者にヒアリングする際の留意点として、依頼者の話をしっかり聴くことを心掛けたい。予備調査の結果を話したくなる気持ちになりがちであるが、はやる気持ちを抑えて、まずは以下のような項目について確認していく。本項の冒頭で述べたように依頼者の依頼内容（課題・範囲）が必ずしも的を射ていない場合もある点を常に頭に置きつつ、（依頼者に嫌がられない程度に）「Why？」を繰り返すことが重要である。

表13　分析プロジェクト開始時のヒアリング項目

5W2H	ヒアリング事項
Why	分析を行う目的は？
Who Whom	誰が分析するのか？（自分、知的財産部門、外部調査会社） 誰に報告するのか？
What	何を分析・解析するか？（テーマ、分析対象資料） どのようなアウトプットイメージを欲しているか？
When	いつまでに分析・解析結果が必要か？
Where	どこの国・地域を分析・解析するか？
How	どのように分析・解析するか？（ツール、公報読み込み）
How much	幾らぐらい分析・解析にかけられるか？（特にアウトソーシングする際）

80　イーパテントではSPEEDAを契約しているが、業界動向が分かりやすく整理されていると同時に、トレンド情報としてホットなトピックが解説されているので、分析プロジェクトに合致した業界やトレンドがある場合は有効活用している。SPEEDAにも独自情報は掲載されているが、有料データベースを契約していないと有益なマーケット情報を入手できないかというと、そうではない。著者はSPEEDAを契約する前はGoogle検索と無料ウェブサイトを利用してマーケット情報を入手していた。

　上記の項目は依頼者に確認すべきものもあるが、上位の管理職・マネージャーへ確認する項目（Who の「誰が分析するのか？」、When「いつまでに分析・解析結果が必要か？」については依頼者の希望納期もあるが、部内において読者が割ける工数の確認）や、依頼者へのヒアリングをしながら自ら頭の中で確認する項目（How「どのように分析・解析するか？」など）も含まれている。

　また、ヒアリング中に分からないキーワード（専門用語、省略語、社内用語—依頼者の部内専門用語—など）が出てきたら、分からないままで済まさず、しっかりと確認しておく必要がある（あまりにも基礎的なキーワードについて知らないと、分析プロジェクト開始前から依頼者の信頼を失ってしまうので、その点は注意したい）。

　ある程度ヒアリングが完了した段階で、自らの予備調査結果を踏まえつつ、分析対象範囲（どこまで広げるか／狭めるか）を確認すると同時に、依頼者に業界構造・業界特性（主要企業・新興企業、サプライヤー）や見るべき情報・統計（市場規模・成長率、シェア、法規制など）を聴いて、分析設計・デザインや分析の参考とする。

　依頼者が把握しているのであれば、分析対象テーマにおける主な成功要因（KSF：Key Success Factor）を聴くのも有効である[81]。実際の分析プロジェクト開始前に KSF を確認し、何が自社にとって最重要であるのか、その最重要な点は特許などの知的財産面で検証することができるのかを思い描きながら分析デザイン・分析設計を行うことで、最終的な結論や提言に反映することができる。

　なお、上記のヒアリング項目とは別の観点で重要なのが依頼者の期待値コントロールである。特許情報や特許以外の情報分析でできることもあればできないことも当然ある。できないことを安請け合いしてしまい、所望の結果が出なければ依頼者を失望させてしまうだけである。

81　後述するように、特許が事業に貢献している業界・業種または技術領域（著者は「特許が効く業界・業種または技術領域」と呼んでいる）であるか否かによって、ステップ3の分析対象資料や分析方法が異なってくるため、KSF を押さえておくことは重要である。

できること、できないことを明確に線引きして依頼者へ伝えたほうがよい（「これはできません」「あれもできません」と繰り返していると依頼がこなくなってしまうので、できない理由を述べるのではなく、可能な限りできるように努力をするのは当然である）。

ただし、「IP ランドスケープで何か分かるんでしょ」のように依頼者に当事者意識が欠けている場合、または依頼者が「新たな知見を」「予想外の結果を」「今まで気付かなかったような意外な結果を」といった過度な期待を抱いている場合、驚くような分析結果は安易に出ない[82]ことを正直ベースで伝えておくべきである。

③ 取り組むべき課題・範囲

上記の予備調査およびヒアリングを通じて、取り組むべき課題・範囲を見極める。その際のポイントは、以下の3つである。

● 依頼者の目的は明確か？
● 依頼者の調べたい範囲・対象は適切か？（狭過ぎないか？広過ぎないか？）
● 依頼者の依頼内容は、目的を達成するために十分か？（抜け漏れがないか？）

次ページの**表14**にこれらのポイントを理解していただくための取り組むべき課題・範囲の見極めの例について示す。

---

82 無効資料調査でズバリ X 文献が毎回出るわけではないのと同じことである。

表14　取り組むべき課題・範囲の見極めの例

依頼者のリクエスト	確認・修正すべきポイント
シリコン系太陽電池を手掛けているA社の研究企画部門から「当社の今後の事業戦略を検討するために、シリコン系太陽電池の現在の競争環境を特許情報や文献中心に分析してほしい。なお、マーケット情報やベンチャー・スタートアップ情報は我々から提供する」と相談を受けた。	●シリコン系太陽電池だけに限定してよいのか？　ほかのタイプの太陽電池（化合物半導体、色素増感太陽電池など）は分析対象に含めなくてよいのか？ ●より上位概念として自然エネルギー発電全体に占める太陽電池の位置付けを確認しなくてもよいのか？
モーターを手掛けているB社の研究開発部門から「今後、電気自動車が一層普及していくので、当社の研究開発戦略の方向性を検討するために電気自動車用の駆動モーターについて特許や論文等から技術動向を把握したい」と相談を受けた。	●電気自動車用の駆動モーターのみでよいのか？（同様にモーター駆動のハイブリッド自動車や燃料電池自動車の駆動用モーターは対象外か？　範囲を広げると鉄道用の駆動用モーターは不要か？） ●特許・論文以外の技術情報（グラントや各社の技報など）、各社の製品情報などは分析しなくても大丈夫か？
一般日用品メーカーC社のマーケティング部門から「競合企業Dが積極的に進出しているベトナムにおける知財面のリスクを可視化したい」と相談を受けた。	●なぜマーケティング部門は知財リスクを可視化したいのか？（分析の目的） ●ベトナムだけでよいのか？　ほかの東南アジア諸国、または中南米・中東・アフリカのような新興国まで含める必要はないのか？ ●競合他社Cのみにフォーカスを当ててよいのか？　C社以外の競合や、地場メーカーも分析対象に含めるべきではないのか？
事業部門から「X社を買収したい」と相談を受けた。	●そもそもなぜX社を買収したいのか？（分析の目的） ●X社を買収する自社のメリット（シナジー効果）は何か？ ●買収対象としてX社以外に検討したのか？（X社のみに限定してよいのか？）

極端なところはあるが、依頼者の依頼内容が不十分な可能性があるため、分析担当者が確認・修正すべきポイントを確認・提案すべきであろう[83]。

予備調査・ヒアリングを通じて、課題（分析の目的）を明確にした結果、図32のように分析対象範囲が広がる場合もあれば、狭まる可能性もある。

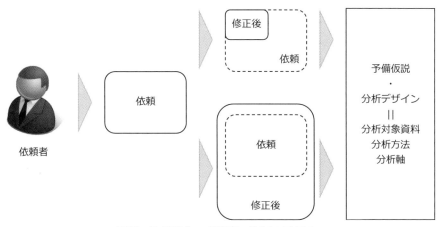

図32　取り組むべき課題・範囲の見極め

このフェーズを経て、次の予備仮説・分析ストーリーの構築や、分析デザイン（分析対象資料、分析方法、分析軸）の検討へと進んでいくが、取り組むべき課題・範囲を明確にしていないと、ステップ1に戻って作業をやり直すことになるおそれもある[84]。

83　最も分かりやすい例としては「自社の競合他社D社について分析してほしい」という相談を受けた際に、D社のみの分析を行ってしまうケースである。依頼者の隠れた意図は「自社とD社を比較してD社と比べた際の自社の強み・弱みの把握したい」という可能性が高いので、分析担当者としては自社も含めて分析デザインを検討するとよい。

84　仮に依頼者から壮大な分析依頼がきた場合は、全体像を踏まえた上で分析対象範囲を幾つかに分割してステップ・バイ・ステップで進めていくとよい。例えば「DX（デジタルトランスフォーメーション）に関する特許出願動向を把握したい」という相談があった場合に、まずはG06Q（ビジネスモデル関連の特許分類）を用いて、DX（≒ビジネスモデル特許）全体の出願トレンドや、メイングループやサブグループベースでどのような業界・業種への特許出願が多く、どのような企業が特許出願しているのかマクロレベルで把握した上で、依頼者の興味のある業界・業種に絞ってさらに分析を進めていくとよい。

2.5.3　ステップ2：予備仮説・分析ストーリーの構築

① 仮説検証型分析と探索型分析

　予備調査や依頼者にヒアリングした取り組むべき課題・範囲に基づいて、ステップ2では予備仮説および分析ストーリーを構築する。「仮説を立ててから分析を行う」と聞いたことがある方もいると思うが、これは仮説検証型分析のアプローチのことを指している。

　予備仮説を特許や特許以外の情報分析を通じて検証することで、提案・提言や示唆などにつながる。

　もちろん、予備仮説が思い浮かばない場合もあるであろう。そのような場合は、図33の右側フローに示すような予備仮説を設定するための探索型分析というアプローチもある。「大量のパテントマップを作成すれば何か見えるのではないか？」と思われるかもしれないが、ほとんどの場合、何も見いだすことはできない。

　なぜならば、この探索型分析は、日頃から特許情報に慣れ親しんでいる方が特許分析・パテントマップ作成を行い、予備仮説を設定するためのものだからである。

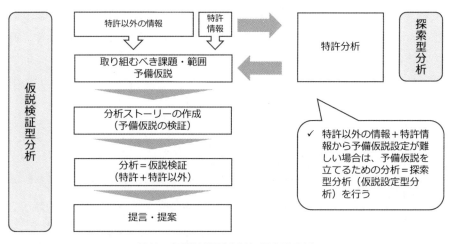

図33　仮説検証型分析と探索型分析

　仮説検証型分析は、分析担当者または依頼者が何らかの仮説[85]を持っており、その仮説を検証するためにデータ分析を行う場合である（例：A 社が新製品 B で好調な理由は、新たに搭載した XYZ 機能が寄与しているのではないか？）。一般的にはマッキンゼー、ボストンコンサルティンググループなどのコンサルティングファームがよく利用する分析アプローチである[86]。

　一方、探索型分析（仮説発見型分析）は分析担当者または依頼者がボンヤリとした仮説めいたものも持っていないため、仮説構築自体がデータ分析の目的になる（例：新規の研究開発テーマを選定する上で、自社のコア技術とマッチし、かつ、将来有望な領域にはどのようなものがあるか？）。探索型の中でも、いわゆるデータマイニングは大量のデータ（顧客データ、GPS データ、POS データなど）を統計的手法で解析することで、ルールやパターン（≒仮説）を発見する手法である。

　特許情報分析プロジェクトは、仮説検証型、探索型（仮説発見型）のいずれかである。著者の実感としては、最近では、仮説検証型よりも探索型（仮説発見型）の割合が増えてきており、探索型（仮説発見型）で抽出した仮説候補について検証するハイブリッド型（仮説検証型＋探索型）のアプローチが増加している。

　例えば自社保有技術を基に新規事業案を検討する際に、自社のどの技術を利用するかは決まっていても、新規事業案そのものを探索することが目的になるので、最初は探索型分析である。探索型分析の結果、新規事業案として α 、 β 、 γ の3つを特定したら、依頼者と協議の上、自社の新規事業として

---

[85]　仮説思考については、仮説思考というワードのブームのきっかけになった内田和成『仮説思考』を参照されたい。また、高松康平『筋の良い仮説を生む 問題解決の「地図」と「武器」』、孝忠大輔ほか『紙と鉛筆で身につける データサイエンティストの仮説思考』、佐渡誠『「ゴール仮説」から始める問題解決アプローチ』、羽田康祐『問題解決力を高める「推論」の技術』や畑村洋太郎『新 失敗学 正解をつくる技術』など良書が多数ある。なお、仮説というのは中空状態から何か突然変異で生成されるものではなく、今までに蓄積した知識や体験・経験を踏まえて生成されるものであるので、日々の情報のインプットが重要であるため、ステップ0の日々の情報収集を継続的に行っておくとよい。

[86]　コンサルティングファームのコンサルタントも全くのゼロベースから仮説を構築するわけではなく、ビジネススクール等におけるケーススタディ学習を通じて定石を習得している（参考：マーク・コゼンティーノ『戦略コンサルティング・ファームの面接試験【新版】』）。

αが有望であるという仮説のもとに仮説検証型分析を行う（もちろん、この際にαだけではなくβ、γとの比較分析を行い、αが3つのうち最も有望な新規事業案であることを証明する）。このような場合がハイブリッド型（仮説検証型＋探索型）に該当する。

　なお、仮説検証型分析というと最終的に何らかの提案・提言を行わなければいけないと思うかもしれないが、ある特定技術領域に関する現状を把握する、つまり、特許情報からファクトを整理することも仮説検証型分析に含めてよいと著者は考えている。ただし、単なるファクトの整理・報告だけではなく、そのファクトに基づいて自社にとって機会または脅威が何であるかの考察を加えると、より報告内容に付加価値を付けることができる。

② 予備仮説と分析ストーリーの構築

　以下では予備仮説と分析ストーリーの構築について説明する。図34は予備仮説・分析ストーリーの構築フローである。

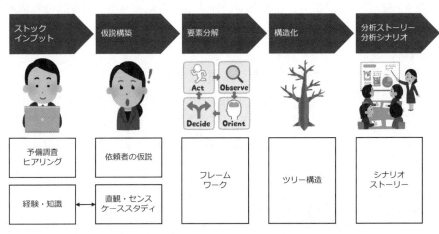

図34　予備仮説・分析ストーリーの構築フロー

　予備調査・ヒアリングや日々の情報収集（経験・知識）をベースに仮説を構築する。

　仮説を構築する際は、ヒアリング時に確認した依頼者の仮説を参考にするとともに、経験や知識から導かれる直観やセンス[87]も重要である。

　また、仮説構築のセンスを磨くためには、MBA 等で用いられているケーススタディ[88]を読むのも効果的である。仮説にはいろいろなパターンがあるが、1 つの型として以下を提示する。

【前提－予備調査・ヒアリングなどから】

自社は現在、　　（　　　　　　　　　　　　　　　　）であるが

市場は　　　　　（　　　　　　　　　　　　　　　　）であり

競合は　　　　　（　　　　　　　　　　　　　　　　）であるため、

【仮説】

自社としては今後（　　　　　　　　　　　　　　　　）すべきである。

　前段は予備調査やヒアリングなどを踏まえた仮説の前提部分であり、後段の"自社としては今後（　　）すべきである。"が仮説の肝となる。この仮説は最終的な結論や提言になり、具体的には以下のようなパターンがある。

・自社は○○技術に取り組むべきである。

・自社は○○課題に取り組むべきである。

・当社が注目すべき用途は○○である。

・今後当社が注視すべき競合は○○である。

・当社が△△分野において提携・買収すべき相手は○○である。

　もちろん、この段階ではあくまでも予備仮説なので、○○の部分が明確にできない場合もあるが、その際は上位概念として定義しておく方法もある

87　スポーツなどのセンスは遺伝的要素や環境が大きく影響するが、ビジネス的なセンスは後天的に習得できる部分が大きい（例えば水野学『センスは知識からはじまる』を参照されたい）。

88　MBA で用いるケーススタディは一部購入できる（BookPark では慶應ビジネススクールの教材が販売されている）。また、松田久一『成功と失敗の事例に学ぶ 戦略ケースの教科書』、三品和広『経営戦略の実戦』シリーズ、沼上幹『ゼロからの経営戦略』なども参考にされたい。

（例：当社が提携すべきはA社である、ではなく、当社が提携すべきはベンチャー・スタートアップ企業である）[89]。

　また、予備仮説を設定する際に、Yes／Noで回答できるタイプか、または複数のオプションを提示するタイプかを意識するとよい。M&AにおいてA社を買収すべきであるという予備仮説に対しては、Yes = A社を買収すべき、No = A社を買収すべきではない（なぜならば…）のようにYes／Noで回答できる。一方、自社保有技術を活用した新規事業開発テーマを提案する際は、予備仮説段階で「当社が注目すべき用途は○○である」のように○○を1つに特定せずに、「当社が注目すべき用途は○○または△△または◇◇である」と複数のオプションを提示し、最終的な結論・提言においては○○・△△・◇◇の優先順位を示すとよいであろう。

　予備仮説というのは分析プロジェクト開始段階における仮の結論・提言であり、正しいかどうかを検証するのが実際の分析作業となる。しかし、何の方向性も定めずに分析・パテントマップ作成を行っても効率的・効果的に結論・提言を導出することはできない。

　この予備仮説を検証するために構築するのが分析ストーリーであり、分析ストーリー構築に役立つのが3C（自社、競合、市場・顧客）や4P（Product、Price、Place、Promotion）、5F（ファイブフォース）などのフレームワークである。まず、分析ストーリーのイメージを示す。

　分析ストーリーは図35に示すようなツリー構造で整理すると分かりやすい[90]。一番上位階層に予備仮説（キークエスチョン）を置き、第2階層に予備仮説を証明するためのサブクエスチョンを置く。

89　著者は全ての分析プロジェクトに仮説が必要だとは考えていない。単純に現状分析を通じて自社、競合の製品・サービス状況と特許出願状況というファクトだけを把握したいというリクエストもあり得るからである。ただし、依頼者または依頼者の裏側にいる報告対象のことを考えると、少なくとも現状が自社にとって機会か脅威のいずれかであるかを示すことは重要だと考えている。

90　ツリー構造で整理するスキルを磨くための書籍として、中島将貴『構造化思考トレーニング』や安藤芳樹『チャートで考えればうまくいく 一生役立つ「構造化思考」養成講座』、河村有希絵『思考の質を高める 構造を読み解く力』のほか、古典であるバーバラ・ミント『考える技術・書く技術—問題解決力を伸ばすピラミッド原則』をお勧めする。

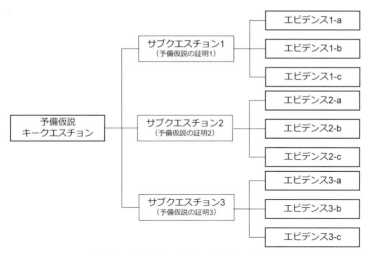

図35　分析ストーリー（ツリー構造）

　最下層に各サブクエスチョンを証明するためのエビデンス（特許、学術文献、企業情報、ニュース、マーケット情報など）の順でツリー構造を構築する。この第2階層のサブクエスチョンを設定する際に役立つのがフレームワークである。「自社のa事業を強化するためにA社を買収すべきである」という予備仮説を例に3Cを使ってサブクエスチョンを設定すると、表15のようになる。

　予備仮説に対して3Cを用いて、自社が事業強化を図ろうとしているa事業はそもそも有望なのか（Customer：市場・顧客）、買収候補であるA社はa事業領域において有力な候補なのか（Competitor：競合、買収候補であり競合ではないが自社以外ということでCompetitorとしている）、そして、A社を買収した際に自社にメリット（シナジー効果）があるのか（Company：自社）、で第2階層を設定し、さらにサブクエスチョンを証明するためのエビデンスを並べている。

　この一連のステップが図34の「要素分解（フレームワーク）」「構造化（ツリー構造）」に該当する。予備仮説からツリー構造に整理すると、図36に示すようにツリー構造に沿って分析結果をMS PowerPoint（またはMS Word）で分析レポートをまとめれば分析ストーリー・シナリオが完成する。

表15　フレームワークを活用した分析ストーリー構築例

第1段階 予備仮説	第2段階 サブクエスチョン	第3段階 エビデンス
自社のα事業を強化するためにA社を買収すべきである	**Customer（市場・顧客）** α事業は今後も有望か？	△△分野の市場成長性
		△△分野の主要プレイヤー
	Competitor（競合） A社は有力か？（A社以外の候補はいないのか？）	△△分野の製品・サービス
		△△分野の特許分析
		△△分野の文献分析
	Company（自社） A社買収によるシナジー効果があるか？	A社・その他候補と自社の特許分析（シナジー効果の検証）
		A社のリスク分析（契約・訴訟等）

　つまり、サブクエスチョン1が分析レポートの第1章、サブクエスチョン2が分析レポートの第2章、サブクエスチョン3が分析レポートの第3章となる。

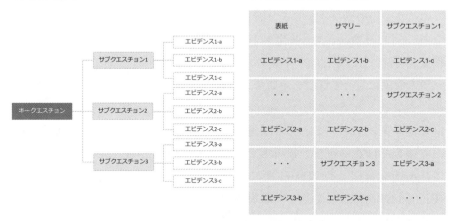

図36　分析ストーリー（ツリー構造とMS PowerPoint形式）

　MS PowerPoint形式では表紙の次にサマリースライドを置いているが、このサマリーは予備仮説の検証結果を示すものである。予備仮説が分析を通じて証明されれば、予備仮説がそのまま結論・提言となる。

　一方、分析の過程で予備仮説を修正した場合は、当初の予備仮説とは異なる結論・提言となる可能性もある。

　なお、サマリーにはサブクエスチョンを証明するための分析結果とは異なり、結論・提言を１つのチャートで端的に表現したキラーチャートを作成するとよい（**第６章 COLUMN「２×２マトリックスを用いたキラーチャート」**を参照）。

③ 仮説検証のタイプ

　本項の最後に、仮説検証のタイプについて触れておきたい。この仮説検証のタイプはステップ３「分析対象資料・分析方法および分析軸の検討」やステップ５「各種分析—統計解析・内容分析など」にも関連する。

　仮説検証のタイプとして覚えておきたいのは、以下の２つである。

● **点での検証、面での検証、推測による検証**
● **あることの検証　または　ないことの検証**

　１つ目の「点での検証、面での検証、推測による検証」であるが、点というのは特許情報であれば１件１件の公報を意味する。１件の公報があることにより仮説を検証できるのか、**第３章**で詳述するように統計解析型パテントマップなどによって面＝公報の束として検証するのか、それとも仮説を証明する明確なエビデンスが得られない場合は推測によって検証するのか、いずれのパターンで仮説検証するのかを意識しながら分析対象資料を選定し、各種分析を実施する必要がある。

　２つ目の「あることの検証　または　ないことの検証」のうち「あることの検証」は、特許などの公開情報で既に明らかになっているトレンドや兆しを特定して仮説を検証するタイプである。Ａ社が既に新たな課題について着手していることを、特許情報やプレスリリースなどから明らかにするような検証の方法である。

　一方、「ないことの検証」は自分で考えたアイデア（技術、課題、用途など）が、過去の公開情報にはないことを確認して、新規であることを証明するタイプになる。特に新規事業開発などにおいて、マーケット情報やパテントマップなど過去から現在までの状況を把握した上で出したアイデアが新規であるか否かを確認するような場合に用いる。

　なお、「あることの検証」と「ないことの検証」では、「ないことの検証」のほうが難易度が高い。それは本当にないのか？　というのは悪魔の証明[91]だからである

2.5.4　ステップ3：分析対象資料・分析方法および分析軸の検討

　ステップ2で予備仮説・分析ストーリーを構築したら、ステップ3では分析対象資料、分析方法、分析軸の3点について検討する。分析プロジェクトを成功させるためにはステップ1の取り組むべき課題・範囲の見極めやステップ2の予備仮説・分析ストーリーの構築が最も重要であるが、分析の実務面でいうと本ステップおよび次ステップの分析母集団の設定が分析デザイン・分析設計の肝となる部分である。

① 分析対象資料および分析対象期間・国の選定

　最初に検討すべきは分析対象資料の選定である。特許情報分析の書籍であるから特許情報は当然、分析対象資料として含めるべきところであるが、予備仮説の検証を行うために、特許情報がどこまで有効なのかを見極める必要がある。仮に特許情報が仮説の検証にあまり有効ではないのであれば、特許以外の情報収集・分析の比重を上げたほうがよい。

　この分析対象資料および分析方法を選定する上で、**図37**のマトリックスを参考にしていただきたい[92]。

91　悪魔の証明とは、証明することが不可能か非常に困難な事象を悪魔に例えたものをいう（出所：ウィキペディア）。

92　この図は著者の考える一つの指針であって、画一的な分析手法を用いることを推奨するものではない。取り組むべき課題や分析の目的に応じて、分析対象資料および分析方法をプロジェクトごとに検討することが必要である

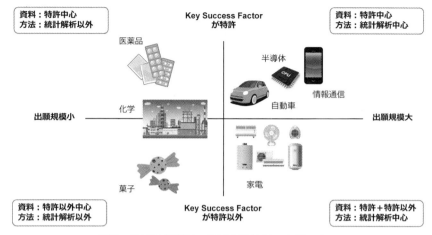

図37 分析対象資料・分析方法検討マトリックス

　横軸は出願規模の大小（出願件数の多寡）、縦軸は対象となる業界・業種、製品・サービス領域において特許がKSF（Key Success Factor）であるか否かである[93]。

　医薬品は左上の領域に位置し、情報通信や半導体などと比べて出願規模が小さいが、事業遂行に与える特許の影響が非常に大きい。このような場合、分析対象資料として特許情報を中心に、統計解析的な分析ではなく1件1件の読み込み分析を選択したほうがよい。

　一方、情報通信や半導体はパテントプールやクロスライセンスなどが活発な領域である。特許1件当たりの相対的な価値は医薬品に比べると低いが、ボリュームとして特許が効いているので、分析対象資料としては特許情報をベースにする。また、件数規模が大きいため統計解析的な分析が適している。

　第3象限・第4象限は件数の多寡はあるが、特許が効きにくい業界・業種、製品・サービスである。菓子などは特許出願もされているが件数は少なく、

93　対象となる業界・業種や製品・サービスにおいて特許がKSFか否かを正確に判断するのは難しいが、医薬品のように1件の特許の価値が相対的に高い分野やパテントプール・ライセンスなどが活発な分野は特許がKSFである（正確に言えばKSFの一つ）と考えることができる。1995年の書籍であるが波頭亮『戦略策定概論』にはビジネスシステム別の事業におけるKey Success Factorが表でまとめられている。

逆に家電は大量に特許出願されているものの、出願規模が小さいバルミューダや、ジェネリック家電の売れ行きも好調であることを考えると、製品の売れ行きに特許が貢献している割合は相対的に低いと考えられる。特許情報を分析することに全く意味がないわけではないが、これらの領域では特許だけではなく特許以外の情報（製品・サービス情報、パンフレット、口コミ、消費者アンケートなど）もより積極的に収集して分析する必要がある（特許・知財以外の情報収集については**第5章**で解説する）。

　なお、分析対象資料の検討と同時並行で行うのが分析対象国・地域や分析対象期間である。分析対象テーマの出願トレンドを把握する上で、適切な国や期間を設定しないとトレンドを見誤ってしまうからである。

　世界中の国・地域にはそれぞれ得意とする技術分野がある。日本であれば自動車が強く、米国・欧州であればライフサイエンスや情報通信が強い。

　また、最近では中国が人工知能などをはじめ、さまざまな先端技術で存在感を示している。つまり、どの技術分野を分析したいかによって分析対象国を慎重に選ぶ必要がある[94]。**図38**に PCT 出願における主要国ごとの技術分野別ランキングを示す。このグラフからコンピュータ分野（Computer technology）であれば日本だけではなく、中国、米国、韓国も注力しているので、日本だけ分析しても不十分といえる。一方、医療分野（Medcical technology）であれば米国が、日本も技術力がある輸送分野（Transportation、自動車など）であればドイツも注力している分野である。

　分析対象期間については分析対象技術のライフサイクルなどを参考に決めるとよい。スマートフォンのアプリのように頻繁にアップデートされるような技術であれば20年間もとる必要はないであろう[95]。逆にハイブリッド自動車や太陽電池・燃料電池などの息が長い技術の場合、技術の源流から把握したい場合は20年以上の分析対象期間を設定したほうがよいケースもある。

94　まず、日本特許から着手することは悪い選択ではない。しかし、欧米や中国・韓国・台湾の技術水準が進んでいるのであれば、日本だけではなくそれらの国・地域も分析対象国に設定する必要がある。

95　進歩の早い技術分野であっても、基本特許や基盤となるテクノロジーを確認したい場合は、必ずしも短い分析対象期間を設定する必要はない。

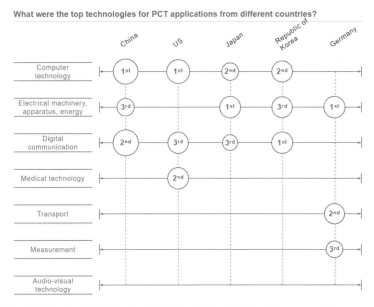

What were the top technologies for PCT applications from different countries?

図38　PCT における国別上位技術分野（出所：WIPO「Facts and Figures」）

② 分析方法の検討

　図37では統計解析・統計解析以外のような形で分析方法には触れているが、公報・資料の読み込みも加味した以下のマトリックスで検討するとよい。

表16　分析方法の検討マトリックス

	統計解析	統計解析以外（内容分析）
資料読み込みあり		
資料読み込みなし		

　図35の分析ストーリー構築例で示した第3階層エビデンスについて、どのような情報源（特許、特許以外）を統計解析、統計解析以外のいずれで分析するのか、また、資料（特許であれば公報）読み込みを行うのか、行わないのかの2軸で検討する。

　資料読み込みなしの統計解析以外というのはあまり考えられないので、実質的な組み合わせとしては「統計解析×資料読み込みあり」「統計解析以外×資料読み込みあり」「統計解析×資料読み込みなし」の3パターンになる。

　MS Excel や有料のパテントマップ作成ソフト・分析ツールを用いて、IPC・FI・F タームや CPC などを分析軸として分析を行うのが「定量分析×資料読み込みなし」となる[96]。一方、「定量分析×資料読み込みあり」は分析母集団でヒットした公報を1件1件読み込んでノイズを除去し、独自分析軸（用途・アプリケーション、課題・目的、技術など）へ分類展開した結果を MS Excel などで集計して統計解析型マップを作成するパターンである。「統計解析以外・内容分析×資料読み込みあり」は分析対象件数が小さい、または分析の過程で絞り込んだ件数を対象にして公報を読み込んで2.4.2で紹介したような非統計解析型パテントマップをマニュアルで作成するパターンである。

　本書では第3章において MS Excel を用いた統計解析について詳しく説明していく。

③ 分析軸の設定

　分析軸の設定をステップ3に置いているが、分析の実務上はステップ2や4と同時並行で行うことが多い。分析軸は分析の過程で作成するものではなく、あくまでもステップ1・2を通じて構築した予備仮説・分析ストーリーに沿って、ステップ5の各種分析を実際に行う前段階で検討しておくべきものである。

　分析軸の設定をオフィスビル建設に例えれば、予備仮説・分析ストーリー構築でどの場所に何階建てのビルを造るか検討が終了し、ビルの各フロア内をどのようなレイアウトにするかというフェーズに当たる。つまり、ここはパーティションで区切って、ここにデスクを配置して、この場所はミーティングスペースにする、といったように空間を分ける作業である。

　空間の有効活用および社員の作業効率向上・コミュニケーション活性化という観点から見れば、その重要性はご理解いただけるであろう。

96　後述するように独自分析軸を設定しても、分析軸ごとにキーワード・特許分類を用いて分析軸検索式を設定することで「定量分析×資料読み込みなし」も可能である。

　特許情報分析における分析軸（「分析項目」や「分析の切り口」ともいう）
の設定は、構築した予備仮説・分析ストーリーを証明するために非常に重要
な作業である。

　分析軸の設定方法は、**図39**に示すように特許分類を利用する方法とキー
ワードを利用する方法、独自分析軸を設ける場合の3つに大別される。

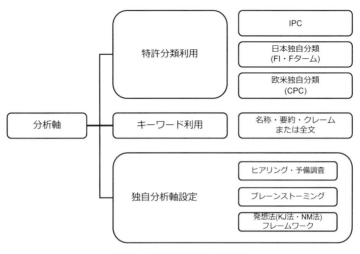

図39　分析項目の設定方法

　最もポピュラーなのは特許分類をそのまま分析軸に利用する方法であろ
う。**第3章**でも解説するように J-PlatPat と MS Excel を利用すれば FI ベー
スで各種パテントマップを作成できる。また、有料のパテントマップ作成ソ
フト・分析ツールを利用すれば、IPC・FI・F タームや CPC[97]を用いた分析
を簡単に行うことができる。

　しかし、特許分類はあくまでも過去のテクノロジーを体系化したもので
あって、最新のテクノロジーに対応したものでもなければ、自ら設定した予
備仮説・分析ストーリーに必ずしもマッチしたものでもない。

97　CPC（欧米共同特許分類）については拙稿「CPC について」（「情報の科学と技術」63巻7号
　282頁［2013］）を参照されたい。

　分析軸に特許分類を利用することで分析作業の効率化が図れることは間違いないが、あくまでも特許分類という枠組みの中でしか分析できないということを常に念頭に置いておく必要がある[98,99]。

　自ら設定した予備仮説・分析ストーリーを検証するためには、独自分析軸を設定するほうが好ましい。特許公報を独自分析軸へ展開する方法の詳細については後述するが、独自分析軸を設定することで学術文献やニュースなども特許情報と同じ切り口で分析することが可能となる[100]。

③-a 特許分類を利用した分析軸の設定

　特許分類を利用する場合、特許分類としてはIPC（国際特許分類）、日本特許であればFIやFターム、欧米特許であればCPCを用いることができる[101]。**図39**には記載していないが、DWPI技術分類[102]やマニュアルコード[103]のようなデータベース独自の特許分類コードを用いることも可能である（学術文献データベースにもデータベース独自の分類コードが存在する）。

98　著者がクライアントからご依頼いただく分析プロジェクトにおいて、特許分類をそのまま分析軸に利用することはほとんどない。なぜならば、クライアントが既に有料のパテントマップ作成ソフト・分析ツールを保有しており、そのような分析はクライアント自身で行えてしまうからである。そのため、著者はほぼ毎回独自分析軸を設定している。

99　著者は決して特許分類をそのまま分析軸に利用すること自体を否定しているわけではない。あくまでも予備仮説・分析ストーリーに特許分類がマッチしているのであれば、作業効率性を向上させることができるので積極的に特許分類をそのまま利用したほうがよい。また、上述した探索型分析のように仮説を見いだすための予備分析であれば、工数をあまりかけることができないので特許分類を積極的に活用すべきである。要はプロの料理人が切る素材に応じてさまざまな包丁を使い分けているのと同じように、プロの分析担当者としては分析軸の設定についても特許分類だけではなく、複数の分析軸の設定を使い分けることが好ましい。

100　ジー・サーチが提供するJDream Ⅲでは学術文献にIPCメイングループが付与されており、IPCを用いた特許と文献のハイブリッド分析ができる。ハイブリッド分析の例としては著者が講師を務めた「知財戦略立案のための学術文献活用」のYouTube動画を参照されたい。

101　CPCは2013年1月1日より正式に米国特許商標庁および欧州特許庁で使用されているが、2012年12月31日以前発行の公報についてもCPCは付与されているので、CPCを用いて欧米特許情報を分析することは可能である。

102　DWPI技術分類表：https://clarivate.com/derwent/ja/learning/section/

103　マニュアルコード：https://clarivate.com/derwent/ja/learning/mcl/

　特に分析対象国を指定せずに分析を行いたい場合は IPC を用いるのが通常であるが、母集団に含まれる米国・欧州特許の比率が高い場合は CPC で分析することも一案である。ただし、日本企業が全ての出願を外国出願していないのと同様、外国企業も全ての出願を日本に出願しているわけではないので、FI や F タームを用いて外国企業の出願動向を分析するのは誤った結果を導いてしまう可能性がある点には留意する必要がある。

　特許分類を利用する方法について、日本特許の分析を行うという前提で説明する。**表17**に養殖技術関連の FI である A01K61/00 を、**表18**に養殖技術関連の F タームである 2 B104[104]のリストを示す。

表17　特許分類 FI を利用した分析項目の設定（養殖技術の例）

FI	説明
A01K61/00	水棲動物の養殖［２０１７.０１］
A01K61/00,301	・サンゴ
A01K61/00,302	・深海水の揚水、湧昇装置
A01K61/10	・魚［２０１７.０１］
A01K61/13	・・魚病の予防または治療［２０１７.０１］
A01K61/17	・・孵化、例. 孵卵器［２０１７.０１］
A01K61/20	・動物プランクトン、例. ミジンコまたはワムシ［２０１７.０１］
A01K61/30	・海綿、ウニまたはナマコ［２０１７.０１］
A01K61/40	・環形動物、例. ゴカイまたはイソメ［２０１７.０１］
A01K61/50	・貝類［２０１７.０１］

　養殖技術関連の日本特許について分析したい場合、分析設計の際に特許分類を検討して、FI であれば A01K61/00 を、F タームであれば 2 B104 が見つかる。この 2 つの特許分類は養殖対象や養殖方法、養殖装置などが詳細に展開されている。特許分類を分析項目として設定する場合、分析項目同士が"Apple to Apple"になっているか留意しなければならない[105]。

104　著者が F ターム表を利用する際は、PMGS で表示させた後に［リスト印刷］で一覧表示させた上で MS Excel に貼り付けるか、PMGS の［F ターム簡易表示］からテーマコードを選択して MS Excel に貼り付けている。

表18　特許分類 F タームを利用した分析項目の設定（養殖技術の例）

テーマコード	2B104
説明	養殖（カテゴリ：自然資源）
FIカバー範囲	A01K61/00-61/65;61/80-63/10

観点	Fターム										FI適用範囲
AA	AA00	AA01	AA02	AA03	AA04	AA05	AA06	AA07	AA08		A01K61/00-61/65;61/80-63/10
		・魚類	・・サケ類	・・・淡水産	・・イワシ	・・ヒラメ，カレイ	・・フグ	・・ウナギ	・・コイ，キンギョ		
				AA13			AA16	AA17	AA18		
				・・イカ，タコ類			・甲殻類	・・エビ類	・・・クルマエビ		
			AA22	AA23	AA24	AA25	AA26	AA27			
	対象魚貝類		・貝類	・・真珠養殖貝	・・・アコヤガイ	・・ホタテガイ	・・カキ	・・アワビ，トコブシ			
			AA31		AA34	AA35			AA38		
			・環形動物（ゴカイ，イソメ）		・動物プランクトン（ミジンコ，ブラインシュリンプ）	・・ワムシ			・その他の水産生物（ウニ，ナマコ）		
BA	BA00	BA01	BA02	BA03	BA04	BA05	BA06		BA08	BA09	
		・特定生長時期の養殖	・産卵準備期	・産卵，孵化	・・採卵具	・・孵化装置	・稚仔，幼生期		・生長促進（餌によるもの除く）	・薬を用いるもの	
	養殖方法	BA11		BA13	BA14		BA16	BA17			
		・体色対策		・害虫，病気からの予	・・薬を用いるもの		・活魚輸送	・・薬を用いるもの			

　A01K61/00の階層構造をツリーで表現すると**図40**のようになる。

　このFIは前半（A01K61/10～A01K61/59）は養殖対象魚介類、後半（A01K61/60～A01K61/95）は養殖装置で分類されている。前半の養殖対象魚介類で見ると、A01K61/10（・魚）と同じ階層で、A01K61/20（・動物プランクトン，例．ミジンコまたはワムシ）、A01K61/30（・海綿，ウニまたはナマコ）などが分類展開されている。

105　同じリンゴ同士なら大きさ・色・形・味などを対等な条件で比較し、優劣をつけられようが、リンゴとミカンを比較しても意味がない。英語では、それはアップル・ツー・オレンジだから比較できない、という表現をする（出所：後正武『意思決定のための「分析の技術」』）。時折、特許分類の階層構造を考慮に入れていない分析結果を見ることがあるが、分析しては好ましくない例として認識いただくとよいであろう（反面教師という言葉があるように、実は良くない分析結果を批判的に眺めることも分析スキルを向上させるための良い方法である）。

　A01K61/10と A01K61/20、A01K61/30などを比較するのであれば、養殖
対象魚介類の特許分類であるから "Apple to Apple" になっているといえる。
一方、A01K61/50（・貝類）については、貝の種類だけではなく養殖用の
篭（A01K61/53：そのための篭＜巻き貝，例．アワビまたはサザエ、
A01K61/54：そのための篭＜二枚貝）まで層別化されている。

　なお、A01K61/10（・魚）と A01K61/53（そのための篭＜巻き貝，例．アワビ
またはサザエ）の比較は "Apple to Apple" でないため比較するのに適切ではない。
A01K61/10は養殖対象が魚であることを示す分類であるのに対し、A01K61/53
は巻き貝を養殖するための篭という手段を示す分類であるためである。

　FI を用いて分類軸を設定するのであれば、以下のように大分類として「養
殖対象」と「養殖装置」を設定して、ドット1の階層でそろえる[106]。

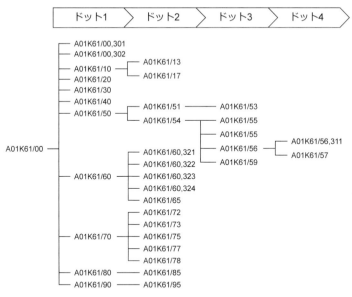

図40　養殖技術 A01K61/00の分類階層構造

106　A01K61/00,301（・サンゴ）と A01K61/00,302（・深海水の揚水，湧昇装置）は養殖対象
　　でも養殖装置でもないため含めなかった。あえて含めるのであれば大分類として「その他」を
　　設け、その下位分類として設定するとよい。

表19　A01K69/00を利用した分類軸設定[107]

大分類	分類項目（説明）	FI		ヒット件数（期間限定なし）
養殖対象	魚	A01K61/10 A01K61/17	A01K61/13	1330件
	動物プランクトン	A01K61/20		199件
	海綿、ウニまたはナマコ	A01K61/30		142件
	環形動物	A01K61/40		180件
	貝類	A01K61/50 A01K61/53 A01K61/55 A01K61/56,311 A01K61/59	A01K61/51 A01K61/54 A01K61/56 A01K61/57	2686件
養殖装置	浮遊式養殖装置	A01K61/60 A01K61/60,322 A01K61/60,324	A01K61/60,321 A01K61/60,323 A01K61/65	2118件
	人工漁礁・人工礁	A01K61/70 A01K61/73 A01K61/77	A01K61/72 A01K61/75 A01K61/78	4131件
	給餌装置	A01K61/80	A01K61/85	901件
	生きている水棲動物の選別、等級付け、計数またはマーキング	A01K61/90	A01K61/95	320件

　養殖対象をより詳細に特許分類ベースで分類したいのであれば、Fターム（2B104AA：対象魚介類）のドット1とドット2を整理して**表20**のような分析軸を設定する。なお、サケ類・淡水産〜鯉・金魚のヒット件数を足し合わせても魚全体の1865件とはならない。これはサケ類・淡水産〜鯉・金魚以外の魚については2B104AA01に含まれているためである。

107　J-PlatPat 特許・実用新案検索で文献種別は「国内」で検索した（実施日：2023年4月27日）。

表20　2B104を利用した養殖対象に関する分類軸設定[108]

大分類	分類項目（説明）	FI	ヒット件数（期間限定なし）
魚		2B104AA01~2B104AA08	1865件
	サケ類・淡水産	2B104AA02~2B104AA03	249件
	イワシ	2B104AA04	25件
	ヒラメ、カレイ	2B104AA05	139件
	フグ	2B104AA06	73件
	鰻	2B104AA07	313件
	鯉・金魚	2B104AA08	266件
イカ、タコ類		2B104AA13	107件
甲殻類		2B104AA16~2B104AA18	625件
	エビ類	2B104AA17~2B104AA18	400件
貝類		2B104AA22~2B104AA27	2133件
	真珠養殖貝　アコヤガイ	2B104AA23~2B104AA24	563件
	ホタテガイ	2B104AA25	551件
	カキ	2B104AA26	395件
	アワビ、トコブシ	2B104AA27	387件
環形動物		2B104AA31	166件
動物プランクトン		2B104AA34~2B104AA35	225件
その他の水産生物		2B104AA38	508件

　このような場合、「その他魚」という分類項目を設定し、2B104AA01 NOT（2B104AA02+…+2B104AA08）とすればよい[109]。

　養殖技術のように、分析対象技術の特許分類がある程度の分解能で設定されていれば、特許分類を分析項目として利用するのは非常に効率的である。

108　J-PlatPat 特許・実用新案検索で文献種別は国内文献で検索を実施（検索実施日：2023年4月27日）。

109　養殖対象の魚の種類について具体的に例示されている出願だけではなく、特に特定魚類に限定していない出願も含まれている。

　ただし、養殖技術のように細分化されていない特許分類もある、また、仮に細分化されていたとしても自らが実施したい特許情報分析の目的に沿った細分化がなされているとは限らない。そのような場合は後述する独自分析軸を設定する必要がある。

③-b キーワードを利用した分析軸の設定[110]

　要約や請求の範囲に含まれるキーワードを分析軸として用いる場合もある。分析軸とキーワードを1対1で対応させる場合もあれば、1つの分析軸に対して複数のキーワードを割り当てる場合もある。例えば養殖技術について分析対象母集団を形成して、キーワードを用いて養殖対象の鯵、牡蠣、ほたて、ほや[111]の4つに展開する場合を考えてみよう。

　表21に示すように鯵に該当するキーワードとして「鯵　鰺　まあじ　しまあじ　まるあじ　めあじ　金アジ」[112]の7つを挙げており、この7つのいずれか1つでも要約または特許請求の範囲に含まれていれば、鯵の養殖関連特許としてフラグを立てる。

表21　キーワードを利用した分析軸の設定

分析時字 K	キーワード（範囲：要約＋請求の範囲）　＊スペースは OR 演算
鯵	鯵　鰺　まあじ　しまあじ　まるあじ　めあじ　金アジ
牡蠣	牡蠣　牡蛎　牡蠣　かき　オイスタ
ほたて	ほたて　帆立
ほや	ほや　海鞘　老海鼠　保夜
その他	上記のキーワードを含まないもの

110　キーワードを利用するという点ではテキストマイニング技術を用いて分析項目への展開作業の効率化を図った研究もある〈日本知的財産協会 知的財産情報検索委員会第1小委員会「テキスト分析ツールを活用した特許分類業務の効率化」（「知財管理」63巻10号1623頁［2013]）。

111　農林水産省「海面漁業生産統計調査—令和元年漁業・養殖業生産統計—」の養殖魚種別収獲量項目から著者が好きな魚介類を選択した。

112　J-PlatPatだけではなく、商用特許検索データベースであれば平仮名で検索するとカタカナも自動的に検索することが多いので、カタカナ表記は含めていない。なお、"あじ"だけではノイズがヒットしてしまうと考え、"まあじ"や"しまあじ"など有名な鯵の種類を列挙した。

キーワードを用いた分析軸へ特許公報を分類展開する方法は2つある。

1つは母集団リストに含まれるキーワードデータ（発明の名称、要約、特許請求の範囲）を対象にフィルターやFIND関数などで抽出する方法である。もう1つはあらかじめ母集団リストを準備しておき、データベースで各分析軸の検索（母集団検索式に分析軸ごとのキーワードをAND演算）・リスト出力を行い、母集団リストと各分析軸リストを出願番号等でマッチングさせる方法である[113]。

表21のような単純なキーワードのOR演算であれば、1つ目の方法で行う方が作業は簡単である。一方、キーワード同士のAND演算を使ったり、全文キーワードを対象として分析軸を設定したりしている場合などは2つ目の方法を用いるとよいであろう。

③-c 独自分析軸の設定[114]

既存の特許分類やキーワード、およびそれを組み合わせた検索式では実施したい特許情報分析の目的を満たすことができない場合、独自分析項目を設定する必要がある。

特許分類は体系化された技術に対して整備されるため、最新の技術動向について分析したい場合、独自分析項目を設定しないと所望の分析結果を得ることは難しい場合が多い。

---

113 フラグを立てる作業自体はCSVリストをダウンロードして、MS Excel上でフィルターなどの機能を用いて行ってもよいし、特許検索データベースを用いて各分析項目にヒットする集合を別途出力して、出願番号などの番号データをvlookup関数によりマッチングしてもよい。

114 独自分析軸を設定する上で藤田節子『情報整理・検索に活かすインデックスのテクニック』のほか、池田清彦『分類という思想』、三中信宏『系統樹思考の世界』および『分類思考の世界』などの分類学の書籍も参考になる。

独自分析項目を設定するための考え方を**表22**に示す。

表22　独自分析項目設定の考え方

Fタームの枠組みを利用 **（Fタームの観点）**	●発明の主題（構造、製造、方法、用途など） ●種類・タイプ ●課題・目的 ●用途・アプリケーション ●解決手段（構造面、材料面、製造面、ソフトウエア面） ●成分（特に化学・素材系） ●パラメータ（物性、厚さ、温度、波長等） ●性質・機能（耐熱性、絶縁性、耐摩擦性など） ●検出対象（速度、加速度、人数など） ●制御対象（人、車両、ロボットなど） ●他の技術との併用
フレームワーク	●5W2H ●バリューチェーン ●5フォース ●4P（Price, Place, Product, Promotion） ●3C（Company, Competitor, Customer）
予備調査・ヒアリング	●依頼者・依頼部署の戦略案・計画 ●予備調査（マーケットレポート、論文など） ●特許庁「特許出願技術動向調査」 ●工業所有権情報・研修館「特許流通支援チャート」

　1つ目はFタームの枠組みの活用である。Fタームそのものではなく、Fタームの観点として設定されている項目を利用して、細分化項目については自ら設定していくというものである。簡単なものであれば種類やタイプ、課題・目的、用途・アプリケーションなどである。Fタームの枠組みを利用するので、分析対象技術以外のFタームであっても枠組みが利用できそうであれば利用する。

　常日頃さまざまな技術分野のFタームを眺めて、どのような切り口があるかストックしておくとよいであろう。

もう1つは5W2Hやフレームワークの活用である。5W2Hと特許はあまり関係ないと思うかもしれないが、分析対象技術によっては5W2Hの枠組みを活用できる場合もある。

例えば養殖技術の場合、以下のようにWho、What、When、Whereの4つでも分析項目を設定できることが分かる[115]。

表23　5W2Hを利用した独自分析軸設定の例

Who　誰が	What　何を	When　いつ	Where　どこで
養殖技術の利用者	養殖対象	養殖対象の魚	養殖する場所
●養殖業者	●魚	●受精卵	●海
●養殖装置メーカー	➤海水魚	●仔魚	➤生け簀
●加工業者	➤淡水魚	●稚魚	➤いかだ
●流通業者	●魚以外	●成魚	➤その他
●販売業者	➤貝	●その他	●湖沼
●一般消費者	➤甲殻類		●陸上
●その他	●その他		●その他

Ｆタームの枠組みや5W2Hはあくまでも分析項目の枠組み・大分類を決めるものであるため、中分類や細分化項目を決定するためには、分析対象技術に関連するキーワードで形成したコアな予備母集団の要約や請求項1を50〜100件程度斜め読みするとよい[116]。

また、学術文献のレビュー記事やコンサルティングファーム・シンクタンクのレポートなどを参考にするのもよいであろう。

独自分析項目設定の考え方の最後は予備調査・ヒアリングである。まず、依頼者や依頼部署から戦略案や計画、依頼者の予備仮説などをヒアリングし、分析軸・分析項目の参考にする。

115　ヘルスケアであればWhereの切り口を用いれば、家（在宅）、病院、車等のどのような場所でのヘルスケア機器・サービスであるか分析項目が設定でき、Whoの切り口を用いれば、健常者（若者）、健常者（高齢者）、病床人のようなヘルスケアの対象者で分析項目が設定できる。
116　分析母集団を作成しているのであれば要約を対象としたテキストマイニングによって分析項目を抽出する方法もある。

　2.5.2でも述べたようにヒアリング前に予備調査を行っておくことが重要なので、マーケットレポート[117]や論文（特にこれまでの研究開発の歴史などが記載されているレビュー）を中心に調べておき、分析対象テーマのトレンドを可視化する上で必要となる要素を洗い出しておくとよいであろう。また、特許庁や工業所有権情報・研修館が過去に発行した報告書（特許出願技術動向調査や特許流通支援チャート）の分析軸を参考にする方法もある。

　図41に特許出願技術動向調査のスマート農業に関する技術俯瞰図を示す。養殖技術とはテーマが異なるが、第一次産業ということで利用可能な分析軸があれば転用する。仮に分析対象テーマに合致する特許出願技術動向調査や特許流通支援チャートがあったとしても、分析軸の全てをそのまま利用するのではなく、分析の目的に合わせて取捨選択し、足りない分析軸・分析項目について追加するとよい。

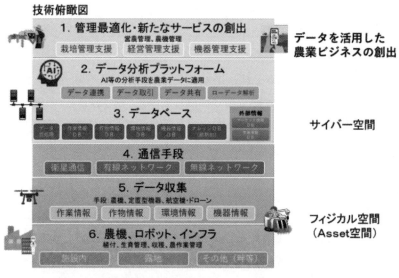

図41　特許出願技術動向調査「スマート農業」の技術俯瞰図

117　マーケットレポートを購入すると高価であるが、インターネット上には概要や目次が無料で掲載されている。著者はグローバルインフォメーションや日経BPなどが取り扱っているマーケットレポートの概要や目次情報をかなり有効活用させてもらっている。

　技術者・研究者や知的財産部員だけで分析項目を設定する場合、どうしても自分の担当している領域に偏ってしまいがちである。このような偏りを避けるために、分析担当者が事業部門やマーケティング、営業部門など複数の部署からヒアリングを行ったり、分析対象テーマに関連する人を集めてブレーンストーミングを行うことが望ましい。また、KJ法やNM法といった発想法を利用して、分析項目を練ることも有益である[118]。

　独自分析項目を設定する際の留意点としては、1つ1つの項目がカバーする概念が細か過ぎても粗過ぎてもよくないという点と、可能な限りMECEにしたほうがよいという点の2点である。

　分析項目が細か過ぎると、分析項目数が非常に多くなってしまう。分析項目数が多いと、仮に特許公報を読んで分析項目へ展開する場合、各項目を頭に入れて作業しなければならないため、公報を読むのに非常に多くの工数を要してしまう。また、分析項目への展開後、各分析項目へ付与された件数が数件になってしまい、出願傾向を捉えることができない可能性もある。

　逆に分析項目が粗過ぎると、本当は分けておきたかった技術要素が1つの項目に含まれてしまい、同様に傾向を捉えることが難しくなる。独自分析項目の妥当性をチェックするには、本格的な調査に入る前に、分析母集団から数十件から数百件程度をサンプリングして読み込みを行うことが望ましい。

　一方、MECEというのはMutually Exclusive and Collectively Exhaustiveの略で、重複や漏れがないという意味になる。独自分析項目を設定する場合、どうしても自分・自組織の興味ある分野の分析項目を多めに設定してしまうが、可能な限り重複がないように、かつ、漏れがないようにするとよい[119]。分析項目で漏れを防ぐために「その他」や「明示なし」という項目を設定しておき、「その他」には適宜コメントを記入しておくことで、事前に予想できなかった分析項目についてもカバーすることができる。

118　独自分析項目を設定する上で、NEDO技術戦略マップや科学技術政策研究所の発表している科学技術関連の予測調査なども参考になるであろう。特許分類はあくまでも過去の技術の蓄積をベースに策定された分類項目であるため、将来の動向把握・戦略策定を行うためには未来志向的な資料を基に分析項目を設定したほうがよい。
119　著者は分析軸・分析項目については完全にMECEにはできないと考えている。

　独自分析項目を設定したら、分析項目の定義を明確にする必要がある。上述のとおり、既存の特許分類やキーワードをそのまま分析軸として利用する場合、特許公報を読まなくとも、特許リストを加工することで分析項目へのフラグ立て・展開ができる。

　独自分析項目を設定した場合、後述するように分析軸検索式を設定する方法もあるが、特許公報の技術的内容を読み込んで展開する場合もあるので、各分析項目はどのような技術を対象とするのか、判断に迷う公報の取り扱いをあらかじめ決めておかなければならない。分析項目の定義はFIハンドブック補足説明や以下のFターム解説のように、短い文章としてまとめておくとよい。

　なお、分析設計や検索式作成、分析項目の設定は技術者・研究者や知的財産部員が行うこともできるが、著者が所属しているような外部の調査・分析会社やコンサルティング会社に外注するのも一つの選択肢である。外部アウトソーシング先の活用については7.1.1④で詳しく説明している。

表24　Fターム解説の例（養殖技術の例）

テーマコード	2B104　リスト	
説明	養殖（カテゴリ：自然資源）	
FIカバー範囲	A01K61/00 -61/65;61/80-63/10	

- ・テーマコード　　　　　　　　2B104

- ・技術内容　　　　　　　　　　FIカバー範囲
　　　　　　　　　　　　　　　A01K61/00-61/00@Z;61/02-63/06@Z
　　　　　　　　　　　　　　　テーマ技術の概要
　　　　　　　　　　　　　　　（イ）魚貝類（海藻、植物プランクトン、単細胞生物以外の水産生物を含む）の養殖に関する技術（方法及び装置）が含まれている。
　　　　　　　　　　　　　　　（ロ）さらに、海底の耕耘のような沿岸漁場の水産資源の増殖を目的とした魚貝類生息場の環境改善技術、及び魚の標識など他に分類されない養殖関連技術が含まれている。

- ・検索上関連するテーマ　　　　2B003　人工魚礁

- ・FIキーと観点の関係　　　　　（イメージ1）（イメージ2）（イメージ3）（イメージ4）（イメージ5）（イメージ6）　図

- ・Fタームリストの構成　　　　（イメージ5）（イメージ6）（イメージ7）（イメージ8）（イメージ9）（イメージ10）（イメージ11）（イメージ12）　図

- ・Fタームの説明　　　　　　　AA　対象魚種（F）
　　　　　　　　　　　　　　　下位タームに該当タームがない場合、又、雑種のように存在しない品種については、これを追加付与している。

　　　　　　　　　　　　　　　BA　養殖方法
　　　　　　　　　　　　　　　養殖方法を主とし、実施に当って使用する装置について、CA〜EGに該当タームがない場合、この方法のタームを付与している。
　　　　　　　　　　　　　　　貝の養殖方法→DA00
　　　　　　　　　　　　　　　給餌法→CF01
　　　　　　　　　　　　　　　酸素濃度→EB01
　　　　　　　　　　　　　　　養魚水の温度→EC01　図

　　　　　　　　　　　　　　　CA　装置（1）水槽の用途
　　　　　　　　　　　　　　　池と表現されていても、養殖を目的としたものは、養殖用水槽として扱うが、庭園用のものは、ここに含めている。
　　　　　　　　　　　　　　　構成については、CE00に含めている。　図

　　　　　　　　　　　　　　　CB　装置（2）水槽の構造　図

③-d 独自分析軸への分類展開

　特許公報を独自分析軸へ分類展開する際は、１件１件の特許公報を読みこむか、または独自分析軸の１つ１つの項目に分析軸検索式を作成して機械的に分類付与するかの二通りの方法がある。

　図42の左側のフローが特許公報を読み込んで独自分析軸へ分類展開する場合である。特許検索データベースで母集団（調査対象母集団）を形成した上で、公報の読み込みを行い、ノイズ公報を除去した分析対象母集団を対象に独自分析軸を分類付与する[120]。

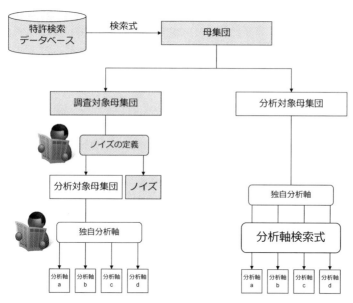

図42　特許公報の独自分析軸への分類展開

120　チャート上、ノイズ除去と独自分析軸の分類付与を別ステップで行っているように見えるが、同時に行うことも多い。ただし、著者は特許公報を読んで分類付与する際は、ノイズ除去と独自分析軸の分類付与は別ステップで行っている。また、独自分析軸が多い場合は、大分類（例えば課題）ごとに分類付与を行い、結果的に分析母集団の公報を数回以上繰り返し読んでいる。このような方法を採る理由としては、１件の公報を読み込む際に多数の観点で見るとどうしても見落としや抜け漏れが出てしまうからである。そのため１件の公報を読み込む際に注目する観点は１つまたは２つ程度として、見落としがないようにしている。ただし、この方法では公報読み込みに時間がかかってしまうというデメリットがある。

　一方、右側のフローが特許公報を読み込まずに、分析軸検索式を用いて独自分析軸へ分類展開する方法である。なお、この方法を採る場合は特許検索データベースから作成した母集団からノイズ除去を行わずに分析母集団とするため、適合率・精度の高い母集団を形成する必要がある。分析対象母集団の作成については次項で解説する。

　以下に養殖技術を例にした独自分析軸の分析軸検索式を示す。

表25　独自分析軸の分析軸検索式（養殖技術の例）

大分類	分類項目	検索式の例
養殖対象（魚）	サケ[121]	(FI＝(A01K61/10＋A01K61/13＋A01K61/17) AND キーワード＝(サケ＋鮭)) OR F ターム＝(2B104AA02＋2B104AA03)
	まぐろ	FI＝(A01K61/10＋A01K61/13＋A01K61/17) AND キーワード＝(マグロ＋まぐろ＋鮪)
	いわし	(FI＝(A01K61/10＋A01K61/13＋A01K61/17) AND キーワード＝(イワシ＋鰯)) OR F ターム＝(2B104AA04)
養殖装置	人工漁礁・人工礁	FI＝(A01K61/70＋A01K61/72＋A01K61/73＋A01K61/75＋A01K61/77＋A01K61/78)＋キーワード＝(人工魚礁＋人工礁)
	給餌装置	FI＝(A01K61/80＋A01K61/85)＋キーワード＝(給餌＋餌料＋投餌＋餌食＋好餌)
養殖ビジネス	ビジネスモデル	FI＝G06Q AND (FI＝A01K61/00 OR キーワード＝養殖)
	IoT	FI＝(G16Y OR H04Q9/00 OR H04W4/02) AND (FI＝A01K61/00 OR キーワード＝養殖)

　分析軸検索式は特許分類やキーワードを組み合わせて作成する。著者は分析母集団リストをダウンロードした後に、MS Excel 上で**表25**のような分析軸検索式を組んで機械的に分類展開している[122]。このように独自分析軸それぞれに分析軸検索式を設定することで、特許分類のみやキーワードのみで分析項目を設定するよりも、より柔軟に分析項目を設定することができる。

121　MS Excel リスト上で OR や AND 演算子を用いて機械的に分類展開する場合、関数だけではなく配列を用いる必要がある。

2.5.5　ステップ４：情報・データ収集（母集団検索式作成）と前処理

　ステップ３で分析すべき資料が決まったら、実際の情報・データ収集を行う。特許以外の情報収集については**第５章**で説明するので、ここでは特許の分析母集団検索式作成[123]について述べていく。

　図43に示すように分析母集団検索式のパターンには大きく３つある。

　最もシンプルなのが分析母集団検索式でヒットした特許をそのまま特許分類やキーワード、独自分析軸（分析軸検索式）で分析するパターン１である。パターン１の場合は、ノイズ除去を行わないため、適合率・精度重視で検索式を作成する必要がある。仮に分析母集団が1000件あって、500件が該当の場合（適合率・精度＝50％）、半数がノイズであるため出願トレンドを正確に捉えることができない[124]。

　分析母集団の適合率・精度が低い場合は、パターン２のようにまず母集団を読み込んでノイズ除去を行った上で分析を行うとよいであろう。

　パターン３は分析母集団でヒットした特許を１件１件読んでノイズ除去・分類展開を行うパターンである。パターン３は分析母集団の規模によっては膨大な工数がかかってしまうため、納期などの制約条件も考慮する必要がある。また、いきなりパターン３を行うのではなく、パターン１や２でマクロ的な視点で分析を行った上で、さらに詳細分析を行いたい領域を絞り込み、パターン３用の分析母集団を作成して公報を読み込んで、より詳しい動向を把握する方法もある。

122　特許リスト上で分析軸検索式に基づいて分類展開する際、キーワードは発明の名称や要約（特許請求の範囲を含めることもある）が対象で、全文は対象外とすることが多い。仮に分析軸検索式に含まれるキーワードを全文キーワードを用いたい場合、特許検索データベースで各分析軸検索式の検索を行った上で、各分析軸集合の CSV リストを出力して、出願番号などの番号データを vlookup 関数を用いて分析母集団とマッチングするとよいであろう。

123　母集団の設定には特許検索データベースを用いて検索式を構築する必要がある。検索式構築の具体的なテクニックについては、拙著『特許情報調査と検索テクニック入門 改訂版』のほか、酒井美里『特許調査入門 第三版』、小島浩嗣『技術者・研究者のための特許検索データベース活用術 第２版』などを参照されたい。

124　パターン１は適合率・精度重視であるが、再現率（検索漏れ）が低過ぎてもよくない。仮に養殖技術に関する特許出願動向分析を行う際に作成した母集団が200件程度で適合率・精度がほぼ100％であっても、適合率が10％（本来であれば養殖技術に関する特許が2000件あると仮定）であれば出願トレンドを把握することができない。

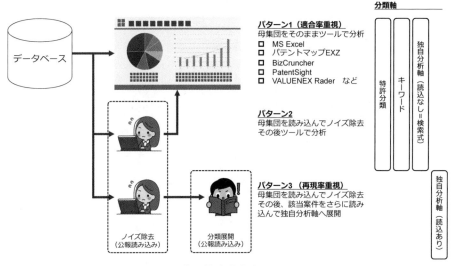

図43　母集団検索式作成のパターン

　分析母集団検索式の基本パターンとしては下表に示す三通りに集約される。

表26　特許検索の基本3パターン

パターン	検索式の例
キーワードのみ	キーワード＝養殖
特許分類のみ	FI = A61K61/00
キーワードと特許分類の組み合わせ	キーワード＝養殖＋ FI = A61K61/00

　このようにキーワードのみ、特許分類のみ、キーワードと特許分類の組み合わせの3パターンを複合的に組み合わせることで漏れのないよう検索式を作成する。

　なお、特定の競合他社分析を行う場合は、正式な出願人名、買収・合併の有無や子会社・グループ会社まで含めるのかを確認する必要がある。子会社・グループ企業を確認するためには、対象企業のウェブサイトやウィキペディア、上場企業であれば有価証券報告書の【沿革】を参照するとよい。

　分析母集団検索式が決定したら、特許データベースで検索を行い、特許リストをダウンロードする。J-PlatPatであれば［CSV出力］機能を用いて文献番号、出願番号、出願日、公知日、発明の名称、出願人／権利者、FI、公開番号、公告番号、登録番号、審判番号、その他、文献URLや要約などがダウンロードできる。また、商用特許データベースでは書誌的事項（番号データ、日付データ、発明の名称、出願人など）や要約、特許請求の範囲などをCSV・XLSX形式でダウンロードすることができる。

　なお、特許公報を読み込んで調査するのであれば、電子公報（PDF公報）をダウンロードまたは紙公報を取り寄せておくか、各公報にデータベースへのハイパーリンクを貼って読み込むとよい[125]。

　特許リストのダウンロードが終わったら、分析用特許データベースの構築へ移る。特許情報分析に最低限必要な項目は番号データ、日付データ、発明の名称、出願人、分析項目（または特許分類）である。これらの項目をMS Excelシート上に1件1行で整理する。下図に分析用特許リストの例を示す。

　分析軸は**表19**で示したA01K69/00を利用している。

No	四法	権利状況	出願年	被引用文献数	公開・公表番号	登録番号	筆頭出願人・権利者名(名寄せ)	対象魚貝類01-魚	対象魚貝類02-動物プランクトン	対象魚貝類03-海藻	対象魚貝類04-藻類	対象魚貝類05-貝類	養殖技術01-労力改善管理装置	養殖技術02-人工魚礁・人工知能	養殖技術03-給餌装置	環境技術04-遮光・日除・アーチング	その他
1	特許	×-消滅	2003	3	特開2003-259755		オメガ	0	0	0	0	1	0	0	0	0	0
2	特許	×-消滅	2003	5	特開2004-212312		山本隆洋	0	0	0	0	0	0	0	0	0	1
3	特許	×-消滅	2003	0	特開2004-298677		渡部康	1	0	0	0	0	0	0	0	0	0
4	実用新案	×-消滅	2003		登実第3095182号	登実第3095182号	山本隆洋	0	0	0	0	0	0	0	0	0	1
5	特許	×-消滅	2003	1	特開2004-215595		東京技装	0	0	0	0	0	0	0	0	0	1
6	特許	×-消滅	2003	1	特開2004-217604		カイゲンファーマ	0	0	0	0	0	0	0	0	0	1
7	特許	×-消滅	2003	0	特開2004-222540	特許第3696856号	加藤清	0	0	0	0	0	0	0	1	0	0
8	特許	×-消滅	2003	0	特開2004-222543	特許第3887319号	陸上養殖工学研究所	0	0	0	0	0	0	0	0	0	0
9	特許	×-消滅	2003	2	特開2004-222544	特許第3887320号	陸上養殖工学研究所	0	0	0	0	0	0	0	0	0	1
10	特許	×-消滅	2003	4	特開2004-223342	特許第4230230号	科学技術振興機構	1	0	0	0	0	0	0	0	0	0
11	特許	×-消滅	2003	0	特開2004-229628		炭崎太志	0	0	0	0	0	0	0	0	0	1
12	特許	×-消滅	2003	2	特表2005-529070	特許第4294954号	COUNCIL SCIENTIFIC	1	0	0	0	0	0	0	0	0	0
13	特許	○-権利存続中	2003	8	特開2003-292444	特許第4401659号	協和発酵バイオ	0	0	0	0	0	0	0	0	0	0
14	特許	×-消滅	2003	2	特開2004-236529	特許第3908177号	タクミナ	0	0	0	0	0	0	0	0	0	0
15	特許	×-消滅	2003	0	特開2003-310093		笹利殖産	0	0	0	0	0	0	0	0	0	1
16	特許	×-消滅	2003	2	特開2005-525801		AUTOMATED SHRIM	1	1	0	0	0	0	0	0	1	0
17	特許	×-消滅	2003	0	特開2004-242620		山本明人	0	0	0	0	0	0	0	0	0	1

図44　分析用特許データベースの例（PatentSQUARE）

その他、特許分析する際に必要な出願年や出願人・権利者を整理している。この分析用特許データベースの作成方法（前処理）は**第3章**で詳説する。

2.5.6　ステップ5：各種分析―統計解析・内容分析など

ステップ5の各種分析、特に統計解析については**第3章**で解説する。ここでは特許情報分析・パテントマップ作成を行う際のツールについて示す。下表に示す5つのアプローチが考えられる[126]。

表27　特許情報分析・パテントマップ作成のツール[127]

アプローチ	ツール例（提供元）
PC にインストールされている 表計算ソフト	MS Excel（マイクロソフト）
オンライン上で利用可能な 表計算ソフト	Office 365（マイクロソフト） Google Spreadsheet（Google）
ウェブサイト上で公開されている 無料のパテントマップ作成ツール	Lens.org(Cambia―オーストラリアの非営利団体―) Patentscope（WIPO）
市販されている特許分析・ パテントマップ作成ツール （特許データのアップロード要）	パテントマップ EXZ（インパテック） PatentGrid 5（DJ-SOFT） Derwent Data Analyzer（Clarivate Analytics）
市販されている特許分析・ パテントマップ作成ツール （特許データのアップロード不要）	Biz Cruncher（パテント・リザルト） PatentSight（LexisNexis） VALUENEX Rader（VALUENEX） Patent Integration（パテント・インテグレーション）

ほとんどの PC にインストールされている（と思われる）表計算ソフト MS Excel を用いたマップ作成方法を**第3章**で解説し、ウェブサイト上で公開されている無料のマップ作成ツールを**第4章**で紹介する。

125　著者が特許公報を読み込む際は、VBA マクロを用いて公報番号（公開番号や登録番号）に Google Patents へのハイパーリンクを貼っている。

126　パソコンが普及していない時代であれば方眼紙や模造紙などを用いて統計解析型パテントマップを作るという方法もあろうが、ここでは省略している。

127　特許検索データベースの中には分析モジュールや統計解析機能を備えているものもある。

Minesoft PatBase や Biz Cruncher、PatentSight など、特許検索データベースに分析機能がバンドルされているタイプもある。

なお、**表27**の5つのアプローチで作成できるのは統計解析型やテキストマイニング型のパテントマップであり、非統計解析形パテントマップについては MS Excel や MS PowerPoint を用いて自ら作成する必要がある[128]。

どのツールを用いる際であっても、分析の目的および予備仮説・分析ストーリーを意識し、**2.4.1の表7**で述べた2つの見方(マクロからミクロ)と4つの視点(量、比率、推移、比較)を念頭に置いて分析を進めていくことが重要である[129]。また、**第5章および第6章**で説明するように、特許情報だけで仮説検証できるわけではなく、特許・知財以外の情報も参照しながら複合的に分析する必要がある。

2.5.7 ステップ6:分析結果の解釈、提言の取りまとめ

ステップ6の分析結果の解釈、提言の取りまとめについては**第6章**で解説するので、ここでは分析レポートに必ず掲載しておくべき事項について述べる。レポートの体裁は、特許情報分析の目的によってさまざまであるが、**表28**の事項については必ず記載する必要がある。

分析テーマや分析対象資料、分析対象国は説明不要であろう。必須の記載事項としては分析対象期間が挙げられる。とりわけ重要なのは最新分をいつまで調査したか、という点である。なぜならば、半年後や1年後にもう一度同じテーマで特許情報分析を行う場合、前回どこまで調査を行ったか把握できていないと再度同じ公報を見直すことになってしまうからである[130]。

---

128 非統計解析型パテントマップの中でも、サイテーションマップや共願関係マップなどを描画可能な分析ツールもある。

129 定量分析・定性分析全般については中村力『ビジネスで使いこなす「定量・定性分析」大全』がまとまっており、特に定性分析は論理思考(ロジカルシンキング)、創造的思考(クリエイティブシンキング)、システム思考(複雑な因果関係を解明する因果ループ図で解決する思考)を紹介している。定性分析にもさまざまな手法があるが、まずはこの3つを押さえておくとよい。

130 **第8章**でも述べるように外国特許情報分析を行う際は、1つのデータベースで複数の国・地域のデータを収録しているため、どの国・地域については何月何日まで収録されていたかを記録として残しておく必要がある。データベースごとに Coverage のページがあるので、そのページをコピー&ペーストして保存しておくとよい。

表28　分析レポートに掲載しておくべき事項

掲載事項	説明
分析テーマ	どのようなテーマについて分析を行ったのか
分析対象資料	特許のみ分析を行ったのか、特許以外の情報まで含めて調査・分析を実施したか
分析対象期間	何年まで遡及して分析を行ったのか、また最新分はいつまで分析を行ったのか
分析対象国	分析を実施した国はどこか
検索条件および使用したデータベース	どのような検索式を立てたのか、またデータベースとして何を使用したのか
担当者・分析実施日	誰が、いつ分析を実施したのか

　検索条件や使用したデータベースの情報も重要である。これらの情報がレポートに記載されていないと、異動などで分析担当者が代わってしまった場合、再度分析設計を行わなければならなくなってしまう。また、前回と違う検索式やデータベースでは、再現性の問題が生じてしまう。

　レポートの構成として、導入部に上記のような事項を記載するのか、それとも付録として末尾に記載するのかは、報告対象により異なってくるであろう（経営者向け資料であれば、上記項目を導入部で説明する必要はない）。上記のレポート記載事項はあくまでも特許情報分析プロジェクトを継続的に行い、管理するために必要なことである。

2.5.8　ステップ7：実施後の提言内容の検証

　分析プロジェクト終了後に、分析結果を基に新規用途探索を行ったり、新たな研究開発テーマの探索を行ったり、新規事業の意思決定などが行われるであろう。

　そこでさらなる分析が必要になれば、追加で詳細分析を行う必要が生じる。また、競合他社の動向をマップ作成時点では、まだ十分に見極めることができなかった場合、定期的にパテントマップを更新して、他社の動きを監視する必要がある。

　もちろん、レポートが十分に活用され、意思決定に役立ち、問題点や継続監視の必要がなく終わる場合もある。重要なのは、パテントマップを作成してレポートを提出すれば終わりではなく、レポート提出後のマップ活用とその後の詳細分析・継続監視までが分析担当者の使命、という認識を持つことである。

　さらに、自らの提言内容が妥当なものであったか否か、しばらく時間を置いてから分析プロジェクトの依頼者に確認する。もちろん、分析プロジェクトは、無効資料調査の無効・有効鑑定や侵害防止調査の侵害・非侵害鑑定のように早々に成果に結び付くものばかりではない[131]。

　分析結果を有効利用して経営戦略・事業戦略や研究開発戦略を策定・実施することは、企画部門や事業部門、研究開発部門の役割であるが、分析担当者として分析結果に満足してもらったのか、戦略策定へどのように活用されたのかなどのフィードバックをもらうことで、次の分析プロジェクトへその知見を活用することができる。

131　IPランドスケープが成功したか否かを測るための考え方として、著者がモデレーターを務めたグローバル知財戦略フォーラム2023「成功するIPLと失敗するIPL」開催報告を参照いただきたい。パネリストである旭化成の中村氏の発言（新事業でもすぐに事業は立ち上がりません。ですから、開発におけるステージゲートのような場で、無駄な投資を防ぐという場合があるので、それも成功なんです）やブリヂストンの荒木氏の発言（これは失敗というか、したくないと思っているのは、PDCAが回らなかったことです。失敗なら失敗できちんとPDCAを回せば失敗ではなくなるはずですよね）が参考になるであろう。

COLUMN 「確証バイアス―分析担当者がやってはいけないこと―」

　認知心理学・社会心理学に「確証バイアス」という言葉がある。仮説を検証するために自分にとって都合の良い情報ばかりを集め、都合の悪い情報を無視してしまう傾向のことである。

　「確証バイアス」の一番有名な例が、ジョージ・ブッシュ大統領（父親のほうではなく息子）におけるイラク戦争である。当時のパウエル国務長官が以下の写真[132]を国連安全保障理事会に提示し、イラクのフセイン政権が大量破壊兵器を保有していると主張し、有志連合でイラクへ軍事介入した。

図　コリン・パウエル米国務長官が国連安全保障理事会で提示した衛星写真

　情報収集・分析を担当したのは CIA（米国中央情報局）であり、情報収集・分析のプロフェッショナルであったが、彼らは「確証バイアス」にはまってしまった。

　分析担当者として最もやってはいけないことが、この「確証バイアス」の罠にはまってしまうことである。なぜならば、特許情報分析では結論ありきで作為的に母集団の形成や分析軸の設定ができてしまうからである。

　もちろん、著者のような外部のコンサルタントであれば、分析の結果、クライアントの意向や初期仮説と異なる結論が得られた場合に、それを直言することができる（御用聞き的なコンサルタントもいるが…）。事業会社に勤務していると経営層や上長からの命令で「確証バイアス」であると認識しつつ従わざるを得ない場合もあるであろう。しかし、分析担当者は分析から得られた結果をファクトとして、誠実に伝えることが重要だと考える。

　なお、自然科学分野における捏造については谷岡一郎『科学研究とデータのからくり』、政治面だけではなく日常生活・経済における情報操作については川上和久『情報操作のトリック その歴史と方法』を合わせて参照いただきたい。

132　出所：THE WHITE HOUSE, U.S. Secretary of State Colin Powell Addresses the U.N. Security Council,

第3章
MS Excel を用いたパテントマップ作成

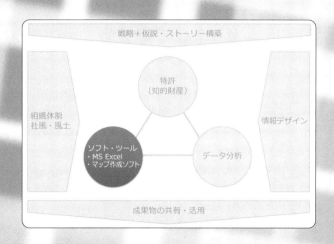

　　ワークマンのデータ経営の神髄はエクセルの活用にある。だか
ら私は「エクセル経営」と呼ぶ。普通の会社でエクセルというと、
おもに経営計画などで予算と売り上げの集計に使用され、多少バ
カにされている印象があるかもしれない。しかし、実は奥の深い
「草の根分析ツール」である。

（出所：土谷哲雄『ワークマン式「しない経営」』）

3.1　MS Excel を利用した場合のマップ作成[1]の流れ

　パテントマップを作成するためには、何らかのツールを用いる必要がある。本書では汎用的な表計算ソフトである MS Excel とウェブサイト上において無料で利用できるツールについて解説する。

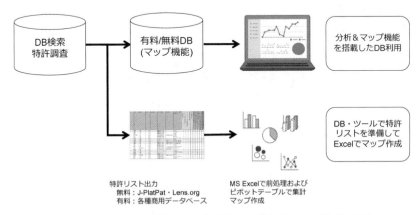

図1　MS Excel と無料ツールを利用した場合のマップ作成の流れ

　図1に MS Excel と無料ツールを利用した場合のマップ作成の流れを示した。MS Excel でマップ作成を行う場合、何らかの特許検索データベースを用いて特許リストを入手する必要がある[2]。

　特許リストを基に本章で紹介するようさまざまな加工を施し、ピボットテーブルを用いて集計、グラフ化する。

1　MS Excel で十分な特許情報分析ができるのか？　と思われる方もいるかもしれないが、ぜひとも酒井大輔『ワークマンは 商品を変えずに売り方を変えただけで なぜ2倍売れたのか』や土屋哲雄『ワークマン式「しない経営」』を読んでいただきたい。ワークマンの躍進にデータ分析、そして MS Excel がどれだけ貢献しているかをご理解いただけると思う。

2　2023年3月26日の機能改善により J-PlatPat からの CSV ダウンロードが1回当たり3000件となった（ただし、要約もダウンロードする場合は1回当たり500件）。本章では J-PlatPat から CSV リストをダウンロードして特許分析・パテントマップ作成する方法について説明しているが、J-PlatPat ではダウンロードできる項目が限られているため、一部商用特許検索データベース PatentSQUARE を用いて解説しているところもある。なお、外国の特許リスト入手については、第4章末尾のコラムでは Lens.org からどのように特許リストを生成・入手するか解説してある。

一方、ウェブサイト上において無料で利用できるツールの場合、特許検索機能と分析・マップ作成機能が1つにまとまっているものがほとんどであるため、特許リストを別途ダウンロードする必要はない。

3.2 パテントマップ作成に必要な MS Excel の基礎知識

本章では MS Excel を用いてパテントマップを作成するに当たって必要となる基礎知識についてまとめている。

特にパテントマップ作成に必要、または役立つテーマに絞って解説しているため、データの入力、オートフィル、セル・行・列の挿入、セルの書式設定など MS Excel そのものの基礎知識については詳しく説明していないので、自信のない方は市販の入門書で学んでいただきたい。なお、本章では MS Excel2021の画面をベースに解説する。

3.2.1 パテントマップ作成に必要な MS Excel の機能

特許情報分析・パテントマップ作成に必要な MS Excel の機能を下表にまとめた。この中で最も重要度の高い機能がピボットテーブルであり、MS Excel による特許情報分析には必須である。

表1 パテントマップ作成に必要な MS Excel の機能

機能	MS Excel のコマンド
文字操作：置換	[ホーム]タブ→[編集]→[検索と置換]→[置換]
データ操作：区切り位置	[データ]タブ→[データツール]→[区切り位置]
抽出：フィルター	[データ]タブ→[並べ替えとフィルター]→[フィルター]
並べ替え	[データ]タブ→[並べ替えとフィルター]→[並べ替え]
条件付き書式	[ホーム]タブ→[スタイル]→[条件付き書式]
スパークライン	[挿入]タブ→[スパークライン]
ウィンドウ枠の固定	[表示]タブ→[ウィンドウ枠の固定]
ジャンプ	[ホーム]タブ→[検索と置換]→[ジャンプ]
分析：ピボットテーブル	[挿入]タブ→[ピボットテーブル]

　ピボットテーブルとは MS Excel が搭載しているクロス集計機能である。詳細については3.4および3.5で解説する。ピボットテーブル以外の機能では、置換やフィルターなどを特許リスト加工に用いることが多い[3]。

　置換とは、ある文字列を検索し、別の文字列に変換する機能である。置換後の文字列に何も記入しない場合、特定文字列を取り除くことができる。一部の特許データベースでは出願人や発明者のデータには空白セルが含まれていて、公報が異なると同じ出願人や同じ発明者でありながら空白セルの入り方が異なっている場合がある。このような場合は置換機能を利用して空白セルを置換により取り除き、出願人・発明者の表記を統一させることができる。

　区切り位置は、1つのセル内において特定の区切り文字（例えばカンマやセミコロンなど）によって区切られているデータを抽出するための機能である。本章では複数の出願人・権利者による共同出願から筆頭出願人だけを抽出する方法について説明する。また、複数の IPC や FI が含まれているセルから筆頭 IPC や筆頭 FI を抽出する際にも利用できる。

　フィルターとは特定の条件に合致したデータを抽出するための機能である。例えば分析用特許リストにはさまざまな出願人のデータが含まれているが、A 社の特許データのみをリスト上で確認したい場合、このフィルター機能を用いて出願人の列から A 社が含まれるデータだけを抽出することができる。また、キーワードで分析項目へ展開する際に、発明の名称や要約、特許請求の範囲にある特定キーワードが含まれているかどうか、フィルターでチェックすることもできる。

　なお、パテントマップ作成においては条件付き書式やスパークラインを活用できる。条件付き書式は指定した範囲に対して条件を決め、その条件を満たしたセルに対して定めた書式を反映させる機能であり、条件付き書式を用いることでヒートマップのようなマップを作成できる（**3.5.6②**参照）。

3　パテントマップ作成に必須な機能ではないが、「Ctrl ＋十字キー」で連続したセル上において、カーソルの位置をジャンプすることができる。これに Shift を組み合わせて、「Ctrl ＋ Shift ＋十字キー」で複数セルを一括して選択することが可能であり、非常に便利である。著者は「Ctrl ＋十字キーや Ctrl ＋ Shift ＋十字キー」を用いることで、セル範囲選択におけるマウス操作を省略化している。

スパークラインは選択した範囲についてセル内に小さなグラフを表示することができる機能である（3.5.6③参照）。

条件付き書式とスパークラインを組み合わせることで、出願人ランキングおよび出願人別件数推移をワークシート上で作成することができ、非常に便利な機能である。

3.2.2　パテントマップ作成に必要な MS Excel の関数

パテントマップを作成するために、関数は必須でないが、表2に紹介する関数を覚えておくと作業を効率化できる。特に LEFT 関数、YEAR 関数は分析用特許リストを加工する際に役立つ。

なお、HYPERLINK 関数はパテントマップ作成に直接役立つわけではないが、分析用特許リストから PDF 特許公報や Google Patents の公報該当ページへハイパーリンクで閲覧を可能にする関数なので、覚えておくとよいであろう。

関数は、セルに直接入力（＝書き込む）する場合とメニューから入力する場合（［数式］→［関数ライブラリ］）の2つに分かれる。複雑な関数ではない場合はセルに直接入力したほうが効率的である。

表2　パテントマップ作成に役立つ関数

関数	書式	説明
LEFT	=LEFT（文字列, 文字数）	文字列の先頭から指定された数の文字を取り出す関数
FIND	=FIND（検索文字列, 対象, ［開始位置］）	検索文字列が他の文字列内で最初に表れる位置を検索する関数
YEAR	=YEAR（シリアル値）	年を取り出す関数
TRIM	=TRIM（文字列）	不要なスペースを削除する文字列関数
COUNTA	=COUNTA（値1, 値2, 値3, ・・・）	引数リストに含まれるデータの個数の合計を計算する関数
COUNTIF	=COUNTIF（範囲, 検索条件）	指定範囲セル内の検索条件に一致するセルの個数を計算する関数
COUNTIFS	=COUNTIFS（範囲1, 検索条件1, 範囲2, 検索条件2, ...）	指定範囲セル内の複数の検索条件に一致するセルの個数を計算する関数
SUMIFS	=SUMIFS（合計対象範囲, 条件範囲1, 条件1, 条件範囲2, 条件2, ...）	複数の条件に一致するセルを検索し、見つかったセルと同じ行・列にある、［合計対象範囲］のセルの数値を計算する関数
SUBTOTAL	=SUBTOTAL（集計方法, 範囲）	範囲内の集計値を計算する関数　集計方法は1~11の数字で設定し、AVERAGE、COUNT、COUNTA、SUM などの集計方法を選択可能
CORREL	=CORREL（配列1, 配列2）	配列1と配列2の2つのセル範囲の相関係数を計算
VLOOKUP	= VLOOKUP（検索値, 検索値を検索する範囲, 戻り値を含む範囲の列の番号, 完全一致か近似一致か - 0/FALSE か 1/TRUE で指定）	表や範囲から行ごとに数値や文字列などを検索
HYPERLINK	=HYPERLINK（リンク先, 別名）	リンク先に指定した場所に保存されているファイルを開く　リストマップのから PDF 公報を閲覧するために、PDF 公報へのハイパーリンクを設定するために使用する関数

3.3　パテントマップ作成のための準備

3.3.1　特許リストの準備—J-PlatPatから特許リストを作成する—[4]

　本項では無料で利用できる J-PlatPat の CSV 出力機能を用いて特許リストを作成する方法について解説する。ただし、J-PlatPat ではダウンロードできる項目が文献番号、出願番号、出願日、公知日、発明の名称、出願人／権利者、FI、要約、文献 URL に限られているため、商用特許検索データベース PatentSQUARE を用いている場合もある。

　本書で取り上げる分析テーマは「魚の養殖技術」である。J-PlatPat の分析母集団検索式（論理式）は、読者サポートウェブサイトで公開している。

　この論理式を用いて「魚の養殖技術」の特許リストを作成する。J-PlatPat の特許検索・実用新案検索メニューにいくと、デフォルトでは［選択入力］画面となっている。

図2　J-PlatPat 特許・実用新案検索メニュー

4　改訂版では J-PlatPat の CSV 出力は1回当たり500件までだったため、J-PlatPat の検索結果一覧をコピー＆ペーストしてリスト化する方法を説明していたが、1回当たり3000件までとなったので、第3版では CSV 出力機能を用いたリスト化の方法を説明している。

　［選択入力］の隣の［論理式入力］のタブをクリックして［論理式入力］画面にし、ブランクに論理式をコピー＆ペースト[5]する。ここでは日本特許・実用新案を対象とするので文献種別はデフォルトの［国内文献］とする。

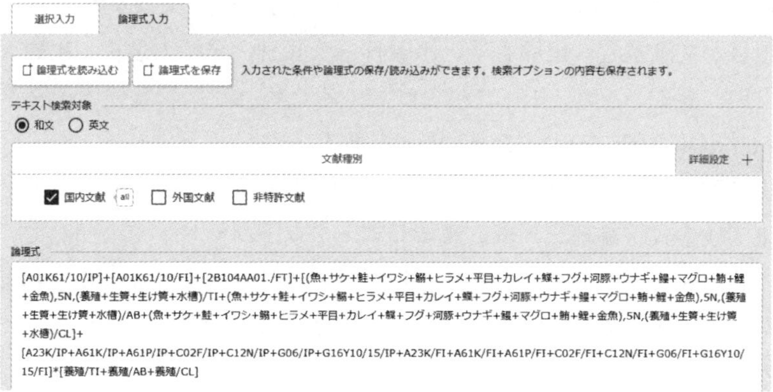

図3　J-PlatPat 論理式入力（母集団検索式貼り付け）

　期間を限定しないと明治時代以降の特許・実用新案も検索対象となってしまうため、ブランクの下部の［検索オプション］をクリックして、日付指定のプルダウンメニューから［出願日］を選択し、2003年1月1日以降とする[6]。

図4　検索オプション（出願日限定）

5　本書冒頭の読者サポートウェブサイトに論理式や特許リストデータを公開しているので、そこからダウンロードしていただきたい。

　［検索］ボタンを押すと2131件（本書執筆時点）がヒットした。デフォルトでは検索結果一覧は［最先公知優先］となっているので、主に公開番号が表示される（公開公報発行前に登録公報が発行される場合は登録番号が表示）。

図5　検索結果一覧

　技術動向分析においても、権利化の有無を確認したい場合、一覧画面の表示指定は［最先公知優先］ではなく、［公告・登録優先］を選択する。なお、［CSV出力］でダウンロードしたリストには公開番号だけではなく、登録番号も掲載されている。

　ただし、J-PlatPatは各出願の生死状況を反映しているわけではないので、登録番号が表示されたからといって権利存続中か、登録後に年金未払いや放棄で失効しているかは区別できない。各特許の生死状況を確認するには、各公報表示から［経過情報］を確認する必要がある。

　検索結果一覧を表示させたら［CSV出力］ボタンをクリックすると、CSV認証画面がポップアップする。

6　特許動向分析を行う際は一般的に直近20年間を指定することが多いので、今回は2003年1月1日以降と設定した。しかし、技術分野によっては、より過去まで遡及する場合もあれば、逆に直近10年ほどに限定する場合もある。

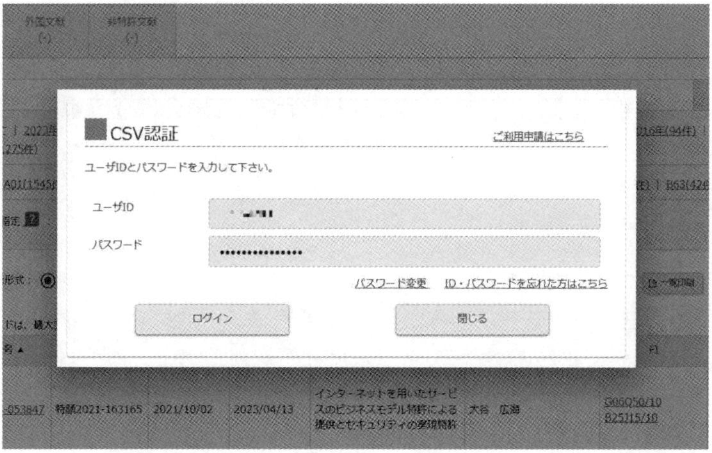

図6　CSV リストを出力するための CSV 認証

　[CSV 出力] を利用するためには利用申請が必要なので、未申請の場合はメールアドレスとパスワードを設定する。ユーザ ID とパスワードで認証してログインすると、CSV 出力ウィンドウが表示される。ここで要約を出力するか否かのチェックボックスがあるが、要約付きで出力する場合、1 回当たりのダウンロード件数は500件である。今回は2131件をまとめてダウンロードするため、[要約を出力する] にはチェックしないで [OK] ボタンを押す。

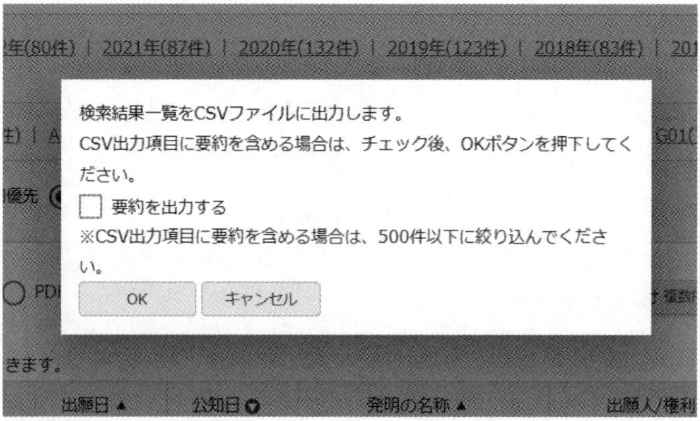

図7　CSV リストの出力

右下に［CSV ダウンロード］というボタンが表示されるため、そのボタンをクリックしてCSV リストを所定のフォルダにダウンロードする。以下がJ-PlatPat からダウンロードしたCSV リストである。

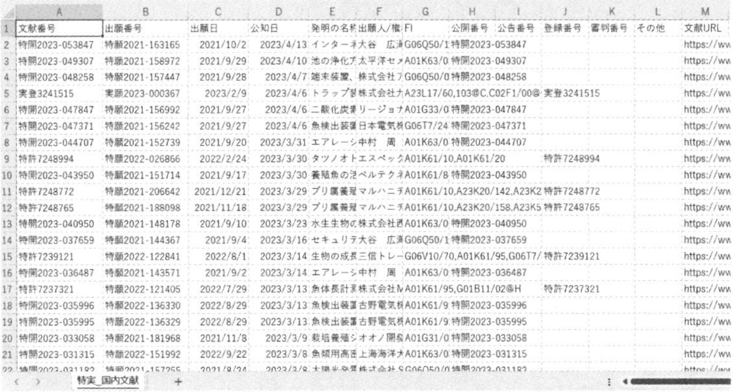

	A	B	C	D	E	F	G	H	I	J	K	L	M
1	文献番号	出願番号	出願日	公知日	発明の名称	出願人/権	FI	公開番号	公告番号	登録番号	審判番号	その他	文献URL
2	特開2023-053847	特願2021-163165	2021/10/2	2023/4/13	インターネ	大谷　広濟	G06Q50/1	特開2023-053847					https://ww
3	特開2023-049307	特願2021-158972	2021/9/29	2023/4/10	池の浄化方	太平洋セメ	A01K63/0	特開2023-049307					https://ww
4	特開2023-048258	特願2021-157447	2021/9/28	2023/4/7	端末装置、	株式会社フ	G06Q50/0	特開2023-048258					https://ww
5	実登3241515	実願2023-000367	2023/2/9	2023/4/6	トラップ装	株式会社ナ	A23L17/60,103@C.C02F1/00@			実登3241515			https://ww
6	特開2023-047847	特願2021-156992	2021/9/27	2023/4/6	二酸化炭素	リージョナ	A01G33/0	特開2023-047847					https://ww
7	特開2023-047371	特願2021-156242	2021/9/27	2023/4/6	魚検出装置	日本電気株	G06T7/24	特開2023-047371					https://ww
8	特開2023-044707	特願2021-152739	2021/9/20	2023/3/31	エアレーシ	中村　周	A01K63/0	特開2023-044707					https://ww
9	特許7248994	特願2022-026866	2022/2/24	2023/3/30	タツノオト	エスペック	A01K61/10,A01K61/20			特許7248994			https://ww
10	特開2023-043950	特願2021-151714	2021/9/17	2023/3/30	養殖魚の泳	ベルテクネ	A01K61/8	特開2023-043950					https://ww
11	特許7248772	特願2021-206642	2021/12/21	2023/3/29	ブリ属養殖	マルハニチ	A01K61/10,A23K20/142,A23K2			特許7248772			https://ww
12	特許7248765	特願2021-188098	2021/11/18	2023/3/29	ブリ属養殖	マルハニチ	A01K61/10,A23K20/158,A23K5			特許7248765			https://ww
13	特開2023-040950	特願2021-148178	2021/9/10	2023/3/23	水生生物の	株式会社西	A01K63/0	特開2023-040950					https://ww
14	特開2023-037659	特願2021-144367	2021/9/4	2023/3/16	セキュリテ	大谷　広濟	G06Q50/1	特開2023-037659					https://ww
15	特許7239121	特願2022-122841	2022/8/1	2023/3/14	生物の成長	三信トレー	G06V10/70,A01K61/95,G06T7/			特許7239121			https://ww
16	特開2023-036487	特願2021-143571	2021/9/2	2023/3/14	エアレーシ	中村　周	A01K63/0	特開2023-036487					https://ww
17	特許7237321	特願2022-121405	2022/7/29	2023/3/13	魚体長計測	株式会社M	A01K61/95,G01B11/02@H			特許7237321			https://ww
18	特開2023-035996	特願2022-136330	2022/8/29	2023/3/13	魚検出装置	古野電気株	A01K61/9	特開2023-035996					https://ww
19	特開2023-035995	特願2022-136329	2022/8/29	2023/3/13	魚検出装置	古野電気株	A01K61/9	特開2023-035995					https://ww
20	特開2023-033058	特願2021-181968	2021/11/8	2023/3/9	栽培養殖シ	オオノ開發	A01G31/0	特開2023-033058					https://ww
21	特開2023-031315	特願2022-151992	2022/9/22	2023/3/8	魚類用高密	上海海洋大	A01K63/0	特開2023-031315					https://ww
22	特開2023-031182	特願2021-157255	2021/9/24	2023/3/8	太陽光発電	株式会社S	G06Q50/0	特開2023-031182					https://ww

特実_国内文献

図8　J-PlatPat からダウンロードしたCSV リスト（要約なし）

なお、［要約を出力する］にチェックを付けてダウンロードすると以下のようにH 列に要約が挿入される。ただし、ダウンロードしたCSV リストの要約中には改行が含まれているため、各行のセルの高さがバラバラになってしまっている。そのため、H 列を選択して、［ホーム］タブの［折り返して全体を表示する］を2 回クリックすることで行の高さをそろえるとよい。

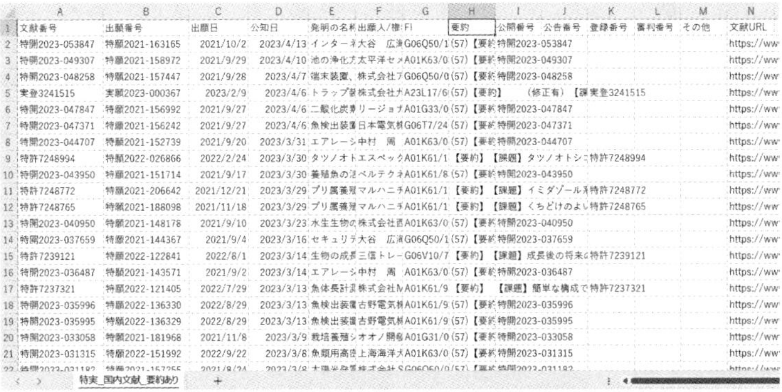

	A	B	C	D	E	F	G	H	I	J	K	L	M	N
1	文献番号	出願番号	出願日	公知日	発明の名称	出願人/権	FI	要約	公開番号	公告番号	登録番号	審判番号	その他	文献URL
2	特開2023-053847	特願2021-163165	2021/10/2	2023/4/13	インターネ	大谷　広濟	G06Q50/1	(57)【要約	特開2023-053847					https://ww
3	特開2023-049307	特願2021-158972	2021/9/29	2023/4/10	池の浄化方	太平洋セメ	A01K63/0	(57)【要約	特開2023-049307					https://ww
4	特開2023-048258	特願2021-157447	2021/9/28	2023/4/7	端末装置、	株式会社フ	G06Q50/0	(57)【要約	特開2023-048258					https://ww
5	実登3241515	実願2023-000367	2023/2/9	2023/4/6	トラップ装	株式会社ナ	A23L17/6	(57)【要約】　（修正有）【課			実登3241515			https://ww
6	特開2023-047847	特願2021-156992	2021/9/27	2023/4/6	二酸化炭素	リージョナ	A01G33/0	(57)【要約	特開2023-047847					https://ww
7	特開2023-047371	特願2021-156242	2021/9/27	2023/4/6	魚検出装置	日本電気株	G06T7/24	(57)【要約	特開2023-047371					https://ww
8	特開2023-044707	特願2021-152739	2021/9/20	2023/3/31	エアレーシ	中村　周	A01K63/0	(57)【要約	特開2023-044707					https://ww
9	特許7248994	特願2022-026866	2022/2/24	2023/3/30	タツノオト	エスペック	A01K61/1	【要約】【課題】タツノオトシ			特許7248994			https://ww
10	特開2023-043950	特願2021-151714	2021/9/17	2023/3/30	養殖魚の泳	ベルテクネ	A01K61/8	(57)【要約	特開2023-043950					https://ww
11	特許7248772	特願2021-206642	2021/12/21	2023/3/29	ブリ属養殖	マルハニチ	A01K61/1	【要約】【課題】イミダゾール系			特許7248772			https://ww
12	特許7248765	特願2021-188098	2021/11/18	2023/3/29	ブリ属養殖	マルハニチ	A01K61/1	【要約】【課題】くちどけのよい			特許7248765			https://ww
13	特開2023-040950	特願2021-148178	2021/9/10	2023/3/23	水生生物の	株式会社西	A01K63/0	(57)【要約	特開2023-040950					https://ww
14	特開2023-037659	特願2021-144367	2021/9/4	2023/3/16	セキュリテ	大谷　広濟	G06Q50/1	(57)【要約	特開2023-037659					https://ww
15	特許7239121	特願2022-122841	2022/8/1	2023/3/14	生物の成長	三信トレー	G06V10/7	【要約】【課題】成長後の将来の			特許7239121			https://ww
16	特開2023-036487	特願2021-143571	2021/9/2	2023/3/14	エアレーシ	中村　周	A01K63/0	(57)【要約	特開2023-036487					https://ww
17	特許7237321	特願2022-121405	2022/7/29	2023/3/13	魚体長計測	株式会社M	A01K61/9	【要約】　【課題】簡単な構成で			特許7237321			https://ww
18	特開2023-035996	特願2022-136330	2022/8/29	2023/3/13	魚検出装置	古野電気株	A01K61/9	(57)【要約	特開2023-035996					https://ww
19	特開2023-035995	特願2022-136329	2022/8/29	2023/3/13	魚検出装置	古野電気株	A01K61/9	(57)【要約	特開2023-035995					https://ww
20	特開2023-033058	特願2021-181968	2021/11/8	2023/3/9	栽培養殖シ	オオノ開發	A01G31/0	(57)【要約	特開2023-033058					https://ww
21	特開2023-031315	特願2022-151992	2022/9/22	2023/3/8	魚類用高密	上海海洋大	A01K63/0	(57)【要約	特開2023-031315					https://ww
22	特開2023-031182	特願2021-157255	2021/9/24	2023/3/8	太陽光発電	株式会社S	G06Q50/0	(57)【要約	特開2023-031182					https://ww

特実_国内文献_要約あり

図9　J-PlatPat からダウンロードしたCSV リスト（要約あり）

　今回用いた「魚介類の養殖技術」の母集団は2131件で、J-PlatPat の CSV 出力で 1 回当たりの最大ダウンロード件数である3000件以内であった。仮に作成した母集団が3000件よりも多い場合は［日付限定］で母集団を複数に分割した上で、MS Excel 上で 1 つのリストにまとめればよい[7]。

　なお、商用特許検索データベース PatentSQUARE で作成した分析用特許リストもサンプルとしてダウンロードできるようにしている。J-PlatPat と比べると、商用特許検索データベースからダウンロードできる項目は多岐にわたるので、合わせて確認いただきたい。

　J-PlatPat および PatentSQUARE の分析用特許リストは、いずれも日本特許を対象としたものである。

　PatentSQUARE にはパテントファミリーの情報が含まれているので、日本特許をベースとした外国特許分析を行うことも可能であるが、外国企業が日本へ特許出願を行っていない場合、分析対象に含まれない。

　外国特許も含めて分析を行いたい場合は、**第 4 章**で取り上げる Lens.org でリストを出力するとよい。

　Lens.org は無料データベースであるが、1 回当たり1000件まで出力可能であり、ダウンロード可能な項目も充実している。

　本章では日本特許を対象に、MS Excel による分析方法・テクニックについて解説しているが、CSV や Excel リストがあれば外国特許であっても同様の方法で分析が可能である。

　ぜひ、本章で基本を習得した上で、外国特許分析にもチャレンジしていただきたい（外国特許情報分析を行う際の留意点については**第 8 章**を参照）。

7　複数のリストを 1 つのリストにまとめたい場合、手作業で複数の CSV リストを 1 つにまとめる方法もあるが、［データ］→［データの取得］→［ファイルから］→［フォルダから］を選択し、ダウンロードした複数のリストを保存してあるフォルダからデータを結合する方法もある。

3.3.2 分析用特許リストの加工

2.5.4②で説明したとおり、特許情報分析には特許公報を読む場合と読まない場合の二通りがある。本項では分析母集団を読まずに、FIを用いて分析項目へ展開してパテントマップを作成する方法について解説する[8]。

もちろん、公報を読み込んで分析項目に展開した結果であっても本書で説明する方法でマップ化することはできる。

パテントマップを作成するための項目としては、前項のJ-PlatPatから作成した特許リストに掲載されている番号データ（出願番号、公開番号、公告番号、登録番号）、日付データ（出願日、公開日、公告日、登録日）、発明の名称、出願人、特許分類（FI）が必須である。図10に特許リスト（分析用特許リスト）とその整理・加工について示した。本書では日付（出願年）の整理、分析項目への展開、出願人の整理について見ていく。

図10　特許リスト（分析用特許リスト）の整理・加工

8　特許分類を用いて分析・パテントマップ作成を行うことも有益であるが、自社事業や研究テーマ等に沿った分析を行いたい場合は自社独自の分析項目を設定するほうが望ましい。

　なお、J-PlatPat の［CSV 出力］からは公開番号、公告番号、登録番号がダウンロードできるので、公告番号または登録番号があるものは登録[9]、ないものは公開のように権利化段階で区分けすることもできる（3.3.6で詳しく解説する）。

　なお、本項では前項で作成した「魚介類の養殖技術」に関する特許リストをベースに解説を進めていく。元リストについては本書冒頭の読者サポートウェブサイトから入手されたい。基本的には J-PlatPat から作成した特許リストを利用しているが、一部 PatentSQUARE から作成したリストを用いている。

3.3.3　日付の整理

　日付データには出願日、公開日、公告日、登録日がある。パテントマップを作成する際は、通常、出願年ベースで整理する（分割出願や国内優先出願については原出願年で整理するとよい。また、外国特許情報も含めてパテントファミリー単位で分析する場合は最先優先年で分析するとよい）。企業・研究機関では研究開発を行い、その成果を特許として出願する。つまり、出願年で整理することで、各企業が研究開発をいつ頃行っていたか把握できる。公開系特許公報（公開・公表・再公表）は、一般的には出願日から18カ月後に発行されるため、公開年で整理しても企業の研究開発時期を特定することはできない。また、登録年も公開年と同様に、企業の研究開発時期からはかなり後になるので、件数推移を把握するための使用には適していない。

　ここでは日付として出願日を整理し、出願年を取り出す方法について説明するが、公開日や登録日を整理したい場合も全く同様の方法で取り出すことができる[10]。

　特許検索データベースから書誌的事項をダウンロードすると、年月日の形式か文字列の形式となっている。

9　J-PlatPat の［CSV 出力］から権利状況についてダウンロードすることはできない。登録番号があったとしても権利存続中であるか、または年金未払い等で権利が失効しているかは1件1件［経過情報］を確認しなければならない。

10　後述するピボットテーブルで集計する際、出願日の日付形式のままでも集計を行うことができるが、著者としては本項で説明するように日付から年を抽出して集計する方法をお勧めする。

　カーソルを出願日などの日付データが入っているセルへ移動させると、下図のように［ホーム］タブ中央部で日付データの形式を確認できる。

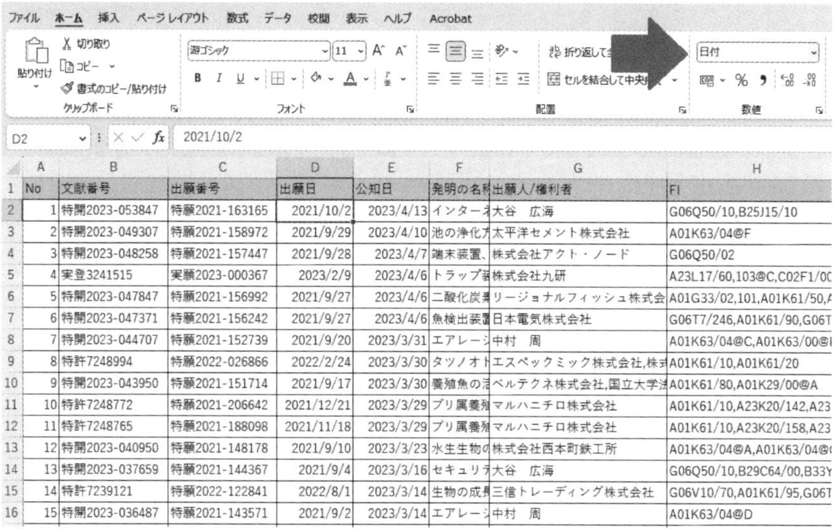

図11　日付データの形式

　特許データベースからダウンロードした日付データが取り得る形式としては下表の3つに大別される。

表3　日付データの形式

日付データの形式	説明
日付	2000/1/11 2000年1月11日
標準	20000111
文字列	2000.1.11

　日付データが標準の場合は、整理したい列を選択し、［データ］タブ→［区切り位置］から、区切り位置ウィザード1/3で［スペースによって右または左にそろえられた固定長フィールのデータ（W）］を選択し、区切り位置ウィザード2/3はそのまま次へ、区切り位置ウィザード3/3で［日付］を選択し、［完了］ボタンを押せばよい。

	B	C	D	E	F	G
1	MPN	EPRC	TI	PPA	EPRD	EPD
2	JP7134388 B1	WO	[MT] Power conversi	MITSUBISHI ELECTI	20220131	20220909
3	DE202023100317 U1	US	[MT] BATTERY HOU	FORD GLOBAL TECH	20220131	20230323
4	CN217115851 U	CN	[EN] ELECTRIC DRIN	SHANGHAI PAIDIAN	20220131	20220802
5	CN216850751 U	CN	[EN] INTERNAL LAY	SHANGHAI THOUSA	20220131	20220628
6	IN202241005084 A	IN	[EN] A TWO-WHEEL	BOOMA INNOVATIVE	20220131	20230310
7	CN114426073 A	CN	[EN] ELECTRIC VEH	WUXI NEW AFRICAN	20220131	20220503
8	CN217306598 U	CN	[EN] BATTERY MOD	HUAWEI DIGITAL EN	20220131	20220826
9	CN217496344 U	CN	[EN] BRAKE CIRCUI	WUXI PALLA ELECTI	20220131	20220927
10	CN114393996 A	CN	[EN] METHOD AND	CHONGQING CHANG	20220131	20220426
11	IN202211005215 A	IN	[EN] SYSTEM FOR E	CHITKARA INNOVAT	20220131	20221125
12	IN202241005301 A	IN	[EN] Mode switching	GREEN TIGER MOBI	20220131	20220211
13	FI130101 B	FI	[EN] ELECTRIC INST	PARKKISAEHKOE O)	20220131	20230228

図12　日付データ形式の変換－標準から日付へ

　また、日付データが文字列の場合は、整理したい列を選択し、［ホーム］タブ→［検索と選択］→［置換］（ショートカット：Ctrl + H）で、検索する文字列を　．　、置換後の文字列を　／　として、［すべて置換］すればよい。

図13　日付データ形式の変換－文字列から日付へ

　日付データを日付形式に統一した上で、年を取り出す際は**表4**に示した
YEAR関数を使用する[11]。

表4　日付の整理に使用する関数

日付データの形式	関数	書式	説明
年月日	YEAR	=YEAR（シリアル値）	年月日データから年を取り出す関数

　図15～16に日付形式から年を取り出す流れについて示す（ここでは出願日
から出願年を取り出している）。出願年を取り出すために列を新たに挿入し、
出願日の隣のセルに“=YEAR（C2）”と入力する。カッコ内には出願日
2021/10/2のセルD2を選択する。

11　日付データが標準または文字列形式のまま年を抽出する際は、LEFT関数を使用して、
　　LEFT（日付データ, 4）として日付データの先頭から4文字を抽出する。

　図16の例ではＤ２セルの出願日から出願年を取り出しているが、出願年が2021ではなく1905/7/13となっている。これは出願年を取り出すために挿入したＥ列のデータ形式がＤ列の書式（出願日の日付書式）となっているためである。出願年にするためにはＥ列を選択して、セルのデータ形式を標準にする。

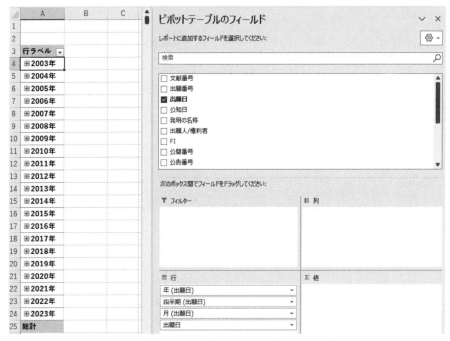

図14　ピボットテーブルによる日付データの集計

　なお、後述するピボットテーブルでは上図のように日付形式のデータであっても年ベースで集計することは可能であるが、［年］、［四半期］、「月」、［出願日］と４つに分かれてしまう。

　パテントマップ作成のためにさまざまな集計を行う際は、［年］だけを取り出しておいたほうが効率的なので、本書では YEAR 関数を用いた出願年の整理方法について説明する。

	A	B	C	D	E
1	No	文献番号	出願番号	出願日	
2	1	特開2023-053847	特願2021-163165	2021/10/2	
3	2	特開2023-049307	特願2021-158972	2021/9/29	
4	3	特開2023-048258	特願2021-157447	2021/9/28	
5	4	実登3241515	実願2023-000367	2023/2/9	
6	5	特開2023-047847	特願2021-156992	2021/9/27	
7	6	特開2023-047371	特願2021-156242	2021/9/27	
8	7	特開2023-044707	特願2021-152739	2021/9/20	
9	8	特許7248994	特願2022-026866	2022/2/24	
10	9	特開2023-043950	特願2021-151714	2021/9/17	
11	10	特許7248772	特願2021-206642	2021/12/21	

出願日データから出願年データを取り出すため、出願日の列の隣に列を新たに挿入

↓

	A	B	C	D	E	
1	No	文献番号	出願番号	出願日	出願年	公
2	1	特開2023-053847	特願2021-163165	2021/10/2	=year(D2)	
					YEAR(シリアル値)	
3	2	特開2023-049307	特願2021-158972	2021/9/29		
4	3	特開2023-048258	特願2021-157447	2021/9/28		
5	4	実登3241515	実願2023-000367	2023/2/9		
6	5	特開2023-047847	特願2021-156992	2021/9/27		
7	6	特開2023-047371	特願2021-156242	2021/9/27		
8	7	特開2023-044707	特願2021-152739	2021/9/20		
9	8	特許7248994	特願2022-026866	2022/2/24		
10	9	特開2023-043950	特願2021-151714	2021/9/17		
11	10	特許7248772	特願2021-206642	2021/12/21		

出願日データの書式が、日付データとなっている場合は、出願年をYEAR関数で取り出す

※［数式］タブ → ［日付／時刻］でYEAR関数を挿入することも可能

↓

	A	B	C	D	E
1	No	文献番号	出願番号	出願日	出願年
2	1	特開2023-053847	特願2021-163165	2021/10/2	1905/7/13
3	2	特開2023-049307	特願2021-158972	2021/9/29	
4	3	特開2023-048258	特願2021-157447	2021/9/28	
5	4	実登3241515	実願2023-000367	2023/2/9	
6	5	特開2023-047847	特願2021-156992	2021/9/27	
7	6	特開2023-047371	特願2021-156242	2021/9/27	
8	7	特開2023-044707	特願2021-152739	2021/9/20	
9	8	特許7248994	特願2022-026866	2022/2/24	
10	9	特開2023-043950	特願2021-151714	2021/9/17	
11	10	特許7248772	特願2021-206642	2021/12/21	

出願年が取り出せたが、セルの書式が日付となっているため、左のような表示となってしまう

↓

図15　日付（出願年）の整理①

	A	B	C	D	E
1	No	文献番号	出願番号	出願日	出願年
2	1	特開2023-053847	特願2021-163165	2021/10/2	1905/7/13
3	2	特開2023-049307	特願2021-158972	2021/9/29	1905/7/13
4	3	特開2023-048258	特願2021-157447	2021/9/28	1905/7/13
5	4	実登3241515	実願2023-000367	2023/2/9	1905/7/15
6	5	特開2023-047847	特願2021-156992	2021/9/27	1905/7/13
7	6	特開2023-047371	特願2021-156242	2021/9/27	1905/7/13
8	7	特開2023-044707	特願2021-152739	2021/9/20	1905/7/13
9	8	特許7248994	特願2022-026866	2022/2/24	1905/7/14
10	9	特開2023-043950	特願2021-151714	2021/9/17	1905/7/13
11	10	特許7248772	特願2021-206642	2021/12/21	1905/7/13

オートフィル（左図でいえばセル E2 を選択して、右下にカーソルを合わせてダブルクリックする）で全出願日について、出願年を取り出す

↓

	D	E	F	G		H
	出願日	出願年	公知日	発明の名称		者
63165	2021/10/2	1905/7/13	2023/4/13	インターネットを		ント株式会社
58972	2021/9/29	1905/7/13	2023/4/10	池の浄化方法		クト・ノード
57447	2021/9/28	1905/7/13	2023/4/7	端末装置、サー		
00367	2023/2/9	1905/7/15	2023/4/6	トラップ装置		研
56992	2021/9/27	1905/7/13	2023/4/6	二酸化炭素固定化		ルフィッシュ
56242	2021/9/27	1905/7/13	2023/4/6	魚検出装置、魚検		式会社
52739	2021/9/20	1905/7/13	2023/3/31	エアレーション付		
26866	2022/2/24	1905/7/14	2023/3/30	タツノオトシゴの		ミック株式会
51714	2021/9/17	1905/7/13	2023/3/30	養殖魚の活動検知		株式会社,国立
06642	2021/12/21	1905/7/13	2023/3/29	ブリ属養殖魚及び		ロ株式会社
38098	2021/11/18	1905/7/13	2023/3/29	ブリ属養殖魚及び		ロ株式会社
18178	2021/9/10	1905/7/13	2023/3/23	水生生物の陸上養		本町鉄工所
14367	2021/9/4	1905/7/13	2023/3/16	セキュリティの強		
22841	2022/8/1	1905/7/14	2023/3/14	生物の成長予測装		ディング株式

セルの書式設定で、「標準」を選択

	A	B	C	D	E
1	No	文献番号	出願番号	出願日	出願年
2	1	特開2023-053847	特願2021-163165	2021/10/2	2021
3	2	特開2023-049307	特願2021-158972	2021/9/29	2021
4	3	特開2023-048258	特願2021-157447	2021/9/28	2021
5	4	実登3241515	実願2023-000367	2023/2/9	2023
6	5	特開2023-047847	特願2021-156992	2021/9/27	2021
7	6	特開2023-047371	特願2021-156242	2021/9/27	2021
8	7	特開2023-044707	特願2021-152739	2021/9/20	2021
9	8	特許7248994	特願2022-026866	2022/2/24	2022
10	9	特開2023-043950	特願2021-151714	2021/9/17	2021
11	10	特許7248772	特願2021-206642	2021/12/21	2021

出願年データが取り出せた

図16　日付（出願年）の整理②

3.3.4 分析項目への展開

分析項目への展開には、LEFT 関数のほかに FIND 関数と、機能として
は区切り位置やデータ抽出のフィルターを使用する。本書では FI（筆頭の
みの場合と、筆頭・副分類の場合）、キーワードを利用した例を紹介する。
FI の代わりに IPC や F ターム、CPC へ適用することも可能である。

① 筆頭特許分類への展開

特許公報には複数の IPC や FI が付与されているが、先頭の IPC・FI が筆
頭 IPC および筆頭 FI であり、その発明の主題に対応している。

図17に IPC の階層構造を示した（FI や CPC もサブグループまでは同じ階層
構造）。まず、筆頭特許分類のどのレベルまで切り出して分析するか決定する。

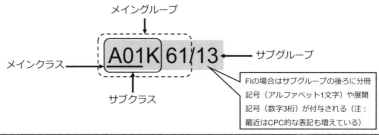

階層	項目	説明
A	セクション	生活必需品
A01	メインクラス／クラス	農業；林業；畜産；狩猟；捕獲；漁業
A01K	サブクラス	畜産；鳥、魚、昆虫の飼育；漁業；他に分類されない動物の飼育または繁殖；新規な動物
A01K61/00	メイングループ	水棲動物の養殖
A01K61/10	サブグループ	・魚
A01K61/13	サブグループ	・・魚病の予防または治療

図17　特許分類の構成（セクション～サブグループ）

図18には筆頭特許分類（ここでは筆頭 FI）の先頭 4 文字、つまりサブク
ラスを LEFT 関数で取り出す方法について示している（**図18**では 1 件目の
公報の FI である G06Q50/10,B25J15/10からサブクラス G06Q を LEFT 関
数で取り出している）。

I	J	
筆頭FIサブクラス	FI	
=LEFT(J2,4)	G06Q50/10,B25J15/10	
LEFT(文字列, [文字数])	A01K63/04@F	
	G06Q50/02	
	A23L17/60,103@C,C02F1/00@G	
	A01G33/02,101,A01K61/50,A01	
	G06T7/246,A01K61/90,G06T7/(	
	A01K63/04@C,A01K63/00@B	
	A01K61/10,A01K61/20	
	A01K61/80,A01K29/00@A	
	A01K61/10,A23K20/142,A23K2(	

日付の整理と同様に、FI の列の隣に列を挿入

筆頭 FI サブクラスを抽出したい場合は、LEFT 関数で左から 4 文字目までを取り出す

↓

I	J
筆頭FIサブクラス	FI
G06Q	G06Q50/10,B25J15/10
	A01K63/04@F
	G06Q50/02
	A23L17/60,103@C,C02F1/00@(
	A01G33/02,101,A01K61/50,A01
	G06T7/246,A01K61/90,G06T7/(

筆頭 FI サブクラスが取り出せた。あとはオートフィルで筆頭 FI サブクラスを取り出す

↓

I	J
筆頭FIサブクラス	FI
G06Q	G06Q50/10,B25J15/10
A01K	A01K63/04@F
G06Q	G06Q50/02
A23L	A23L17/60,103@C,C02F1/00@(
A01G	A01G33/02,101,A01K61/50,A01
G06T	G06T7/246,A01K61/90,G06T7/(
A01K	A01K63/04@C,A01K63/00@B
A01K	A01K61/10,A01K61/20
A01K	A01K61/80,A01K29/00@A
A01K	A01K61/10,A23K20/142,A23K2(

筆頭 FI サブクラスが取り出せた。筆頭特許分類だけではなく、副分類も含めて抽出したい場合については②**筆頭・副分類への展開**を参照

図18　LEFT 関数を用いた分析項目の整理（筆頭 FI サブクラス）

複数事業を手掛けている企業のポートフォリオ分析をマクロ的な視点で行う際は、筆頭特許分類のサブクラスを用いてもある程度は出願トレンドを可視化することができる。しかし、特定の分析対象テーマに関する分析を行う場合、図18に示したように特定のサブクラス（A01K）に集中してしまい、筆頭特許分類から出願トレンドを可視化することは難しい。そのような場合はサブクラスではなく、メイングループやサブグループのように下位階層の特許分類を利用するとよい。

筆頭特許分類のメイングループを抽出する方法としては、LEFT 関数・FIND 関数を用いる方法と区切り位置を用いる方法の二通りがある。区切り位置を用いる方法はメイングループ・サブグループ抽出のいずれにも用いることができるので、まず、図19では LEFT 関数・FIND 関数を用いて筆頭 FI メイングループを抽出する方法を説明する。

LEFT 関数は特定のセルの文字列の先頭から、指定文字数を抽出する関数である。メイングループの区切りは／（スラッシュ[12]）であるが、スラッシュの位置は G06Q50/10 では先頭から 7 文字目、G06T7/246 では先頭から 6 文字目となり、各特許によってバラつきが生じてしまう[13]。そのため抽出する文字数を可変とするために FIND 関数（特定の文字列が指定したセルの先頭から何文字目にあるかを返す）を用いる。これによって図19のように筆頭 FI メイングループを抽出することができる[14]。

筆頭特許分類のメイングループやサブグループを取り出す場合、区切り位置を用いる。区切り位置とは 1 つのセル内に複数のデータが含まれている場合に、ある記号を区切り文字として切り分ける機能である。メイングループを取り出したい場合は／スラッシュ）、サブグループを取り出したい場合は，（カンマ）が区切り文字となる。

12　著者は／を「スラッシュ」と読むが、特許庁審査官は「バー」と読む。
13　データベースによっては特許分類を桁ぞろえしている場合もある（メイングループのスラッシュの位置が固定）。そのような場合は筆頭 FI サブクラスを抽出した際と同様に、数字を設定すればよい。なお、J-PlatPat は桁ぞろえされていないため、筆頭特許分類のメイングループのスラッシュの位置は 6 文字、7 文字、8 文字（例：C09J101/00）のいずれかになる。
14　FIND 関数で／位置を特定した後に「-1」をしているが、これは筆頭 FI メイングループを抽出した際に、／が含まれないようにするためである。

　図20～21では筆頭 FI サブグループを抽出する方法について示している。筆頭 FI サブグループを抽出する際は、展開記号の目印であるカンマと識別記号の目印である@を区切り文字として用いる。

	I	J	K
	筆頭FIメイングループ	筆頭FIサブクラス	FI
	=LEFT(K2,FIND("/",K2)-1)		G06Q50/10,B25J15/10
		A01K	A01K63/04@F
		G06Q	G06Q50/02
		A23L	A23L17/60,103@C,C02F1/00@
		A01G	A01G33/02,101,A01K61/50,A0
		G06T	G06T7/246,A01K61/90,G06T7/
		A01K	A01K63/04@C,A01K63/00@B

筆頭 FI メイングループを取り出すための列を挿入

筆頭 FI メイングループを LEFT 関数を用いて取り出す場合は、メイングループの区切りであるスラッシュの位置が分類によって異なるので、左図のように FIND 関数を用いる

↓

I	J	K
筆頭FIメイングループ	筆頭FIサブクラス	FI
G06Q50	G06Q	G06Q50/10,B25J15/10
	A01K	A01K63/04@F
	G06Q	G06Q50/02
	A23L	A23L17/60,103@C,C02F1/00@
	A01G	A01G33/02,101,A01K61/50,A0
	G06T	G06T7/246,A01K61/90,G06T7,
	A01K	A01K63/04@C,A01K63/00@B

筆頭 FI メイングループが取り出せた。あとはオートフィルで筆頭 FI メイングループを取り出す

↓

I	J	K
筆頭FIメイングループ	筆頭FIサブクラス	FI
G06Q50	G06Q	G06Q50/10,B25J15/10
A01K63	A01K	A01K63/04@F
G06Q50	G06Q	G06Q50/02
A23L17	A23L	A23L17/60,103@C,C02F1/00@
A01G33	A01G	A01G33/02,101,A01K61/50,A0
G06T7	G06T	G06T7/246,A01K61/90,G06T7,
A01K63	A01K	A01K63/04@C,A01K63/00@B
A01K61	A01K	A01K61/10,A01K61/20
A01K61	A01K	A01K61/80,A01K29/00@A
A01K61	A01K	A01K61/10,A23K20/142,A23K2
A01K61	A01K	A01K61/10,A23K20/158,A23K5
A01K63	A01K	A01K63/04@A,A01K63/04@C

筆頭 FI メイングループが取り出せた。

筆頭 FI サブクラスよりも細分化された形で分かれているが、A01K61 や A01K63 が多いため、細かな出願トレンドを把握するのには十分ではない

図19　LEFT 関数・FIND 関数を用いた分析項目の整理（筆頭 FI メイングループ）

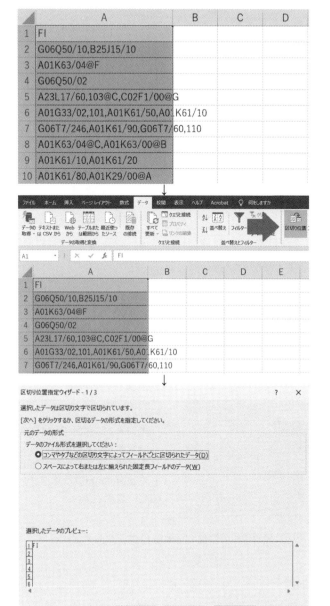

新しいシートを挿入して、
FI の列をコピー

A 列を選択して、[データ]
タブ→[区切り位置]をク
リック

区切り位置指定ウィザー
ド（1/3）では "カンマや
タブなどの区切り文字に
よってフィールドごとに
区切られたデータ" を選
択する

図20　区切り位置を用いた分析項目の整理①（筆頭 FI サブグループ）

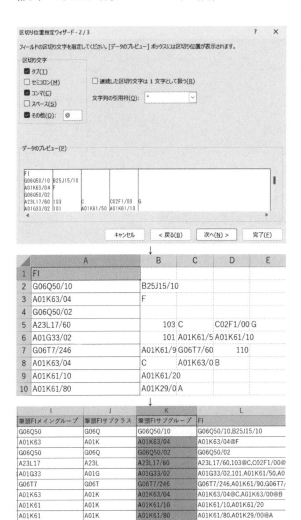

区切り位置指定ウィザード
(2/3) では、区切り文字とし
て［コンマ］と［その他］で
＠を入力する

区切り位置指定ウィザード
(3/3) では特に指定せずに、
完了ボタンを押す

A 列にサブグループが取り出
せた

元のシートに筆頭 FI サブグ
ループを入力するための列を
挿入して、区切り位置で抽出
した筆頭 FI サブグループを
コピー＆ペースト

図21　区切り位置を用いた分析項目の整理②（筆頭 FI サブグループ）

② 筆頭分類・副分類への展開

　1件の特許には複数の分類が付与されていることが多い。目的によっては
筆頭分類を用いた分析でも対応可能な場合もあるが、1件の特許で開示され
ている技術内容を多面的に分析する場合は筆頭分類だけでは不十分である。

その際は副分類も考慮して分析項目へ展開する必要がある。

なお、筆頭分類のみを用いた場合は、１特許－１筆頭分類のように１対１対応となるが、副分類も用いる場合は１特許－多分類のように１対多対応となり、後述するようにピボットテーブルでの集計方法が異なってくる。

J-PlatPat の［CSV 出力］でダウンロード可能な特許分類は FI のみであるため、以下では FI の筆頭分類・副分類を対象にした分析項目への展開について説明していくが、もちろん IPC や CPC、F タームなどにも適用可能である。特に F タームには筆頭 F タームという概念が存在しないため、F タームを用いた分析を行いたい場合には本手法が有効である。

ここでは下表に示す A01K61/00の中から養殖対象を用いて、筆頭分類・副分類への分析項目への展開について述べる。

表5　筆頭分類・副分類による分析項目への展開

大分類	分類項目（説明）	FI		分類展開に用いる文字列
養殖対象	魚	A01K61/10　A01K61/13	A01K61/17	A01K61/1
	動物プランクトン	A01K61/20		A01K61/2
	海綿、ウニまたはナマコ	A01K61/30		A01K61/3
	環形動物	A01K61/40		A01K61/4
	貝類	A01K61/50　A01K61/51　A01K61/53　A01K61/54　A01K61/59	A01K61/55　A01K61/56　A01K61/56,311　A01K61/57	A01K61/5

FI の階層構造から「魚」「動物プランクトン」「海綿，ウニまたはナマコ」「環形動物」「貝類」の５項目に分けられる。この FI では「魚」の A01K61/10、A01K61/13、A01K61/17のように、メイングループの後ろ１文字目（A01K61/1）までが共通しており、分類展開にはこの文字列を用いる。

　筆頭分類・副分類への分類展開にはフィルターを用いる方法と関数を用いる方法がある。図22〜23にフィルターを用いる方法を、図24に関数を用いる方法を示す（なお、関数を用いて分類展開した結果は値化しておくとよい）。

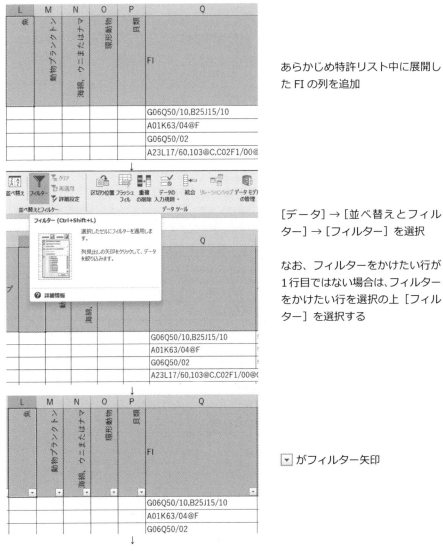

あらかじめ特許リスト中に展開したFIの列を追加

[データ] → [並べ替えとフィルター] → [フィルター] を選択

なお、フィルターをかけたい行が1行目ではない場合は、フィルターをかけたい行を選択の上 [フィルター] を選択する

🔽がフィルター矢印

図22　フィルターによる筆頭分類・副分類の分析項目への展開①

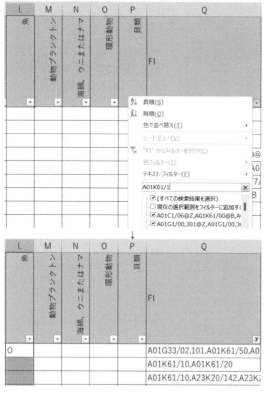

列見出し FI のフィルターをク
リックして、検索ボックスに文字
例（ここでは魚の A01K61/1）を
入力

＊テキストフィルター (F) から
「指定の値を含む」を選択しても
よい

FI に A01K61/1 を含む公報が
抽出（左端列の行番号が連続し
ておらず、数字の色が青となる）

あらかじめ用意しておいた列（L
列）に FI・A01K61/1 が含まれ
ていることを示すフラグ（ここ
では〇）を記入するため、フラ
グを入力する範囲をあらかじめ
選択しておき、先頭にフラグ 〇
を入力（セルはアクティブ状態）

セルがアクティブな状態時に、
Ctrl＋Enter を押すと選択された
範囲にフラグ 〇 を一括入力でき
る

残りの FI についても同様にフラ
グ立てを行っていく

図23　フィルターによる筆頭分類・副分類の分析項目への展開②

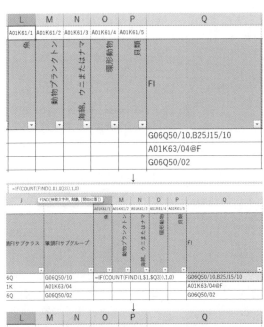

関数を用いる方法では、分類展開に用いる文字列を分析項目の上の行に記入しておく

特定の文字列(ここでは A01K61/1)が含まれている場合にフラグ (ここでは 1) を立てる関数は、IF・COUNT・FIND 関数を組み合わせる

オートフィルで 2 件目以降の特許についても分類展開を行う

関数内にある $ は絶対参照（参照するセルを変えず固定する方式）であり、L\$1 であれば 1 行目を固定、\$Q3 であれば Q 列を参照先として固定することを意味する[15]

図24　関数を用いた筆頭分類・副分類の分析項目への展開

15　MS Excel は基本的には相対参照になっているため、絶対参照を付けずに分類展開すると参照先がずれてしまう（1件目の特許はL1を参照するが、2件目の特許はL2…）。相対参照・絶対参照を理解すると MS Excel で関数を用いた特許分析についてかなり幅が広がるため、YouTube 動画などを参照して理解するとよいであろう。

③ キーワードの整理

キーワードを用いて分析項目へ展開する際も、筆頭分類・副分類の分析項目への展開と同様にフィルターまたは関数を用いる。例としてキーワードを用いて、以下の養殖対象の5つの分析項目へ分類展開する場合、まずは分析項目に含まれるキーワード（以下では検索キーワード）を設定する。

表6　キーワードを用いた分析項目設定

分析項目	検索キーワード
魚	魚　サケ　鮭　イワシ　鰯　ヒラメ　平目　カレイ　鰈　フグ　河豚　ウナギ　鰻　マグロ　鮪　鯉
動物プランクトン	動物プランクトン　ワムシ　ミジンコ
海綿，ウニまたはナマコ	海綿　ウニ　雲丹　ナマコ　なまこ
環形動物	環形動物　ゴカイ　ミミズ　ヒル　蛭
貝類	貝　真珠　アコヤガイ　帆立　ホタテ　牡蠣

J-PlatPat の［CSV 出力］では【発明の名称】のほか、【要約】もダウンロードもできるので[16]、発明の名称または要約中に上記の検索キーワードが含まれているか否かをフィルターまたは上述の関数を用いてフラグを立てていく[17]。

なお、フィルターや関数を用いてキーワードを分析項目へ展開する場合、キーワードを含むデータが【発明の名称】【要約】（商用データベースを利用している場合は【特許請求の範囲】）と複数の列にまたがっていることが多い。そのため、【発明の名称】でキーワード検索を行い、次に【要約】でキーワード検索を行い…、と何度もキーワード検索を行わなければならず手間である。そこで、データをあらかじめ1列にまとめた上でキーワード検索を行うと効率的である。

16　J-PlatPat の［CSV 出力］で【要約】をダウンロードする際は1回当たり最大500件までしかダウンロードできない点に留意。本書で用いた分析母集団は2000件以上あるため、仮に【要約】も含めてダウンロードする場合は5回に分割してダウンロードした後で、1つのリストにまとめる必要がある。

17　図24で説明した IF・COUNT・FIND を組み合わせた関数は、複数キーワードでの検索には対応していない。複数キーワードに対応するためには配列を用いる必要があるが、上級編になるため本書では省略する。

　MS Excel のセルは＆（アンド）を用いて連結することができるので、【発明の名称】と【要約】のセルを＆を用いて連結するとよい。ただし、セルを＆で連結した状態で、フィルターでキーワード検索してもヒットしないので、セルを＆で連結したデータをいったん値にする必要がある。

④ フィルターを用いて分析項目を整理する際の注意点

　フィルター機能を用いて筆頭分類・副分類およびキーワードの分析項目への展開方法について説明したが、読者が MS Excel2003以前のバージョンを利用している場合、MS Excel2003以前のフィルターは、セルに含まれる文字数が多いと抽出できない場合がある。そのため、フィルターではなく関数（IF・COUNT・FIND の組み合わせ）を用いるとよい。関数であればセルに含まれる文字数に関係なく、検索文字列（筆頭分類・副分類よびキーワード）が含まれていれば 1 を、含まれていなければ 0 を返す。

　なお、上記の例では特許公報を読まずに特許分類（ここでは筆頭 IPC、F ターム）やキーワードから分析項目へ展開する例について説明したが、分析対象母集団に含まれている特許公報を読んで、分析項目へ展開する場合は、あらかじめ分析用特許リスト中に分析項目の列を追加して、各公報を読んで該当する分析項目にフラグを立てていく。

3.3.5　出願人・権利者の整理

　特許や意匠・商標情報から企業の出願動向を分析する際に出願人・権利者を整理する必要がある。ここで行う整理とは、「共同出願人の整理（筆頭出願人の抽出）」と「企業名の名寄せ」の 2 つである。

① 共同出願人の整理（筆頭出願人の抽出）

　さまざまな製品・サービスがコモディティ化するとともに、Google の自動運転車ビジネス参入に見られるように従来の業界・業種の境界線が不明瞭になっている。そのような背景の下、さまざまな企業や大学・研究機関とアライアンスを組むオープンイノベーション[18]に注目が集まっている。

　企業が他の企業や大学・研究機関と連携して共同研究開発した成果を特許出願すると、複数の企業や大学・研究機関が共同出願人として名を連ねることになる。仮にA社とB社が共同出願人の場合、ある特許では出願人データが "A株式会社、B株式会社"、別の特許では "B株式会社、A株式会社" となっていることがある。

　この出願人データを加工せずに、後述するMS Excelのピボットテーブルで分析すると "A株式会社、B株式会社" 出願の特許が1件、"B株式会社、A株式会社" 出願の特許が1件とカウントされてしまう。本来であればA株式会社とB株式会社の共同出願が2件（またはA株式会社が2件、B株式会社も2件）とカウントしたいところであるが、並び順が異なると別の出願人として認識されてしまう。

　市販のパテントマップ作成ツールではこのような共願案件の分析に対応しているが、残念ながらMS Excelで行おうとすると非常に手間がかかってしまう。そこで本書では、共願案件（複数の出願人）については、筆頭出願人をその特許の出願人として分析していく方法について解説する[19,20]。

　筆頭出願人・権利者の整理について図25〜26に示す。まず、新しいシートに出願人の列をコピーする。筆頭出願人・権利者を取り出すためには、筆頭特許分類のサブクラスやメイングループを抽出する際に用いた区切り位置を使用する。図25に示した例（J-PlatPatの［CSV出力］で作成したリスト）では出願人・権利者の区切りがカンマ（,）になっているが、データベースによってはセミコロン（;）やコロン（:）の場合もある。

　そのような場合は、区切り位置指定ウィザード（2/3）の区切り文字のその他に区切り文字にセミコロン（;）やコロン（:）を入力する。区切り位置で筆頭出願人を取り出したら、元のリストにコピー＆ペーストする。

18　オープンイノベーションについてはヘンリー・チェスブロウ『OPEN INNOVATION―ハーバード流イノベーション戦略のすべて』や星野達也『オープン・イノベーションの教科書』のほか、特許庁ウェブサイトの「オープンイノベーションポータルサイト」を参照されたい。

19　前述したフィルターや関数を用いて、出願人・権利者ごとの列を整理する方法もあるが、本書では省略する。

20　著者はMS ExcelとMS Wordを用いて共願案件について処理しているが、詳細は紙幅の都合上、省略させていただく。

　筆頭出願人に限定したくない場合は、出願人データをそのまま使用しても問題はない。しかし、上述したとおり"A株式会社、B株式会社"と"B株式会社、A株式会社"は別の特許としてカウントされてしまうという点を念頭に置いてピボットテーブルの分析を行う必要がある。

新しいシートを挿入して、出願人・権利者の列をコピー

A 列を選択して、［データ］→［区切り位置］区切り位置指定ウィザード（1/3）では "カンマやタブなどの区切り文字によってフィールドごとに区切られたデータ" を選択

区切り位置指定ウィザード（2/3）では、区切り文字のカンマにチェック

図25　筆頭出願人・権利者の整理①

区切り位置指定ウィザード（3/3）
では特に指定せずに、完了ボタン
を押す

↓

	A	B
1	出願人/権利者	
2	大谷　広海	
3	太平洋セメント株式会社	
4	株式会社アクト・ノード	
5	株式会社九研	
6	リージョナルフィッシュ株式	日本電信電話株式会社
7	日本電気株式会社	

リージョナルフィッシュ株式会社
と日本電信電話株式会社の共願案
件は、筆頭出願人・権利者のリー
ジョナルフィッシュ株式会社のみ
取り出し、B 列に日本電信電話株
式会社となった

↓

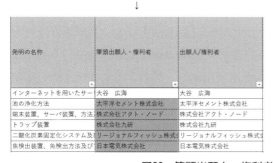

元のリストに筆頭出願人・権利者
のみをコピー＆ペースト

図26　筆頭出願人・権利者の整理②

② 出願人・権利者名の名寄せ・名義統制[21]

　出願人・権利者の整理の2つ目が名寄せである。特許データベースに収録
されている出願人・権利者名は原則として公報発行段階のものであり、最新
の出願人・権利者名を反映したものではない。

　そのため、日本製鉄やパナソニックのように旧社名や買収先企業も含めて名寄せを行う必要がある。また、日本特許公報に掲載されている外国出願人・権利者名には揺らぎが発生する場合もあり、これらを名寄せしないと正確な出願人・権利者の出願動向を把握することができない[22]。

表7　出願人・権利者名の名寄せの例

名寄せ・名義統制後	公報掲載（法人形態は除外）	
日本製鉄	日本製鉄 新日鐵住金 日新製鋼	新日本製鐵 住友金属工業
パナソニック	松下電器産業 パナソニック電工	松下電工 パナソニックＩＰマネジメント
ボッシュ	ローベルトボツシュ ロベルト・ボッシュ	
ＧＭ	ゼネラル・モーターズ　　ゼネラルモーターズ ジーエム・グローバル・テクノロジー・オペレーションズ ジーエム　グローバル　テクノロジー　オペレーションズ	

　ここでは簡易的な名寄せ方法として、法人形態（株式会社など）と不要なスペースの除去（TRIM 関数）について説明する。

　公的な研究機関は独立行政法人、国立研究開発法人など法人形態が変遷しているため、法人形態の除去を行うだけでもある程度の名寄せを行うことができる。図27は図25〜26で抽出した筆頭出願人・権利者の名寄せについて示している。

　なお、分析を行う際に名寄せをしっかり行っておくことは重要であるが、特に企業の名寄せを効率的に行う方法はなく[23]、現時点では手作業で行うほかない[24]。

21　出願人・権利者名の名寄せによる分析精度向上を図った例については大石宏晶ほか「出願人名の名寄せを利用した特許出願件数の伸びに関する分析」（「研究・イノベーション学会 年次大会講演要旨集」30巻740頁［2015］）を参照されたい。また、この研究成果として科学技術・学術政策研究所から NISTEP 企業名辞書が公開されている。

22　社名変更や吸収合併だけではなく、子会社を親会社に含めて名寄せを行う際に重要である。著者はクライアントからの依頼に応じて子会社まで含めて名寄せを行うか否かを使い分けている。

筆頭出願人・権利者	筆頭出願人・権利者(名寄せ)	出願人/権利者
大谷　広海		大谷　広海
太平洋セメント株式会社		太平洋セメント株式会社

名寄せを行うために、1列追加ておく

筆頭出願人・権利者の列を選択して［ホーム］→［検索と置換］→［置換］（Ctrl＋H）

検索する文字列に法人形態を入力し、置換後の文字列はブランク

↓

筆頭出願人・権利者	筆頭出願人・権利者(名寄せ)	出願人/権利者
大谷　広海		大谷　広海
太平洋セメント		太平洋セメント株式会社
アクト・ノード		株式会社アクト・ノード
九研		株式会社九研
リージョナルフィッシュ		リージョナルフィッシュ株式
日本電気		日本電気株式会社

法人形態が除外される

＊株式会社以外に有限会社、独立行政法人、国立研究開発法人、国立大学法人、学校法人などを除外する

↓

筆頭出願人・権利者	筆頭出願人・権利者(名寄せ)	出願人/権利者
大谷　広海	=TRIM(H3)	大谷　広海
太平洋セメント		太平洋セメント株式会社
アクト・ノード		株式会社アクト・ノード
九研		株式会社九研
リージョナルフィッシュ		リージョナルフィッシュ株式
日本電気		日本電気株式会社

TRIM関数を用いて不要なスペースを除去する（先頭または末尾のスペースが除外される）

図27　筆頭出願人・権利者の名寄せ（法人形態・不要なスペースの除去）

23　一部有料データベースでは最新の社名を反映している場合もあるが、原則として反映されていないものとして考えていたほうが安全である。また、仮に最新社名に名寄せされている場合であっても、統計解析を行う前にチェックしておくほうがよいであろう。
24　著者はこれまでの過去の分析プロジェクトで行った名寄せデータを1つにまとめた名寄せ辞書を作成している。しかし、外国特許分析を行う際は毎回新たな名寄せ対象名義が登場するため終わりは見えていない。

　図28に法人形態および不要なスペースを除去する前と除去した後の筆頭出願人・権利者データについて示す（整理前・整理後の違いを分かりやすくするために、元々の出願人・権利者名に"法人"を含んでいるデータをフィルターで抽出している）。

筆頭出願人・権利者	筆頭出願人・権利者(名寄せ)	出願人/権利者
ベルテクネ	ベルテクネ	ベルテクネ株式会社,国立大学法人九州工業大学
ニップン	ニップン	株式会社ニップン,国立研究開発法人水産研究・教育機
北海道大学	北海道大学	国立大学法人北海道大学
鹿児島大学	鹿児島大学	国立大学法人　鹿児島大学
千葉工業大学	千葉工業大学	学校法人千葉工業大学,株式会社ＡｍａｔｅｒＺ,日建
近畿大学	近畿大学	学校法人近畿大学,有限会社情報科学研究所
横河電機	横河電機	横河電機株式会社,独立行政法人国立高等専門学校機構
農業・食品産業技術総合研究	農業・食品産業技術総合研究	国立研究開発法人農業・食品産業技術総合研究機構
塩水港精糖	塩水港精糖	塩水港精糖株式会社,学校法人東海大学
東海国立大学機構	東海国立大学機構	国立大学法人東海国立大学機構
三重大学	三重大学	国立大学法人三重大学,国立大学法人東海国立大学機
東海大学	東海大学	学校法人東海大学,株式会社坂本技研,独立行政法人国
近畿大学	近畿大学	学校法人近畿大学,公立大学法人福井県立大学,国立研

図28　筆頭出願人・権利者の整理前（右）・整理後（真ん中）

　法人形態が除かれた筆頭出願人・権利者のみが抽出されている。また、4行目の「国立大学法人　鹿児島大学」は法人形態のみを除去すると「　鹿児島大学」となり、先頭にスペースが入ってしまうが、TRIM 関数によってスペースが除去されていることが分かる。

3.3.6　その他の項目の整理
　以上、説明してきた日付、分析項目（特許分類・キーワード）、出願人・権利者以外に整理する項目としては、例えば権利状況やパテントファミリー（対応外国出願）がある。

　権利状況について、各特許が調査時点で公開段階であるのか、それとも登録まで至っているのか、その技術分野の権利化の進捗状況や各出願人の権利化戦略を把握することができる。また、パテントファミリーを整理すれば、どのような国々へ出願が展開されているのか把握することができる。

　さらに、商用データベースからは包袋閲覧請求数や情報提供数、異議申立てなどさまざまな情報をダウンロードすることができる。これらのデータ項目を活用することで特許の出願経過面から見た特許価値評価を行うことも可能である[25]。

　ここでは J-PlatPat の［CSV 出力］で出力可能な公開番号、登録番号[26]を用いて権利化段階（公開・登録段階）について整理する方法について説明する。ここで留意しておくべき点は、J-PlatPat からダウンロードできるのは登録まで至っているか否かであり、あくまでも権利状況・ステータスではないということである。仮に登録番号があっても権利存続中か権利消滅済みかは各公報の［経過情報］から確認する必要がある[27]。

　図29に権利化段階（公開・登録段階）の整理方法について示す。権利化段階を整理するためにはフィルターを用いる。まず、登録番号があるものを抽出し、権利化段階の列に［登録］と入力する[28]。次いで、権利化段階で［登録］が含まれていないブランクの出願を抽出し、［公開］とする。これにより各特許を公開段階か登録段階かに層別化することができる。

25　特許価値評価についてはパテントリザルト社のパテントスコアや PatentSight の Patent Asset Index、Technology Relevace などがあるが、商用データベースからダウンロードした項目から独自の特許価値評価を行うことも可能である。独自の特許スコアリング・レイティングについては拙稿「特許スコアリング・レイティングの活用方法」（「知財管理」73巻 4 号418頁［2023］）を参照されたい。

26　公告番号もダウンロード可能であるが、一般的な分析対象期間である20年間（本書出版時であれば2003年出願以降）で公告番号が付与される特許はないため省略している。

27　商用データベースであれば権利状況・ステータスがダウンロード可能である。著者は「○：権利存続中」「△：公開・審査中」「×：消滅済」の 3 つで整理している（△の公開とは審査請求期間内を意味し、審査請求期間を過ぎたものは×としている）。なお、Lens.org は無料データベースであるが権利状況・ステータスをダウンロードできる（**第 4 章 COLUMN** 参照）。

28　一般的には公開公報を経て登録公報が発行されるため、公開番号から始めると登録番号があるものも一緒にフィルターで抽出してしまうため、登録番号から整理するほうがよい。なお、公開公報発行前に早期権利化されている場合や無審査実用新案であれば、公開番号がなく登録番号のみということもあり得る。

権利化段階について整理するための列（ここでは B 列）を挿入

登録番号のフィルターから、末尾の［空白セル］のチェックを外し、登録番号のあるもののみを抽出

権利化段階の列を範囲選択し、［登録］と入力。セルがアクティブな状態時に、Ctrl＋Enter を押すと選択された範囲に一括入力できる

続いて権利化段階のフィルターから［登録］のチェックを外し、空白セル（＝登録番号がない出願）を抽出し、［登録］の時と同様に［公開］と入力

権利化段階について整理できた

図29　権利化段階（公開・登録段階）の整理

3.4 ピボットテーブルの基礎知識

3.4.1 ピボットテーブルによるパテントマップ作成の流れ

　ピボットテーブルとは MS Excel が搭載しているクロス集計機能である。分析用特許リストは、1行ごとに特許1件の出願年、分析項目、出願人・権利者、発明の名称といった特許情報が掲載されている。このリストからは特定の出願人・権利者が、ある出願年に何件出願しているかカウントすることはできない。ピボットテーブルとは複数の項目（出願年、分析項目、出願人・権利者など）から任意に選んだ項目の交点を集計するための機能である。

　ピボットテーブルによるパテントマップ作成の流れを図30にまとめた。前節で加工・整理したリスト形式の分析用特許リストをピボットテーブルにより集計することで、例えば行に出願年、列に出願人のマトリックス形式に変換する。そして、このマトリックスの集計結果を基にグラフ（＝パテントマップ）を作成する。

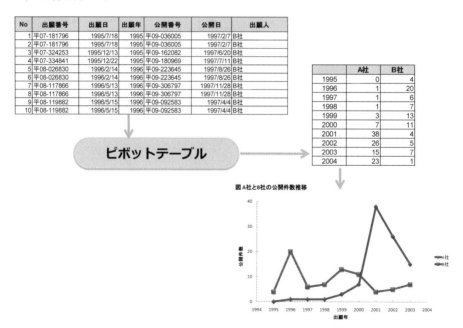

No	出願番号	出願日	出願年	公開番号	公開日	出願人
1	平07-181796	1995/7/18	1995	平09-036005	1997/2/7	B社
2	平07-181796	1995/7/18	1995	平09-036005	1997/2/7	B社
3	平07-324253	1995/12/13	1995	平09-162082	1997/6/20	B社
4	平07-334841	1995/12/22	1995	平09-180969	1997/7/11	B社
5	平08-026830	1996/2/14	1996	平09-223645	1997/8/26	B社
6	平08-026830	1996/2/14	1996	平09-223645	1997/8/26	B社
7	平08-117866	1996/5/13	1996	平09-306797	1997/11/28	B社
8	平08-117866	1996/5/13	1996	平09-306797	1997/11/28	B社
9	平08-119882	1996/5/15	1996	平09-092583	1997/4/4	B社
10	平08-119882	1996/5/15	1996	平09-092583	1997/4/4	B社

ピボットテーブル

	A社	B社
1995	0	4
1996	1	20
1997	1	6
1998	1	7
1999	3	13
2000	7	11
2001	38	4
2002	26	5
2003	15	7
2004	23	1

図 A社とB社の公開件数推移

図30　ピボットテーブルによるパテントマップ作成の流れ

3.4.2　ピボットテーブルの基本操作

　それでは特許情報分析・パテントマップ作成の肝となるピボットテーブルの操作方法について見ていこう。図31に示すように［挿入］タブ→［ピボットテーブル］を選択すると、ピボットテーブルウィザードが立ち上がる。

　ワークシートの1行目に番号、日付、出願人・権利者などのリスト項目（表頭）がない場合であっても、カーソルがリスト中のいずれかにあれば、ピボットテーブルが自動的に範囲選択を行うが、自動的に範囲選択されない場合は自分自身で集計対象となるリスト全体を範囲選択する必要がある。また、集計対象リストの一部を範囲選択している場合は、その領域を対象にピボットテーブルが生成されるため、適切な範囲を選択しておかなければならない。

　ピボットテーブルウィザードでは、何も変更せずに［OK］ボタンを押せば、新規のピボットテーブルが表示される。フィールドリスト（出願番号、出願日、出願年…）からフィールドリスト下部のフィルター、列、行、Σ値へドラッグすることにより集計を行う。

　ピボットテーブルのシート上でフィールド（出願年、出願人・権利者など）を列フィールド等へドラッグすると、デフォルトの設定ではフィールドの文字数によりピボットテーブルのレイアウトが自動調整されてしまう。このレイアウトの自動調整の解除する際は、図32に示したように、［ピボットテーブル　オプション］の［レイアウトと書式］および［表示］の設定を変更する。

　図33〜34にピボットテーブルの基本的な操作例を示した。まず、出願年をフィールドリストから列フィールドへドラッグする。すると列フィールドが出願年となった。次に出願人をフィールドリストから行フィールドへドラッグすると、行フィールドが出願人となった。最後に出願番号をΣ値へドラッグすると、各出願人の出願年ごとの件数が表示される。

　ピボットテーブルの操作はフィールドから出願年や筆頭出願人（統制）等の項目をドラッグするだけである。また、列フィールドから出願年を削除したい場合は、列フィールドの"出願年"ボタンをフィールドへ戻すと、簡単に削除することができる。するとピボットテーブルでは行フィールドの出願人、列フィールドがブランクなので、出願人別の件数が表示される。

　なお、ピボットテーブル上で項目をフィールドに追加・削除しても元のデータには全く影響を及ぼさないので、ドラッグする項目を間違えた場合は慌てずに項目を削除すればよい。

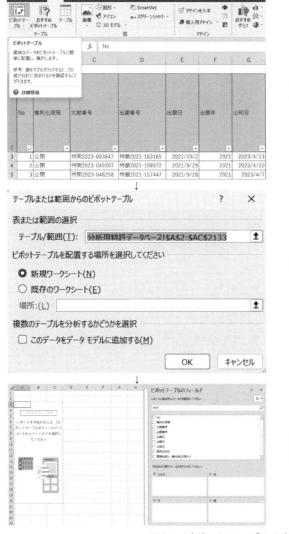

[挿入] → [ピボットテーブル]
を選択する

ピボットテーブルウィンドウが
立ち上がる

ここでは何もせずに [OK] ボタ
ンをクリックする

新規のピボットテーブルが新し
いワークシートに生成される

図31　ピボットテーブルの起動

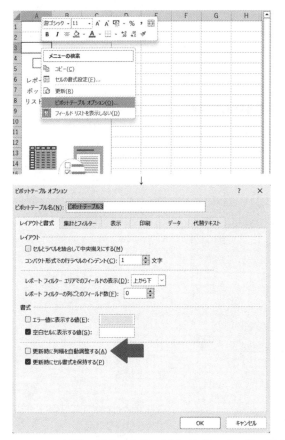

ピボットテーブル上で右クリックして［ピボットテーブルオプション］を選択する

［挿入］→［ピボットテーブル］の▼から［オプション］を選択してもよい

［レイアウトと書式］から［更新時に列幅を自動調整する］のチェックを外す

これでピボットテーブルのレイアウトが自動調整機能が解除される

図32　ピボットテーブルオプション（レイアウトの自動調整の解除）

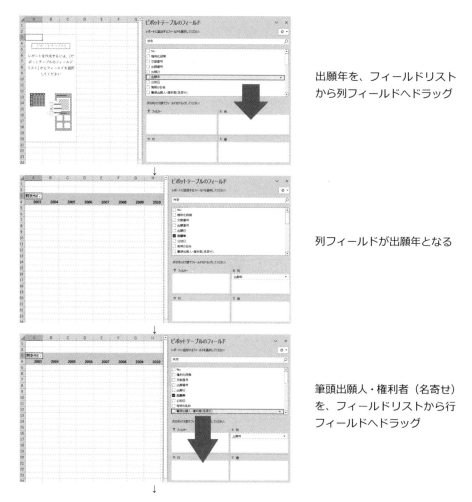

出願年を、フィールドリスト
から列フィールドへドラッグ

列フィールドが出願年となる

筆頭出願人・権利者（名寄せ）
を、フィールドリストから行
フィールドへドラッグ

図33　ピボットテーブルの操作例①

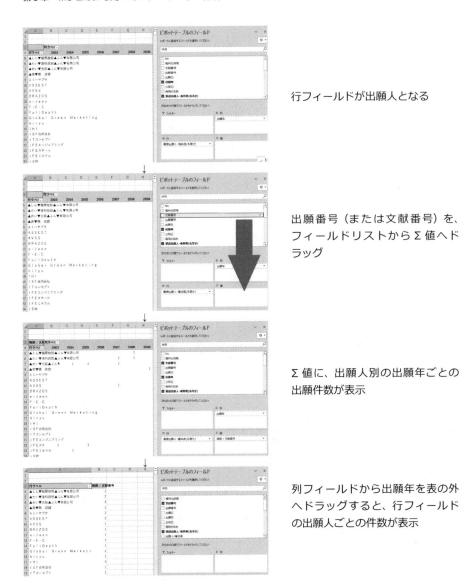

行フィールドが出願人となる

出願番号（または文献番号）を、フィールドリストからΣ値へドラッグ

Σ値に、出願人別の出願年ごとの出願件数が表示

列フィールドから出願年を表の外へドラッグすると、行フィールドの出願人ごとの件数が表示

図34　ピボットテーブルの操作例②

　ピボットテーブルの基本操作はこれで終了である。あとはこのピボットテーブルで集計した結果をグラフ化する作業に移る。

　説明を省略していたが、ピボットテーブルで新規シートを作成すると Excel2019では［ピボットテーブル分析］［デザイン］タブを含むピボットテーブルツールが、Office 365では［ピボットテーブル分析］［デザイン］タブが表示される[29]。

図35　ピボットテーブルツール（上：Excel2019、下：Office 365）

　このピボットテーブルツール［ツール］→［ピボットグラフ］からピボットグラフを作成することも可能であるが、本書ではピボットテーブルでグラフ作成用データを集計するところまでを行う。集計した結果をコピーして、新たなワークシートへ値で貼り付け[30]、［挿入］タブの［グラフ］を用いて行う。

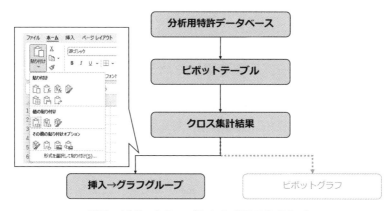

図36　ピボットテーブルからグラフ作成まで

29　ピボットテーブルで作業中に誤ってフィールドリストを消してしまった場合は、［ピボットテーブル分析］にある［表示］から［フィールドリスト］を選択すれば再度表示される。
30　値での貼り付けは図 36中にもイメージを掲載しているが、［ホーム］→［貼り付け］→［値の貼り付け］から一番左側のアイコンを選択すればよい。

　参考のために、**図37**にピボットグラフの例を示す。ピボットグラフはピボットテーブルの集計結果に基づいて生成され、**図37**の例では出願年や筆頭出願人・権利者名（統制）がフィルターコントロールで表示されており、このフィルターコントロールをクリックすることによりインタラクティブにピボットグラフを操作することができる。

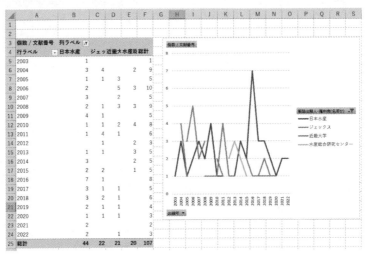

図37　ピボットグラフの例

3.5　ピボットテーブルを活用したパテントマップの作成

3.5.1　ピボットテーブルの基本配置

　ピボットテーブルの操作方法は非常に簡単である。フィールドから項目を行フィールドや列フィールド、Σ値にドラッグするだけでクロス集計結果が表示される。ピボットテーブルを用いてパテントマップを作成する場合、行フィールド・列フィールド・Σ値にどの項目（出願年、分析項目、出願人など）をドラッグすればよいか考えながら作業を進めていくことが最も重要である。

　量・推移・比率・比較のそれぞれの視点でのパテントマップ作成を進めるに当たって、ピボットテーブルの基本配置（どの項目をどのフィールド・エリアに置くか）について**図38**にまとめた。

	筆頭出願人や筆頭 IPC・FI など （1 出願 - 1 項目）		分析項目が複数 （1 出願 - 多項目）	
累積 **・量** **・比率**	フィルター	列	フィルター	列
		出願人 筆頭 IPC・FI その他分析項目		出願人 筆頭 IPC・FI その他分析項目
	行	Σ 値	行	Σ 値
	出願人 筆頭 IPC・FI その他分析項目	出願番号 文献番号	出願人 筆頭 IPC・FI その他分析項目	分析項目（複数 列にまたがる場 合）
時系列 **・推移**	フィルター	列	フィルター	列
		出願人 筆頭 IPC・FI その他分析項目		出願人 筆頭 IPC・FI その他分析項目
	行	Σ 値	行	Σ 値
	出願年 公開年 登録年 最先優先年	出願番号 文献番号	出願年 公開年 登録年 最先優先年	分析項目（複数 列にまたがる場 合）
	注）「行」と「列」が逆でも構わない		注）出願年等は「列」でもよい	

図38　ピボットテーブルの基本配置

　基本的な配置について示したので、この基本配置を覚えた後は、読者自ら
がいろいろと試行していただきたい。

　次ページの**表8**ではサンプルデータとして J-PlatPat、PatentSQUARE で
作成した特許リストデータをベースに、ピボットテーブルの操作方法および
パテントマップ作成について説明していく。以下に2つのリストに掲載され
ている主な項目についてまとめた。

　なお、本文中に特に断りがない場合は J-PlatPat の特許リストを用いてピ
ボットテーブルの操作方法およびパテントマップ作成について説明している。

表8　サンプルデータに掲載されている主な項目

	J-PlatPat	PatentSQUARE
番号データ	出願番号、公開番号、公告番号、登録番号、審判番号	出願番号、公開番号、登録番号など
日付データ	出願日、公知日	出願日、公開日、登録日など
機関・人データ	出願人	出願人、発明者、代理人
テキストデータ	発明の名称	発明の名称、要約
分類データ	FI（ファイルインデックス）	IPC、FI、Fターム
分析項目データ	（FIベース） 養殖対象 　●魚 　●動物プランクトン 　●海綿、ウニまたはナマコ 　●環形動物 　●貝類 養殖技術 　●浮遊式養殖装置 　●人工漁礁・人工礁 　●給餌装置 　●水棲動物の選別など	（Fターム） 対象魚介類 　●魚類 　●イカ・タコ 　●甲殻類（エビなど） 　●貝類 　●環形動物 　●動物プランクトン 　●その他の水産生物 養殖技術 　●養殖方法 　●水槽 　●生簀 　●沿岸仕切り養殖場 　●給餌装置 　●養殖環境の管理 　　➤養魚水の操作 　　➤酸素 　　➤温度 　　➤汚物の濾過 　　➤濾過材・浄化材 　　➤水質の浄化 　　➤照明 　●魚介類生息環境の改善
その他	文献URL	権利状況、被引用文献数、特徴語、パテントファミリー　など

3.5.2 量を把握する－ランキングマップ・件数分布マップ

　量を把握するためのパテントマップとしては、横棒グラフが一般的である[31]。出願人ごと、または分析項目ごとの累積件数、または一定期間の出願件数を把握する、といったように量を把握することは分析の基本である。

　図38に量（累積）を把握するためのピボットテーブルの配置について示したとおり、量の把握のための配置には二通りある。1つ目は、行フィールドに出願人（サンプルデータでは筆頭出願人・権利者）、または分析項目（J-PlatPatのサンプルデータでは筆頭FIサブクラス、メイングループ、サブグループ）、Σ値には出願番号または公開番号を配置することで、筆頭出願人別件数や分析項目別件数を把握する方法である。2つ目は分析項目が複数列に分かれている場合（J-PlatPatのサンプルデータでは3.3.4②で説明した方法でFIサブグループを用いて、PatentSQUAREのサンプルデータではFタームを複数列の分析項目へ分類展開）、行フィールドには何もドラッグせずに、Σ値にのみ各分析項目をドラッグする方法である。

　図39〜42に筆頭出願人ランキングマップの作成方法を示す。ピボットテーブルの新規シートを作成したら、行フィールドに筆頭出願人、Σ値に文献番号（出願番号）をドラッグすると、筆頭出願人別の累積件数が集計される。この状態では筆頭出願人名でソートされているので、ランキングマップ作成のために件数の多い順でソートする。図39で説明しているように、累積件数のいずれかのセル上で右クリックして表示されるウィンドウから［並べ替え］→［降順］を選択する（そのほかに累積件数のいずれかのセル上にカーソルを置いた状態で［データ］タブ→［並べ替えとフィルター］→［並べ替え］からZ→Aを選択）。ソートすると図40のように件数の多い順になる。

　パテントマップを作成する際は、集計までをピボットテーブルで行い、グラフは［挿入］→［グラフツール］から作成する。そのためピボットテーブルで集計した結果をコピーして、新しいワークシートへ［形式を選択して貼り付け］→［値］で貼り付ける。

31　縦棒グラフを用いた量を把握するためのパテントマップも時折見かけるが、著者としては横棒グラフをお勧めする。

　グラフを作成したら、グラフタイトルや軸の書式設定などを行い、筆頭出願人ランキングマップとしての体裁を整える。

サンプルの J-PlatPat リストを開いて、ピボットテーブルを起動

左のような新規シート作成まで行う

行フィールドに筆頭出願人、Σ 値に文献番号（または出願番号）をドラッグ

筆頭出願人ごとの件数が集計されたが、筆頭出願人の ABC 順・50 音順にソートされている

集計された累積件数のセル上で右クリックすると、左図のようなプルダウンメニューが表示

このメニューの中から［並べ替え］→［降順］を選択

筆頭出願人データの上で右クリックをすると筆頭出願人の並べ替えになってしまうので注意

図39　筆頭出願人ランキングマップの作成①

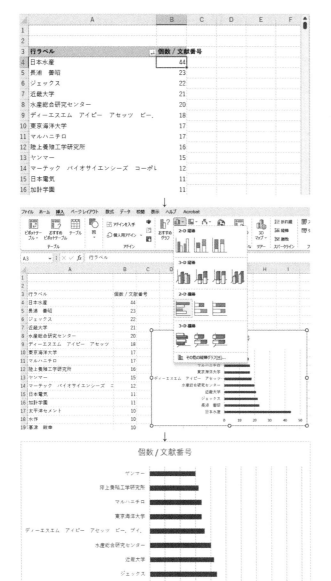

累積件数の多い順にソートされた

ピボットテーブルで集計したデータをコピーして、新しいワークシートへ［形式を選択して貼り付け］→［値］で貼り付ける

ここでは累積件数 15 件以上を対象にランキングマップを作成

マップ化対象範囲を選択の上、［挿入］タブから 2-D 横棒グラフを選択

合計件数が 15 件以上の筆頭出願人ランキングマップが完成したが、件数の最も多い出願人（日本水産）が一番下になっている

図40　筆頭出願人ランキングマップの作成②

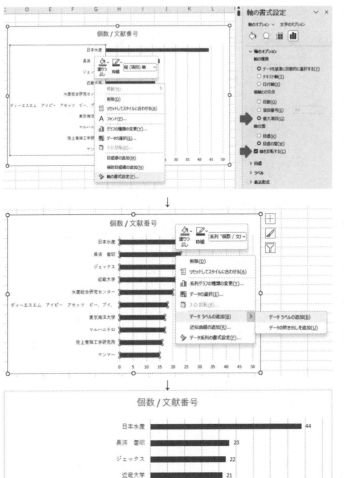

最多件数の出願人を
上に配置するため
に、出願人データ上
で右クリックして、
[軸の書式設定]を
表示

左図のように
・最大項目
・軸を反転する
の2項目をチェック

出願人の累積件数を
表示させるために
は、横棒グラフ上で
右クリックし、[デー
タラベルの追加]を
選択する

各出願人の横棒右に
累積件数が表示され
る

図41　筆頭出願人ランキングマップの作成③

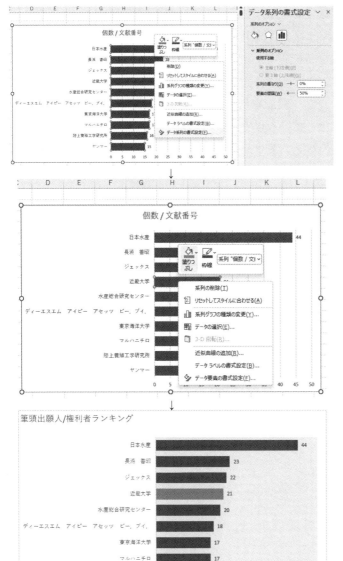

横棒グラフの幅を太くしたい場合、横棒グラフ上で右クリックし、[データ系列の書式設定]を選択し、要素の間隔を50など小さな値に設定すると、横棒グラフの幅が太くなる

特定出願人の横棒グラフのみ色を変更したい場合は、1回横棒をクリックし、色を変更したい横棒のみをもう1回クリックして、特定横棒のみを選択

選択された横棒グラフ上で右クリックし、色を変更

筆頭出願人ランキングマップが完成

最後に、グラフタイトルやデータラベルは[デザイン]→[グラフ要素を追加]から適宜追加する

図42 筆頭出願人ランキングマップの作成④

　図43〜44には、件数分布マップの例として分析項目に筆頭 FI サブグループを用いた分析項目マップの作成方法を示した。筆頭出願人ランキングマップと異なるのは、行フィールドへドラッグする項目が筆頭 FI サブグループである点と、ランキングマップと異なり件数の分布を把握するマップなのでソートをせず、フィルター機能を用いて累積30件以上の筆頭 FI サブグループに限定してマップ化している点である。

　量を把握するためのパテントマップの最後に、分析項目が複数の列に分かれている場合のピボットテーブルの操作方法について図45に示す。J-PlatPat サンプルデータのように分析項目－「魚」「動物プランクトン」「海綿，ウニまたはナマコ」「環形動物」「貝類」－が複数列に分かれている場合は、Σ値に5項目をドラッグしていく。すると分析項目別の件数が集計される。

　量を把握するためのピボットテーブルの操作方法は、MS Excel によるパテントマップ作成方法の基本となるので、読者が持っているデータでも実際に試してみて、ぜひとも習得していただきたい。

筆頭出願人ランキングのときと同様、左のような新規シート作成まで行う

行フィールドに筆頭 FI サブグループ、Σ 値に文献番号（または出願番号）をドラッグすると、筆頭 FI サブグループごとの件数が集計される

累積件数 30 件以上の筆頭 FI サブグループに絞り込むため、行ラベルのフィルターボタンをクリックして、値フィルターから「指定の値以上」を選択

図43　分析項目（筆頭 FI サブグループ）マップの作成①

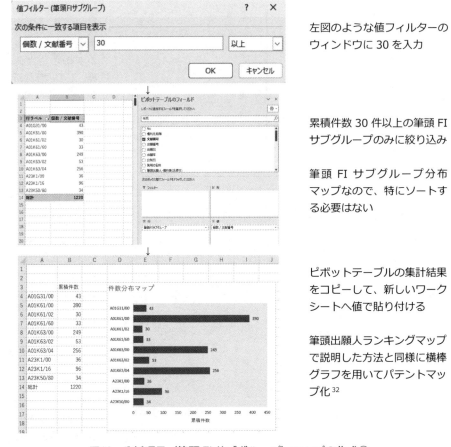

左図のような値フィルターの
ウィンドウに 30 を入力

累積件数 30 件以上の筆頭 FI
サブグループのみに絞り込み

筆頭 FI サブグループ分布
マップなので、特にソートす
る必要はない

ピボットテーブルの集計結果
をコピーして、新しいワーク
シートへ値で貼り付ける

筆頭出願人ランキングマップ
で説明した方法と同様に横棒
グラフを用いてパテントマッ
プ化 [32]

図44　分析項目（筆頭 FI サブグループ）マップの作成②

32　特許分類を用いた件数分布マップを作成する場合、特許分類をそのまま掲載するのではなく、
　　特許分類の定義も合わせて掲載するとよい。さらに、特許分類の定義もそのままでは分かりに
　　くいため、意訳してマップに掲載するとより分かりやすい（例えば A01G31/00「土なし栽培, 例.
　　水耕栽培」であれば「水耕栽培」）。

図45　分析項目（複数列にまたがる場合）マップの作成

分析項目が複数列に渡っている場合は、分析項目をΣ値にドラッグ

列にΣ値が表示

列に表示されたΣ値を行へ移動すると左図のような集計結果が得られた

ピボットテーブルの集計結果をコピーして、新しいワークシートへ値で貼り付ける

横棒グラフを用いてパテントマップ化

3.5.3　推移を把握する－件数推移マップ

　量を把握したら、次はその時間的推移を把握するためのマップ作成に移る。推移を把握するためのピボットテーブルの配置は図38の下段に示した。

　図38の上段の量（累積）を把握するためのピボットテーブルの配置と異なるのは、行フィールドに出願年を配置している点である（出願年などの年データは行フィールドではなく、列フィールドに配置しても問題ない）。

　図46〜47に最も基本的な分析対象母集団全体の件数推移マップの作成方法を示す。列フィールドには何もドラッグせずに、行フィールドに出願年、Σ値に文献番号（または出願番号）をドラッグする。これで出願年ごとの件数推移が集計される。この集計データを新しいシートにコピーして、［挿入］タブから縦棒グラフを選択して件数推移マップを作成する。この件数推移マップのグラフ種類を縦棒グラフから折れ線グラフに変更したい場合は、グラフ上で右クリックをして“系列グラフの種類の変更”から折れ線を選択することで、簡単に折れ線の件数推移マップを作成することができる。

　複数項目の件数推移を見たい場合は3-D縦棒グラフ（折れ線グラフやバブルチャート、条件付き書式の他、スパークラインでも表現が可能である。条件付き書式およびスパークラインについては3.5.6②・③を参照）で件数推移マップを作成する。図48〜54には筆頭出願人件数推移マップの作成方法について示した。図39〜42で筆頭出願人ランキングを作成する際にピボットテーブルを作成したが、このピボットテーブルの列フィールドに出願年をドラッグして追加するだけで、筆頭出願人別件数推移が集計できる。全ての筆頭出願人についてマップ化すると項目数が非常に多くなってしまうので、サンプルとして累積件数20件以上の上位5筆頭出願人の件数推移マップを作成した。ピボットテーブルでの集計後、［挿入］タブから3-D縦棒を選択し、グラフを作成する。完成したマップの角度などを調整するためには、グラフ上で右クリックをして［3-D回転］を選択しY方向の回転や奥行きを設定する。

　最後に件数推移マップを作成する上での留意点を述べる。特許情報は出願されてから1年半（18カ月）後に出願公開される。よって、検索時期（データベースの収録範囲）によっては、直近2〜3年の出願分は確定値ではない。件数推移マップを作成すると直近が減少しているように見えてしまい、知財に詳しくない経営層や事業部門の方々が見ると「出願件数が減少しているのではないか？」という誤ったメッセージを送ってしまうおそれがある。

ピボットテーブルを起動し、左のような新規シート作成まで行う

列フィールドに出願年、行フィールドに筆頭出願人、Σ値に文献番号（または出願番号）をドラッグする

筆頭出願人を累積件数の多い順にソート

集計結果をコピーして、新しいワークシートに値で貼り付け

図48　筆頭出願人件数推移マップの作成①

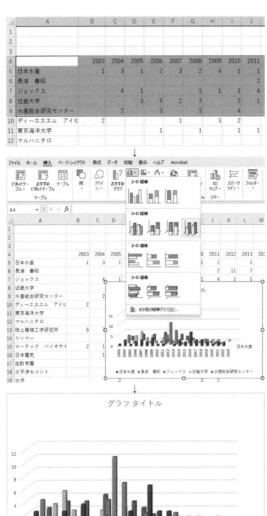

3-D 縦棒グラフを用いて筆頭出願人件数推移マップを作成する場合、マップ化対象の累積件数 20 件以上の 4 社について左図のように範囲選択

[挿入] タブから 3-D 縦棒を選択してグラフ作成

3-D 縦棒グラフを用いた筆頭出願人件数推移マップができたが、見やすくするために軸の書式設定などを行う必要がある

図49　筆頭出願人件数推移マップの作成②

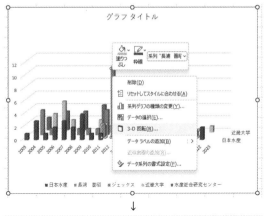

3-D 回転することで、マップをより見やすくするために、3-D 縦棒上で右クリックし、ポップアップするウィンドウから［3-D 回転］を選択

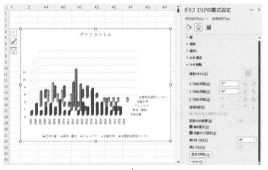

Y 方向に回転と奥行きの数値を設定し、マップの見やすさを調整

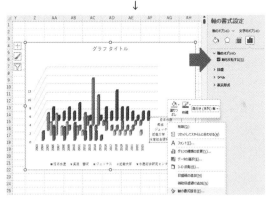

累積件数の最も多い出願人が手前に表示されているため反転。出願人データの上で右クリックし、［軸の書式設定］から軸を反転するにチェック

グラフタイトルやデータラベル等は［グラフ要素の追加］から適宜追加

図50　筆頭出願人件数推移マップの作成③

3.5.4　比率を把握する－構成比マップ・シェアマップ

　量や推移の把握では実数（件数）ベースでのマップを作成してきた。特許情報分析に限ったことではないが、実数ベースだけでなく比率ベースで分析することも重要である。ここでは筆頭出願人構成比マップ（シェアマップ）と、分析項目別構成比推移マップの作成方法について見ていく。前項・前々項で説明した量および推移の把握のための配置が、比率を把握するためのマップ作成の基本となる。

　図51～52に筆頭 FI メイングループ構成比マップ[35]の作成方法について示した。筆頭 FI メイングループの集計方法については、**図39～42**で説明した筆頭出願人ランキングマップの作業と同じである。何も加工せずに筆頭 FI メイングループのランキングから構成比マップを作成しようとすると、筆頭 FI メイングループの数が非常に多いため見にくいグラフとなる。そこで累積件数の少ない筆頭 FI メイングループの "その他" としてまとめるための作業が必要となる。本項の例では累積件数が30件未満の筆頭 FI メイングループを "その他" としてまとめた。改訂版ではピボットテーブル上でグループ化する方法について説明していたが、今回は単純に "その他" に含まれる筆頭 FI メイングループの件数を SUM 関数で足し合わせる方法を紹介している。"その他" がまとまったら、集計データを基に円グラフで筆頭出願人構成比マップを作成する。

　図53～54では比率の推移を見るためのマップ（構成比推移マップ）の作成方法について説明している。ピボットテーブルの新規シートを作成して、列フィールドに出願年、行フィールドに筆頭 FI メイングループ、Σ値に文献番号（または出願番号）をドラッグし、累積件数が30件以上の筆頭 FI メイングループのみを抽出して出願年別の筆頭 FI メイングループ構成比の推移を見る。構成比推移マップには100% 積み上げ縦棒グラフを用いている。

35　著者は構成比マップとは原則として MECE（重複や漏れがない）な項目を対象に作成するものと考えている。筆頭出願人や筆頭 FI メイングループは1件1項目であるため、全体として100% になるが、J-PlatPat や PatentSQUARE リストに掲載している分析項目（FI ベース・F タームベースで整理）は MECE にはなっていないので、足しても100% にはならない（分析母集団の数を超えてしまう）。このような場合は**図55**以降で説明する方法で対応するとよい。

各年で積み上げて100％になるように、30件未満の筆頭FIメイングループは"その他"としてまとめている。

筆頭FIメイングループをピボットテーブルで集計し、累積件数の多い順で並び替え

行ラベル	個数 / 文献番号
A01K63	590
A01K61	565
A23K1	185
A01G31	44
A01G33	37
A23K50	35
C02F1	32
A61K31	32
C12N1	28
A23L1	27

集計結果をコピーして新しいワークシートへ値で貼り付け

累積件数の少ない筆頭FIメイングループを"その他"としてまとめる。左の例では、累積件数が30件未満を"その他"とする

行ラベル	個数 / 文献番号
A01K63	590
A01K61	565
A23K1	185
A01G31	44
A01G33	37
A23K50	35
C02F1	32
A61K31	32
その他	=SUM(B14:B197)
C12N1	28

SUM関数を用いて、累積件数が30件未満の筆頭FIメイングループの件数の和を取る

一番末尾は総計であるため、総計まで含めないように注意する

図51 分析項目（筆頭FIメイングループ）構成比マップの作成①

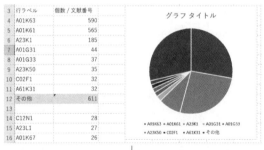

[挿入] → [グラフツール] から円グラフを選択して、構成比マップを作成

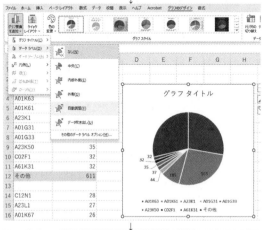

[グラフ要素の追加] から [データラベル] → [自動調整] を選択

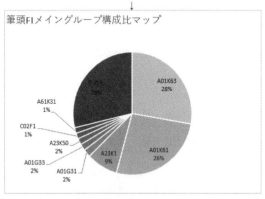

ラベル上で右クリックし、[データラベルの書式設定] から表示するラベルの内容として、「分類名」「パーセンテージ」を選択し、グラフタイトルを追加、凡例を削除して、筆頭出願人構成比マップが完成

図52　分析項目（筆頭 FI メイングループ）構成比マップの作成②

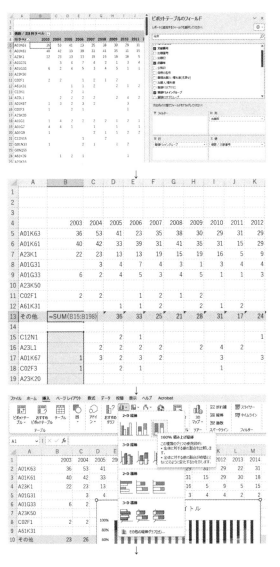

分析項目構成比推移マップを作成するために、列フィールドに出願年、行フィールドに筆頭 FI メイングループ、Σ 値に文献番号（または出願番号）を配置

累積件数の多い順に並び替える

新しいワークシートへ値で貼り付けて、30 件未満を SUM 関数を用いて "その他" としてまとめる

データを範囲選択して、[挿入] タブから 2-D 縦棒・100% 積み上げ縦棒を選択

図53　分析項目（筆頭 FI メイングループ）構成比推移マップの作成①

　また、構成比推移マップ作成の過程でマップの行と列が意図に反して逆になってしまう場合がある。その際は**図54**のように行／列を入れ替えればよい。本項の構成比推移マップ作成に限らず、マップの行・列が意図したものと異なる場合は同様の方法で対応していただきたい。

　図51～**54**の構成比マップおよび構成比推移マップでは、"その他"を含めることで、円グラフや積み上げ縦棒グラフが100%になるように調整していた。しかし、サンプルデータの J-PlatPat や PatentSQUARE の特許リストに掲載している分析項目は、1出願に対して複数の分類が付与されていることもあるため、足し合わせた際に100%にならない。

　このように1出願複数項目が付与されている場合の構成比マップや構成比推移マップについては、全体の中で何%を占めるか量的に示せばよい。つまり、量を把握するパテントマップ作成方法である。ただし、事前に構成比（全体の中で何%を占めるか）について算出する必要がある。

　ここでは PatentSQUARE の特許リストの分析項目である対象魚介類〈魚類、イカ・タコ、甲殻類（エビなど）、貝類、環形動物、動物プランクトン、その他の水産生物〉を例に挙げて説明する。**図55**では複数列にまたがる分析項目の構成比マップ、**図56**では複数列にまたがる分析項目の構成比推移マップについて示した。

　いずれの場合においても、全体に占める比率を算出するために分母（＝分析母集団全体の件数）が必要である。そのためピボットテーブルでは、四法（文献番号や出願番号など1出願について確実にデータが入っていればよい）も含めて集計している。全体に占める比率を算出する以外については、**3.5.2**や**3.5.3**の量や推移を把握するためのパテントマップ作成方法と同じである。

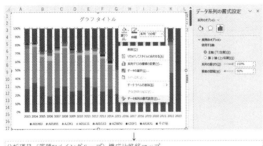

棒グラフの太さを太くするために、棒グラフ上で右クリックし[データ系列の書式設定]から[要素の間隔]を 50 にする

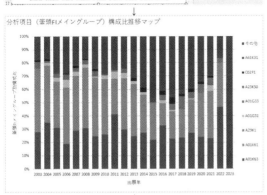

[グラフ要素の追加]や[色の変更]等でマップを加工して、分析項目（筆頭 FI メイングループ）構成比推移マップが完成

横軸に筆頭 FI メイングループ、各年の内訳として出願年の 100% 積み上げ縦棒マップとする場合は、データ系列の入れ替えを行う

棒グラフ上で右クリックし、[データの選択]をクリックし、ポップアップしたデータソースの選択ウィンドウから、[行 / 列の入れ替え]をクリックする

図54　分析項目（筆頭 FI メイングループ）構成比推移マップの作成②

新しいピボットテーブルで分析項目の集計を行う（全て Σ 値）

その際、全体に占める各分析項目の比率を算出するためのレファレンスとして四法（または文献番号・出願番号）も集計しておく

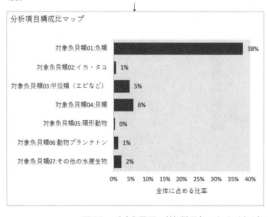

全体に占める比率を計算する（$ は絶対参照）

ここでは四法がリスト全体の件数（＝100％）になる

表示形態は標準からパーセンテージへ変更する（％表示）

各分析項目の全体に占める比率が算出できたので、横棒グラフを用いてマップを作成する

図55　分析項目（複数列にまたがる）構成比マップの作成

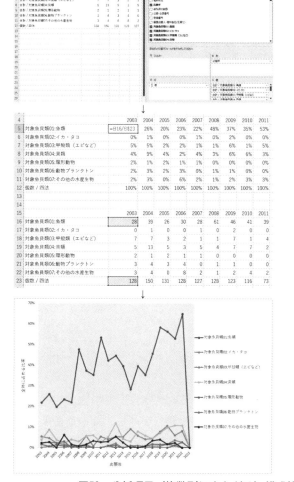

新しいピボットテーブルで分析項目別件数推移の集計を行う（分析項目をΣ値へ、出願年を列）

集計結果を新しいワークシートへ値で貼り付け

左のように集計結果をさらにコピーして、各出願年における各分析項目の比率を算出する（まとめて計算するために絶対参照を利用するとよい）

各出願年における各分析項目の比率が算出できたので、折れ線グラフを用いてマップを作成する

バブルチャートや条件付き書式でも表現可能

図56　分析項目（複数列にまたがる）構成比推移マップの作成

3.5.5　比較する―マトリックスマップ・レーダーチャート[36]

　第2章で説明した特許情報分析を行う際の4つの視点―量的視点、比率的視点、時間的視点、比較的視点―のうち、これまで3つの視点に関するパテントマップ作成の方法について解説した。最後に比較的視点のパテントマップ作成方法を説明する。ここでは、比較的視点のマップとして3-D縦棒マトリックスマップ[37]とレーダーチャートマップの作成方法を取り上げる。

　例として筆頭出願人ランキングの上位10社の筆頭 FI メイングループ別の件数分布をマトリックスマップ、レーダーチャートマップで作成する。

　図57に比較マップの作成方法について示した。まずピボットテーブルの新規シートを作成して、列フィールドに筆頭出願人・権利者、行フィールドに筆頭 FI メイングループ、Σ値に文献番号（または出願番号）をドラッグする。全ての筆頭 IPC サブクラスでは項目数が多いため、列フィールド方向（横方向）で並べ替えて、筆頭 FI メイングループの上位10分類を選択した（ここまでの説明で縦方向の並べ替えはあったが、ピボットテーブル上では横方向での並べ替えも可能である）。集計結果が得られたら図48〜50の筆頭出願人件数推移マップで説明したように、［挿入］タグから3-D縦棒グラフを選択してマップを作成する。

　図58〜59には同じ集計結果を利用してレーダーチャートマップを作成する方法について説明している。

　なお、レーダーチャートを用いるのは比較対象（ここでは出願人）同士の分布形状の違いを強調したい場合に有効である。しかし、図59で完成したレーダーチャートを見ると、日本水産の折れ線以外はよく見えない。このような場合は、各社の各筆頭 FI メイングループ別件数を各社の全体件数で割り算して、各筆頭 FI メイングループ別出願比率でレーダーチャートを描くとよい。

36　第2章の脚注でも述べたが、著者は最近の分析プロジェクトにおいてレーダーチャートはほとんど利用していない。しかしパテントマップの表現方法としては知っておくべきなので、ここで作成方法について取り上げた。

37　ここでは3-D縦棒グラフを用いた作成方法を説明するがバブルチャートや条件付き書式でも表現可能である。詳細については3.5.6で解説する。

　出願比率になるため、実数ベースでの出願の多寡ではなく、比率ベースで各社がどの技術領域（筆頭 FI メイングループ）に注力しているのかを把握することができる。

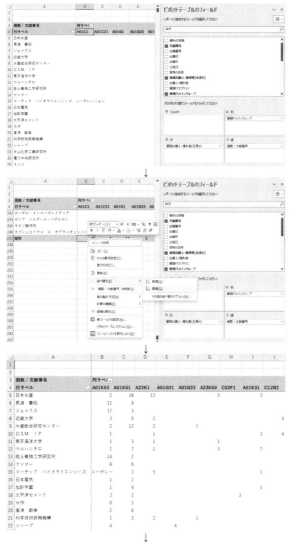

筆頭出願人ランキングのピボットテーブル集計（出願件数の多い順に並び替え）に、列に筆頭 FI メイングループをドラッグ

列方向の筆頭 FI メイングループを累積件数の多い順にソートするために、ピボットテーブル末尾の総計のいずれかのセル上で右クリックし、［並べ替え］→［降順］を選択

筆頭出願人・筆頭 FI メイングループとも累積件数の多い順に並び替えた集計結果が得られた

集計結果をコピーして、新しいワークシートへ値で貼り付ける

図57　比較マップ（3-D 縦棒マトリックス、レーダーチャート）の作成①

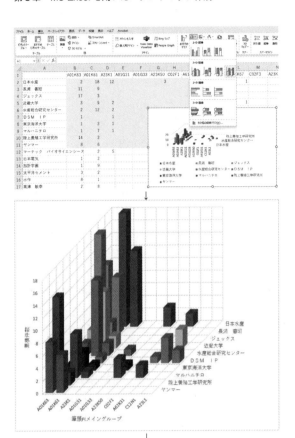

集計結果をコピーして、新しい
ワークシートへ値で貼り付け

上位 10 社、筆頭 FI メイング
ループ上位10の範囲を選択し、
3-D 縦棒グラフを作成

[グラフ要素の追加]からグラ
フタイトルや目盛り線などを追
加。また、[軸の書式設定]か
ら筆頭 FI メイングループの軸
を反転

3-D 縦棒グラフの上位出願人・
筆頭 FI メイングループマップ
が完成

同じデータ範囲を選択して、
3-D 縦棒グラフではなくレー
ダーチャートでマップを作成

図58　比較マップ（3-D縦棒マトリックス、レーダーチャート）の作成②

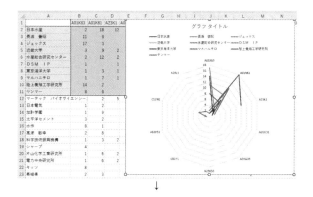

作成されたレーダーチャートは、データがないセルの線が途切れてしまっている

線を表示するためには以下の二通りの方法がある

↓

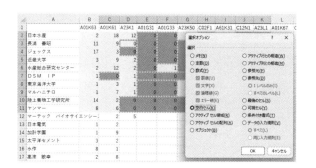

[グラフのデザイン] → [データの選択] → [非表示および空白のセル] から [データ要素を線でつなぐ] を選択するか、左図のように範囲選択し、[ホーム] → [検索と置換] → [ジャンプ] (Ctrl+G) から [空白セル] のみを選択の上、0を入力し、Ctrl+Enter で空白セルに0を一気に埋める

↓

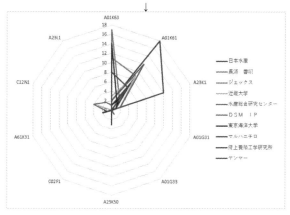

上位出願人・筆頭 FI メイングループのレーダーチャートマップが完成

図59 比較マップ（3-D 縦棒マトリックス、レーダーチャート）の作成③

3.5.6　特殊な統計解析型パテントマップの作り方

　第2章で示した統計解析型パテントマップのほとんどは、ピボットテーブルを用いて集計した結果をグラフ化することで作成することができる。本項で取り上げるバブルチャート、コンパラマップ、ライフサイクルマップ、出願ポジショニングマップのように、ピボットテーブルの集計結果を追加加工しなければならないものもある。一方、ヒートマップ（条件付き書式）やスパークラインは3.5.1〜3.5.4で作成したパテントマップの見せ方に変化を付けるために利用することができる。

① バブルチャート[38]

　バブルチャートは作成するのが難しいグラフである。なぜ難しいかといえば、グラフデータ形式が特殊なためである。ここでは、まずバブルチャートの作成方法の基礎を習得し、続いて図57〜59において3-D縦棒グラフおよびレーダーチャートを用いて作成したマトリックスマップをバブルチャートで作成する方法について説明していく。

　図60にバブルチャートのグラフデータ形式について二通り示した。1つ目はX軸のデータ列、Y軸のデータ列、バブルサイズとなるZ軸のデータ列の3列で構成されているXYZ形式である。2つ目はX軸のデータ列が固定で、その横にY軸のデータ列、バブルサイズとなるZ軸のデータ列のセットが連続しているXYZ-YZ形式である[39]。

　バブルチャートのX軸・Y軸に文字データを利用することはできないので、例で示したように数字に置き換える必要がある。例えば図60のXYZ形式では、（X、Y、Z）＝（1、1、10）はA社の分析項目「コスト」に関する出願件数が10件あることを、また、（X、Y、Z）＝（1、2、5）はA社の分析項目「生産性」の件数が5件であることを示している。

38　バブルチャートについてはイーパテントYouTubeチャンネルで4回シリーズにわたって紹介しているので、バブルチャートについて理解を深めたい方はぜひ参照いただきたい（後述する出願ポジショニングマップに関する動画もアップしている）。
39　「XYZ形式」や「XYZ-YZ形式」は著者独自の呼び方であり、一般的な呼称ではない。

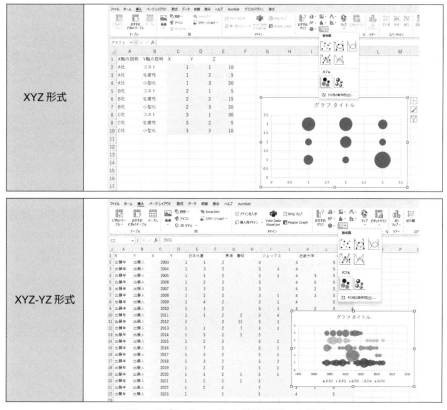

図60　バブルチャートのグラフデータ形式

　XYZ-YZ 形式の例では X 軸が出願年で数字なのでそのまま利用できるが、出願人・権利者は文字列なので日本水産は１、個人発明家は２のように数字に置き換えている。

　なお、課題・解決手段のバブルチャートのように X 軸・Y 軸両方とも文字データになる場合は、両方とも数字に置き換える必要がある）。バブルチャート作成の際は、基になるデータを図60の XYZ 形式[40]または XYZ-YZ 形式のような形式に整理する必要がある。

40　XYZ 形式から作成できるパテントマップの一つが、出願ポジショニングマップである。出願ポジショニングマップを作成する際はピボットテーブルで直接 XYZ のデータを集計する。

　本項では XYZ-YZ 形式でバブルチャートを作成する方法について解説する[41]。

　XYZ-YZ 形式でバブルチャートを作成する流れを図61〜66に示した。図57〜59において作成したマトリックスマップの集計データをバブルチャートで作成する。

　ピボットテーブルの集計結果に適宜列を追加して XYZ-YZ 形式になるよう加工する。XYZ-YZ 形式になったら[挿入]タブのバブルチャートからマップを作成する。

　出来上がったバブルチャートの X 軸、Y 軸は数値となっているので、X 軸、Y 軸の目盛りを削除して、テキストボックスで X 軸、Y 軸の項目を追加する（[グラフツール] → [図形の挿入] の [テキストボックス] を選択して項目ラベルを作成する）。

41　初版では XYZ 形式のみ解説していたが、ピボットテーブルの集計結果を利用する場合、XYZ-YZ 形式のほうがより効率的にバブルチャートを作成できるので、今回は XYZ-YZ 形式にて解説した。

	A01K63	A01K61	A23K1	A01G31	A01G33	A23K50	C02F1	A61K31	C12N1	A23L1
日本水産	2	18			3		2			
長浦 善昭	11	9								
ジェックス	17	3								
近畿大学	3	9	2					3		
水産総合研究センター	2	12	2	1						
DSM IP	1		1				1	4	2	
東京海洋大学	1	3	1		1					
マルハニチロ	1	7	1		3	2				
陸上養殖工学研究所	14	2								
ヤンマー	8	6								

マトリックスマップ作成
時の集計結果を利用

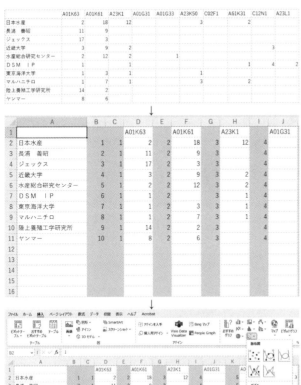

XYZ-YZ 形式になるよう
に左図のように列を追加
し、数字を記入

B列がX軸＝筆頭出願人、
C 列・E 列・G 列…が Y
軸筆頭 FI メイングルー
プ

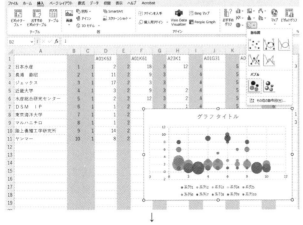

XYZ-YZ 形式に整ったら、
数字部分を範囲選択[42] し
て、［挿入］タブからバ
ブルチャートを選択

図61　バブルチャートの作成①

42　A01K63など筆頭 FI メイングループも含めて範囲選択してしまうと、思ったようなバブル
チャートが作成できない。また、バブルチャートで作成したデータ範囲が広い場合、MS Excel
の誤動作で思ったようなバブルチャートが作成できない場合がある。その際は全体のデータ範
囲の一部だけを範囲選択して、所望のバブルチャートになっていたら、データ範囲を拡大する
とよい。

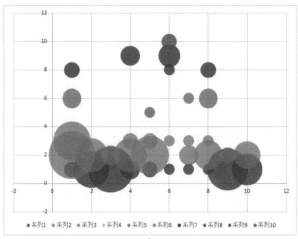

X 軸・Y 軸が数値のバブルチャートが完成

出願人名は系列 1、系列 2 のように表示

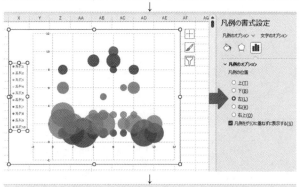

凡例の上で右クリックして［凡例の書式設定］を表示し、出願人名を表す凡例の位置を左に設定

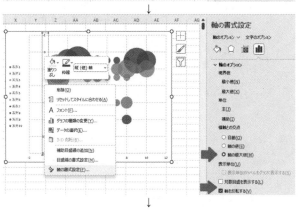

バブルチャートの Y 軸と凡例がマッチしていないので、バブルチャートの Y 軸の数値上で右クリックし、［軸の書式設定］から「軸の最大値」「軸を反転する」をチェック

図62　バブルチャートの作成②

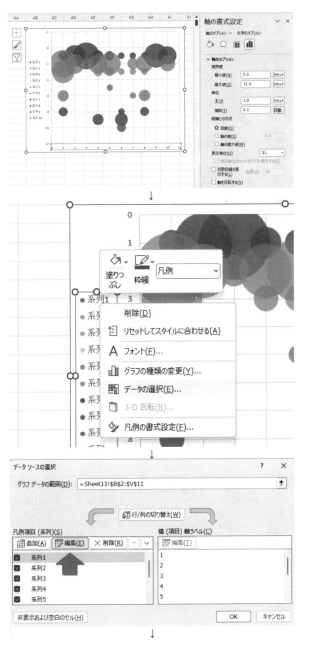

X軸がマイナス領域まで表示されているので、X軸の数値上で右クリックし、[軸の書式設定]から最小値をゼロに設定

凡例の「系列1」を出願人名に変更する

凡例上で右クリックし、データの選択をクリック

データソースの選択の左側・凡例項目（系列）から[編集]を選択

図63　バブルチャートの作成③

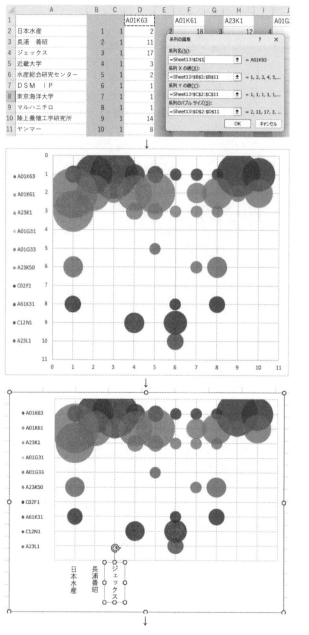

系列名に各筆頭 FI メイン
グループのセルを選択し、
OK

凡 例 が 系 列 1 ・・ か ら
A01K63、A01K61 のよう
に筆頭 FI メイングループ
に修正

X 軸の数値を削除し、テキ
ストボックスで筆頭出願人
を入力

図64　バブルチャートの作成④

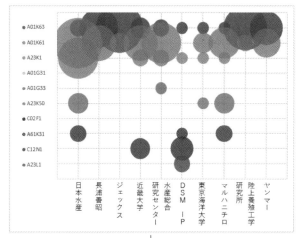

バブルチャートがいったん
完成

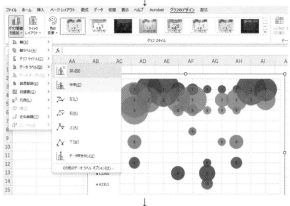

バブルチャートのそれぞれ
のバブルに件数を表示させ
る場合、[グラフ要素の追
加]から[データラベル]
→[中央]を選択

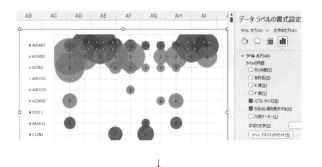

デフォルトで表示される数
値はYの値（＝出願人指定
のために用いた数字）なの
で、各数字上で右クリック
し、[データラベルの書式
設定]から「バブルサイズ」
を選択

図65　バブルチャートの作成⑤

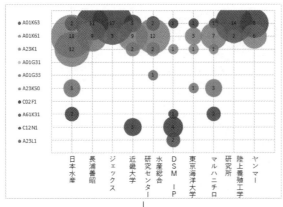

各バブル上に件数が表示されたバブルチャートが完成

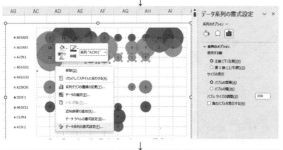

バブルサイズを変更したい場合、いずれかのバブル上で右クリックし、［データ系列の書式設定］のバブルサイズの調整の数値を設定

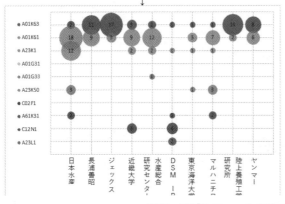

バブルチャートが完成（バブルサイズの調整：50）[43]

図66　バブルチャートの作成⑥

43　バブルチャートのバブルサイズはグラフ化対象データ内の最大値から決定されているため、複数のバブルチャートを作成した際、それぞれのデータ内で最大値が異なると、同じ件数であっても同じバブルサイズにならない。そのような場合は、マップ範囲外にダミーデータ（例：X100、Y100、Z500）を入れることで複数枚のバブルチャートのバブルサイズを統一することができる。

② ヒートマップ（条件付き書式）

　ヒートマップとは、正式には条件付き書式を意味する。条件付き書式とは、指定した範囲のセルの値や数式の計算結果等に対して任意の条件を定め、それを満たしたセルの色などの書式を反映させる機能である。

　条件付き書式を反映したいデータ範囲を選択した上で、［ホーム］→［スタイル］→［条件付き書式］から以下の［データバー］や［カラースケール］を適用することにより、セル内に縦棒グラフ（データバー）やグラデーションをかけることができる。

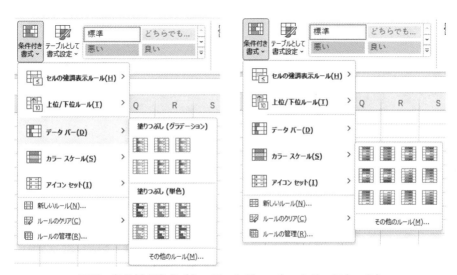

図67　条件付き書式（左：データバー、右：カラースケール）

　条件付き書式はグラフではなく、セルの書式を変更するものである。量を把握するためのランキングマップや件数分布マップの代わりとしても利用はできるが、あえて条件付き書式を使う必要はない。むしろ、筆頭出願人件数推移マップやマトリックスマップにおいて［カラースケール］を用いると効果的である。

　また、著者は次のスパークラインと組み合わせて出願人件数推移マップを作成することが多いので、具体的な作成方法については後述する。

　なお、［データバー］や［カラースケール］のカラーリング等の条件は任意に設定できる。［条件付き書式］内の［新しいルール］や、［データバー］や［カラースケール］メニューの末尾にある［その他のルール］から設定可能である。

③ スパークライン

　スパークラインとは、指定した範囲にあるデータから1セルに収まるグラフを描画する機能である。［挿入］タブの中に［スパークライン］があり、［折れ線］、［縦棒］、［勝敗］の3種類ある。

図68　スパークライン

　図69に条件付き書式・スパークラインを活用した筆頭出願人件数推移マップの作成方法について示す。

　元になる集計結果は図48で示した筆頭出願人件数推移マップのデータである。条件付き書式・スパークラインを組み合わせることにより、グラフを用いずにランキングマップと出願人件数推移マップの2つの要素を兼ね備えたマップを作成することができる。

　なお、スパークラインは指定した範囲内のデータから、縦軸の最小値・最大値を自動的に調整する点に注意が必要である。つまり、図69のスパークラインの最大値は各出願人の最大出願件数の値になっており、全出願人の最大出願件数をベースにしたものではない。ただし、スパークラインを用いれば累積出願件数規模によらず、いつ頃出願が増加・減少しているのかビジュアル的に把握することが容易になる。

　一方、スパークラインからは絶対値として多いか少ないかが分からないので、件数推移データの部分には［カラースケール］を適用している。

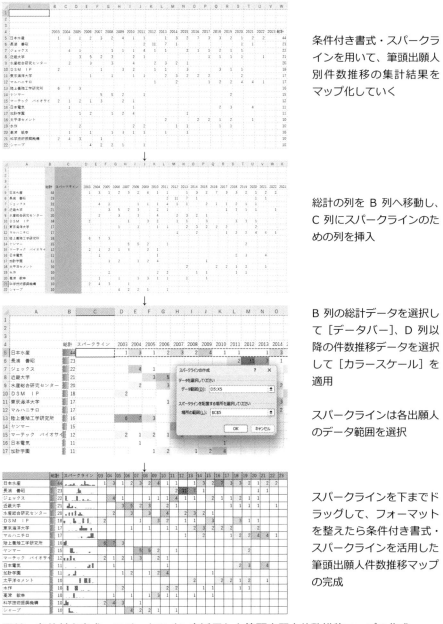

条件付き書式・スパークラインを用いて、筆頭出願人別件数推移の集計結果をマップ化していく

総計の列を B 列へ移動し、C 列にスパークラインのための列を挿入

B 列の総計データを選択して [データバー]、D 列以降の件数推移データを選択して [カラースケール] を適用

スパークラインは各出願人のデータ範囲を選択

スパークラインを下までドラッグして、フォーマットを整えたら条件付き書式・スパークラインを活用した筆頭出願人件数推移マップの完成

図69　条件付き書式・スパークラインを活用した筆頭出願人件数推移マップの作成

④ コンパラマップ[44]

　コンパラマップ（COMPARA MAP）は異なる出願人・権利者の技術や課題・目的別件数分布マップを左右に並べて、比較・分析するためマップである[45]。課題・目的別件数分布マップを左右に対置させるので、ベースとなるのは3.5.2で解説した件数分布マップとなる。

　図70〜71にコンパラマップの作成方法を示した。異なる出願人の件数分布マップについて横棒グラフではなく、積上横棒グラフを用いて作成する。ただし、件数分布マップを左右に対置させるので、一方の出願人の件数分布データには「−1」を掛けて反転させる必要がある。しかし、そのままではマップ上で累積件数がマイナスになってしまうので、ユーザー定義の表示形式[46]を設定することで、左右の件数分布マップとも正数とする。

　コンパラマップは2社の技術や課題・目的別件数分布を比較する上で見やすいが、件数差が大きく開いている2社を比較する場合、出願規模の大きな出願人のほうが出願規模の小さな出願人のほうを圧倒しているように見える。

　しかし、出願規模は違えども、取り組んでいる技術や課題・目的領域が異なることを表現したいのであれば、実数ベースではなく、各社の全体件数で各技術や各課題・目的件数を除して比率ベースでマップ化するとよい。

　なお、コンパラマップの良いところであり悪いところでもあるのが、視覚的に比較しやすいため、2社の差が大きいところに目が行ってしまいがちな点である。

　2社の違いを明確に伝えたいのであればコンパラマップは有効な可視化方法であるが、2社の相互補完関係などを見たい場合は、複数比較すべき項目（課題・技術など）がある中で件数差が大きい一部のみの項目で判断してしまいがちなので注意が必要である[47]。

44　コンパラマップの作成方法はウェブサイト「知財アナリストのひとりごと パテントマップ特許情報分析ゴルフ用具編 16 エクセルで、コンパラマップを作りましょ。。。」を参考にした

45　異なる出願人・権利者に限定せず、ある特定課題や技術について発行国別件数分布を比較するなど適用できる場面は数多い。

46　ユーザー定義の表示形式は；でセクションを区切って、「正の数の書式；負の数の書式；ゼロの数の書式；文字列の書式」から構成される。

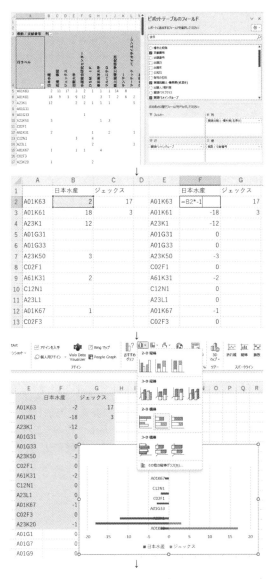

コンパラマップの作成元データを準備

行に筆頭 FI メイングループ、列に筆頭出願人・権利者、Σ 値に文献番号（または出願番号）

行・列方向とも並べ替えを実施済み

新しいワークシートへ値で貼り付ける。今回は日本水産とジェックスを比較するので、それ以外のデータを削除する

その上でデータをコピーして、日本水産側に「−1」を掛けたデータを準備する

A23K20 までを範囲選択した上で、[挿入] タブ→2-D 縦棒の積み上げ縦棒でグラフを作成

コンパラマップができたが、日本水産の件数がマイナス

図70　コンパラマップの作成①

47　著者は M&A やアライアンス先候補選定の際にコンパラマップを用いることもあるが、コンパラマップの視覚面だけではなく、比較対象間の件数分布の相関係数を取って定量的に類似しているか否かを分析するようにしている（詳細については刊行予定の『特許情報分析とパテントマップ作成実践—M&A・アライアンス編—』（自称：黒本）で取り上げたいと考えている）。

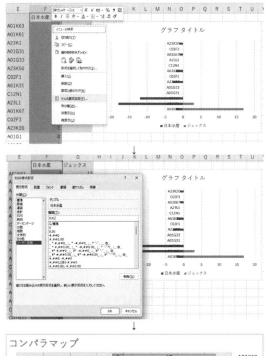

日本水産の累積件数を範囲選択
し、右クリックから［セルの書
式設定］を選択

［セルの書式設定］内のユーザー
定義を選択し、種類 (T) へ

0;0;

と入力

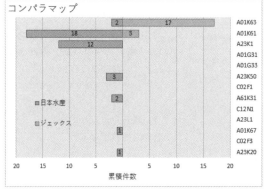

日本水産の件数もプラスとな
り、［グラフ要素の追加］から
グラフタイトルやデータラベル
を追加し、コンパラマップが完
成

図71　コンパラマップの作成②

⑤ ライフサイクルマップ[48]

　X 軸に出願人数（ある出願年に1件以上出願している出願人の数[49]、参入
企業数とみなすことができる）、Y 軸に出願件数をプロットした最も基本的
なライフサイクルマップの作成方法について説明する。

ライフサイクルマップ作成に必要なデータは出願年ごとの出願件数と出願人数である。出願件数については図46〜47で説明した件数推移マップの作成で既に集計しているので、出願人数の集計方法について以下で解説する。

表9 出願人数の算出に使用する関数

関数	書式	説明
COUNTA	=COUNTA（値1, 値2, 値3, …）	引数リストに含まれるデータの個数の合計を計算する関数

出願人数の算出には上表に示したCOUNTA関数を用いる。COUNTA関数は選択したセル範囲内でデータが入っているセルの個数を返す関数である。つまり、出願人別件数推移の集計結果にCOUNTA関数を適用すると、各出願人が1件以上の出願がある年には1出願人とカウントすることができる。

仮に2010年にA社が10件、B社が5件、C社が0件出願している場合、A社の10件、B社の5件がCOUNTA関数でカウントされ、2010年の出願人数は2となる（1件以上出願していれば、何件出願していようが出願人数としては1である）。

図72〜74にライフサイクルマップの作成について説明した。ライフサイクルマップではグラフの種類として散布図を使用する。

出願人数と出願件数の散布図よりライフサイクルマップの原型を作成し、データラベルの追加から出願年をマップに追加することでライフサイクルマップが完成する。

なお、ライフサイクルマップの読み解き方については2.4.1.⑧を参照されたい。

---

48 2.4.1⑧でライフサイクルマップについて説明したが、本マップは出願件数と出願人数（≒参入企業数）の増減で技術開発のステージを分析する。ただし、このライフサイクルマップは、2.5.4①で説明した「分析対象資料・分析方法検討マトリックス」の第1象限、または第4象限で比較的有効であるが、第2象限または第3象限のような出願規模が小さい／ノウハウ等の重要性が高い領域では有効ではない可能性がある点について理解しておきたい。

49 本項で用いている出願人は筆頭出願人であり共同出願人が考慮されていないため、正確な各年出願人数ではない。また、出願人であっても個人名の場合もある。

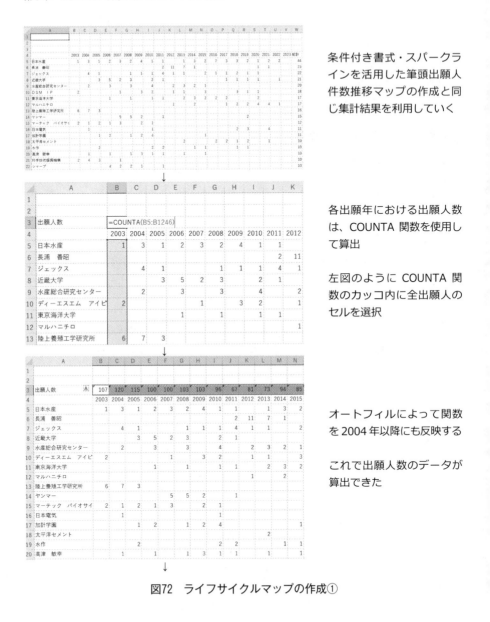

条件付き書式・スパークラインを活用した筆頭出願人件数推移マップの作成と同じ集計結果を利用していく

各出願年における出願人数は、COUNTA 関数を使用して算出

左図のように COUNTA 関数のカッコ内に全出願人のセルを選択

オートフィルによって関数を 2004 年以降にも反映する

これで出願人数のデータが算出できた

図72　ライフサイクルマップの作成①

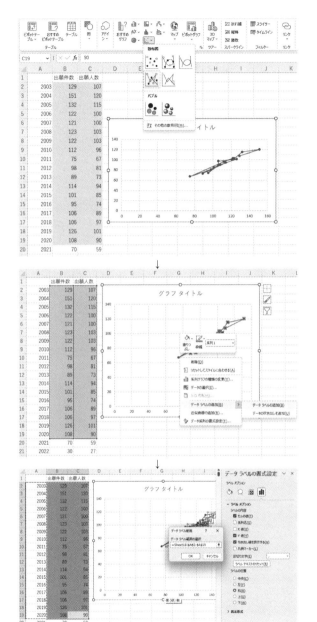

算出した出願人数と、別途ピボットテーブルで集計した出願件数推移を 1 つのシートにまとめる

出願人数と出願件数を選択して、グラフウィザードを起動して散布図を選択し、ライフサイクルマップの原型が完成

ただし、2021 年出願以降は未確定なので対象外

散布図のラベル上で右クリックし、[データラベルの追加]を選択

表示されたラベル上で右クリックし、[データラベルの書式設定]のラベルの内容から、セルの値を選択し、データラベル範囲として出願年を選択（Y 値のチェックは外す）

図73　ライフサイクルマップの作成②

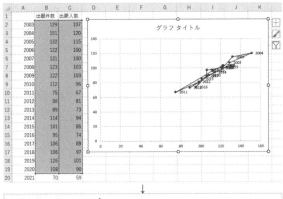

出願年がデータラベルとなり、ライフサイクルマップが完成

↓

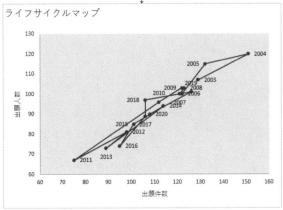

[グラフ要素の追加] からグラフタイトルや縦軸・横軸ラベルを追加し、ライフサイクルマップが完成

図74　ライフサイクルマップの作成③

⑥ 出願ポジショニングマップ

2.4.1⑨で説明したように、出願ポジショニングマップとは著者が命名したマップであり、グラフの種類、縦軸・横軸に取るデータには主に3つのパターンがあるが、ここでは表10に示す散布図（累積件数・直近の出願比率）を用いた出願ポジショニングマップと、バブルチャート（平均被引用回数・最大被引用回数）を用いた出願ポジショニングマップ（被引用ポジショニングマップ）の2つについて作成方法を解説する。

表10　出願ポジショニングマップの横軸・縦軸の例

グラフ	横軸	縦軸	バブルサイズ
散布図	累積件数	直近の出願件数比率（例：各社の全出願に占める2018年以降の出願比率）	―
バブルチャート	平均被引用回数	最大被引用回数	出願人別累積件数 分析項目別累積件数

図75〜76に散布図を用いた出願ポジショニングマップ（累積件数・直近の出願比率）の作成方法について説明する。マップの元になるデータは出願人別件数推移である。縦軸の直近の出願件数比率（各出願人が全出願のうち直近に何％程度出願しているかを示す）は、5年程度（本章執筆時点では2018年以降）を取ればよい[50]。

図77〜79ではバブルチャートを用いた被引用ポジショニングマップ（平均被引用回数・最大被引用回数）の作成方法について示している。ピボットテーブルで集計する際に、Σ値に被引用回数を2回ドラッグし、[値の集計方法]から[平均]および[最大]を算出した上で、平均被引用回数・最大被引用回数・各社の累積件数を範囲選択してバブルチャートを選択すれば、被引用ポジショニングマップを作成することができる。

50　著者は直近の出願件数比率を5年程度とすることが多いが、グローバルな特許分析を行う際、例えば中国籍の出願人が直近5年以内に出願を急増させるケースがある。こうした注目出願人を特定するため、直近3年（本章執筆時点では2020年以降）と設定することもある。

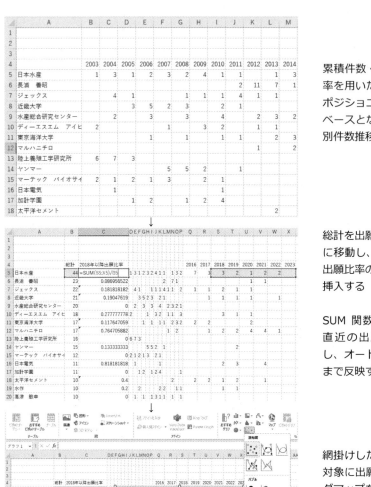

累積件数・直近の出願比率を用いた散布図の出願ポジショニングマップのベースとなるのは出願人別件数推移である

総計を出願人の右の B 列に移動し、さらに直近の出願比率のための C 列を挿入する

SUM 関数などを用いて直近の出願比率を計算し、オートフィルで末尾まで反映する

網掛けしたデータ範囲を対象に出願ポジショニングマップを作成する

データ範囲を選択し、[挿入]→[グラフ]から[散布図]を選択する

図75　出願ポジショニングマップ（累積件数・直近の出願比率）の作成①

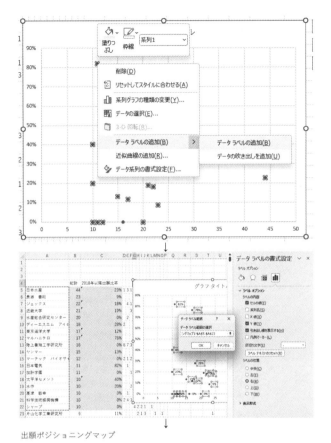

作成した散布図の各プロット（マーカー）にデータラベルを追加する

データラベルを出願人名にするため、［データラベルの書式設定］から［セルの値］にチェックを付け、対象となる出願人のデータ範囲を選択する

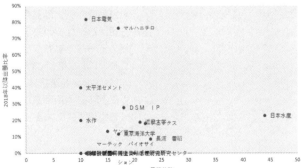

［グラフ要素の追加］からグラフタイトルや縦軸・横軸ラベルを追加し、出願ポジショニングマップが完成

図76　出願ポジショニングマップ（累積件数・直近の出願比率）の作成②

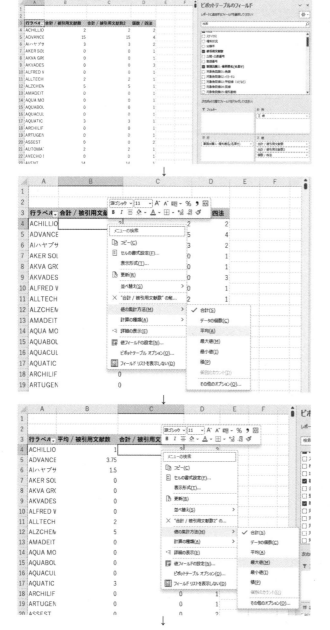

被引用回数を用いた出願ポジショニングマップを作成するためには、左のように Σ 値に被引用回数を 2 回ドラッグし、累積件数を表すために四法もドラッグする

横軸（B 列）は平均被引用回数になるので、B 列のデータ上で右クリックし、[値の集計方法]→[平均]を選択すると、B 列の被引用回数が平均被引用回数となる

縦軸（C 列）は最大被引用回数になるので、C 列のデータ上で右クリックし、[値の集計方法]→[最大値]を選択すると、C 列の被引用回数が最大被引用回数となる

図77　出願ポジショニングマップ（平均被引用回数・最大被引用回数）の作成①

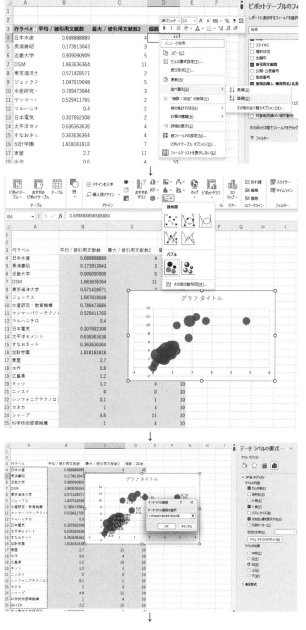

累積件数が多い出願人順にソートするためD列のデータ上で右クリックし、[並び替え]→[降順]

累積件数10件以上の網掛けしたデータエリアを対象に出願ポジショニングマップを作成する

データ範囲を選択し、[挿入]→[グラフ]から[バブル]を選択する

データラベルを出願人名にするため、[データラベルの書式設定]から[セルの値]にチェックを付け、対象となる出願人のデータ範囲を選択する

図78　出願ポジショニングマップ（平均被引用回数・最大被引用回数）の作成②

出願ポジショニングマップ
（被引用ポジショニングマップ）

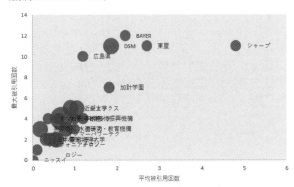

［グラフ要素の追加］から
グラフタイトルや縦軸・横
軸ラベルを追加し、出願ポ
ジショニングマップが完成

図79　出願ポジショニングマップ（平均被引用回数・最大被引用回数）の作成③

3.5.7　異なるグラフの種類を併用する

　本章では基本的に単一のグラフ種類を用いた統計解析型パテントマップの
作成方法を説明したが、本項では異なるグラフ種類の併用方法について、件
数推移マップで縦棒グラフと折れ線グラフを併用する例を紹介する。

　図80にトヨタ自動車全体の出願件数推移と同社のエンジン制御、EV・
HEV 関連、燃料電池関連の主要技術分野別出願件数推移[51]を縦棒グラフのみ
で作成した場合と、全体の件数推移を縦棒、エンジン制御、EV・HEV 関連、
燃料電池関連の件数・件数比率推移を折れ線グラフに変更したグラフを示す。

　両方の項目が縦棒グラフの場合、どの縦棒がエンジン制御であるか、どの
縦棒が EV・HEV 関連や燃料電池関連であるか、目で追っていくのは非常
に困難である。一方、全体の件数推移は縦棒、エンジン制御、EV・HEV 関
連、燃料電池関連の件数・件数比率推移は折れ線とグラフの種類を使い分け
ることで、全体の推移がどのようになっているのか把握するのと同時に、エ
ンジン制御、EV・HEV 関連、燃料電池関連の推移および全体の推移と照ら
し合わせた際の傾向を把握することができる。

51　主要技術分野を検索する際の IPC は、エンジン制御は F02D、EV・HEV 関連は（B60L OR
　　B60W10 OR B60K6/）、燃料電池関連は H01M8を用いた。

　このようにグラフの種類を併用することで、分析結果を効果的に見せることが可能となる。なお、主要技術分野別出願件数が実数と比率を比較すると、比率のほうが全体出願のトレンドに左右されずに、各出願年にどの技術分野へリソースを割いているか分かりやすくなる。

　図80〜81に異なるグラフの種類を併用するマップの作成方法について示したので、サンプルデータをもとに実際に作成していただきたい。

全て縦棒グラフで表現した場合

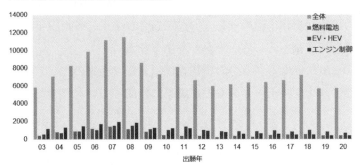

縦棒グラフと折れ線グラフを併用した場合
一主要技術分野別出願件数が実数

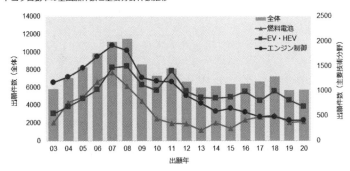

一主要技術分野別出願件数が比率

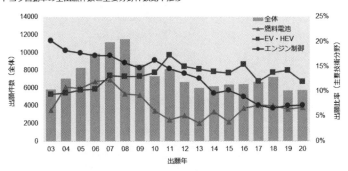

図80　異なるグラフの種類を併用する効果

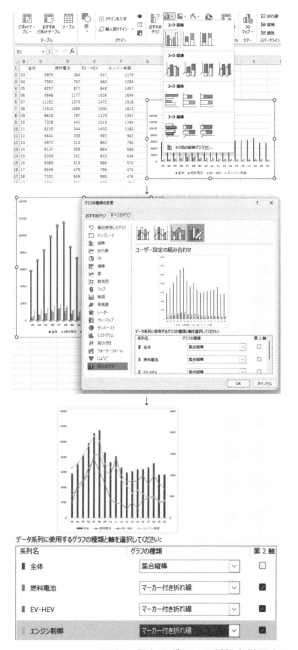

ピボットテーブルの集計の結果、左図のようにトヨタ自動車の全体、燃料電池、EV・HEV、エンジン制御の件数推移が得られたとする

まず、件数推移マップを 2-D 縦棒で作成

トヨタ自動車の全体、燃料電池、EV・HEV、エンジン制御の件数推移マップが完成

棒グラフ上で右クリックし、系列グラフの種類の変更を選択

燃料電池、EV・HEV、エンジン制御を折れ線グラフに変更し、第 2 軸にチェックを付ける

[グラフ要素の追加]からグラフタイトルや縦軸・横軸ラベルを追加すれば、縦棒・折れ線の異なる種類を併用したマップが完成する

図81　異なるグラフの種類を併用するマップの作成

3.5.8　ピボットテーブルの応用配置

　前項までは図38で示したピボットテーブルの基本配置に基づいたパテント
マップ作成方法について説明した。本節の最後にピボットテーブルの応用配
置について説明する。

　ピボットテーブルの基本配置では、列フィールド・行フィールドへは出願年、
筆頭出願年などそれぞれ1つのフィールドしかドラッグしていなかったが、図
82のように行フィールドに2つ以上のフィールドをドラッグすることが可能であ
る。行フィールドに筆頭出願人と3.3.6で整理した権利化段階を、列フィールド
に出願年、そしてΣ値に文献番号（または出願番号）を配置すれば、各出願人
の権利化段階（公開・登録）別件数推移を把握することができる。

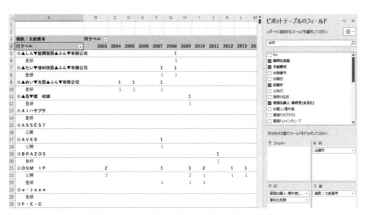

図82　ピボットテーブルの応用配置（行に複数項目）①

　上図では各出願人の権利化段階別の件数が集計されているが、例えばAI
ハヤブサは「登録」しか表示されておらず、ASSEST は「公開」しか表示
されていない。これは AI ハヤブサには「公開」のデータがなく、ASSEST
には「登録」のデータがないためである。

　AI ハヤブサや ASSEST のように一部データが欠けている場合であっても
表示させるためには、図83のように行データ上で右クリックし、［フィールド
の設定］を選択し、フィールドの設定ウィンドウの［レイアウトと印刷］タ
ブ内にある「データのないアイテムを表示する」にチェックを入れればよい。

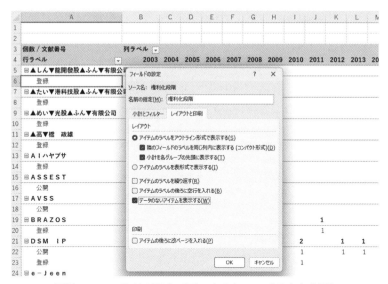

図83　フィールドの設定（データのないアイテムを表示）

フィールドの設定を行うと、下図のように各出願人に「公開」「登録」の権利化段階データが表示される。

個数 / 文献番号	列ラベル											
行ラベル	2003	2004	2005	2006	2007	2008	2009	2010	2011	2012	2013	20
⊟▲しん▼龍開發股▲ふん▼有限公司						1						
公開												
登録						1						
⊟▲たい▼港科技股▲ふん▼有限公司					1	1						
公開												
登録					1	1						
⊟▲めい▼光股▲ふん▼有限公司		1	1		1							
公開												
登録		1	1		1							
⊟▲高▼橋　政雄							1					
公開												
登録							1					
⊟ＡＩハヤブサ												
公開												
登録												
⊟ＡＳＳＥＳＴ												
公開												
登録												
⊟ＡＶＳＳ					1							

図84　ピボットテーブルの応用配置（行に複数項目）②

　行に2つ以上の項目をドラッグして集計する方法を示したが、列に2つ以上の項目をドラッグして集計することも可能である。なお、**図84**では出願人と権利化段階の両項目がA列にあるため、グラフ化するのは難しい。そのような場合は［デザイン］→［レポートのレイアウト］→［表形式で表示］を選択すると、下図のようなレイアウトに変わる。

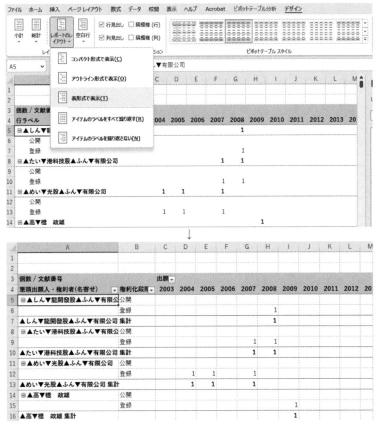

図85　ピボットテーブルの応用配置（行に複数項目）③

　最後にこれまで利用していなかったフィルターの利用方法について紹介する。

図86　ピボットテーブルの応用配置の例（フィルター）

　上図は筆頭出願人の権利化段階別件数分布を示すピボットテーブルの配置であり、フィルターには筆頭 FI メイングループを配置した。フィルターから特定の筆頭 FI メイングループを選択（１つではなく複数選択することも可能）することで、特定の筆頭 FI メイングループにおける筆頭出願人の権利化段階別件数分布を集計することができる。

3.6　関数を活用した特許情報分析・パテントマップの作成

3.6.1　共同出願人・副分類への対応

　3.3.4②では、IF・COUNTA・FIND 関数を組み合わせて筆頭分類だけではなく副分類も考慮した分析項目への展開について説明した。共同出願人についても図24で紹介している関数を用いれば対応可能である。

　ここでは共同出願人・副分類への対応として分析用特許データベースから指定した項目について集計できる COUNTIF 関数について紹介する。COUNTIF 関数は指定範囲セル内の検索条件に一致するセルの個数を計算する関数である。

　図87に COUNTIF 関数を用いて共同出願人も含めた集計方法を示す。COUNTIF 関数は "検索条件に一致するセル" の個数を計算するため、ワイルドカードを付けて名寄せで法人形態を除外した場合もヒットさせるようにしている。ただし、DSM（オリジナル：ディーエスエム　アイピー　アセッツ）のように名寄せしてしまうとワイルドカードを用いても COUNTIF 関数でヒットさせることができない。

　このように COUNTIF 関数は共同出願人も含めた集計に用いることができるが、当然、特許分類の副分類を含めた集計にも適用可能である。

ここまでは分析用特許データベースの筆頭出願人を用いて出願人ランキングを作成してきたが、COUNTIF 関数でカウントしてみる

	A	B	C	D
1			総計	COUNTIF関数
2	日本水産	="*"&A2&"*"	44	
3	長浦　善昭	*長浦　善昭*	23	
4	ジェックス	*ジェックス*	22	
5	近畿大学	*近畿大学*	21	
6	水産総合研究センター	*水産総合研究センター*	20	
7	DSM　IP	*DSM　IP*	18	

筆頭出願人の右側に列を挿入し、ワイルドカード（＊）で囲む

これにより日本水産株式会社もヒットするようになる

	A	B	C	D	E	F	G
1			総計	COUNTIF関数			
2	日本水産	*日本水産*	44	=COUNTIF(分析用特許データベース!$J:$J,B2)			
3	長浦　善昭	*長浦　善昭*	23				
4	ジェックス	*ジェックス*	22				
5	近畿大学	*近畿大学*	21				
6	水産総合研究センター	*水産総合研究センター*	20				
7	DSM　IP	*DSM　IP*	18				
8	東京海洋大学	*東京海洋大学*	17				
9	マルハニチロ	*マルハニチロ*	17				
10	陸上養殖工学研究所	*陸上養殖工学研究所*	16				
11	ヤンマー	*ヤンマー*	15				
12	マーテック　バイオサイエ	*マーテック　バイオサイ	12				
13	日本電気	*日本電気*	11				
14	加計学園	*加計学園*	11				

D 列に COUNTIF 関数を用いて筆頭以外も含む出願人別件数を算出してみる

左側のシートと分析用特許データベースとは別で、分析用特許データベースの J 列に出願人が含まれている

		総計	COUNTIF関数	差分
日本水産	*日本水産*	44	58	14
長浦　善昭	*長浦　善昭*	23	23	0
ジェックス	*ジェックス*	22	22	0
近畿大学	*近畿大学*	21	33	12
水産総合研究センター	*水産総合研究センター*	20	25	5
DSM　IP	*DSM　IP*	18	0	18
東京海洋大学	*東京海洋大学*	17	21	4
マルハニチロ	*マルハニチロ*	17	20	3
陸上養殖工学研究所	*陸上養殖工学研究所*	16	16	0
ヤンマー	*ヤンマー*	15	17	2

COUNTIF 関数で共同出願人も含めて算出すると、日本水産は 44 件から 58 件に増加

ただし、名寄せの影響で DSMIP はヒットしなくなった

図87　COUNTIF 関数を用いた項目の集計

3.6.2　課題×解決手段マップの作り方

　3.5.5でマトリックスマップを作成するためのピボットテーブルの集計方法について説明したが、用いた項目は筆頭出願人と筆頭 FI メイングループのように1出願につき1項目（1対1対応）であった。

　しかし、実際の特許分析を行う場合、分析軸に課題や解決手段、用途・アプリケーションを設定して、課題であれば低コスト化や効率化など、複数項目を付与することが多い。そのような結果をまとめたマップの一例が下図の課題×解決手段マップである。

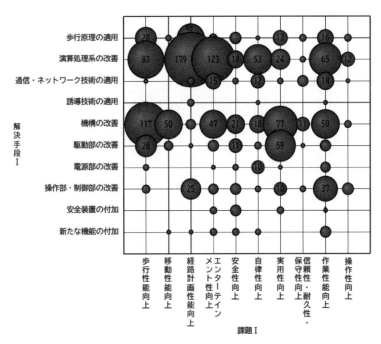

図88　課題×解決手段マップの例（出所：工業所有権情報・研修館「特許流通支援チャート：自律歩行技術」）

　ここでは課題×解決手段マップのように1出願につき複数項目が付与されているような場合において、複数の条件を指定できる COUNTIFS 関数を用いたマトリックス集計方法を説明する。

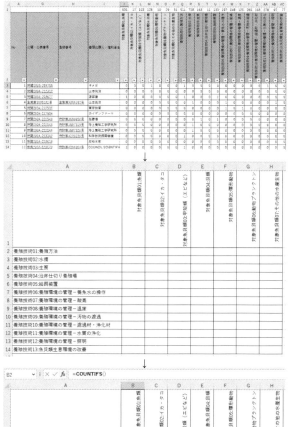

PatentSQUARE で作成した分析用特許データベースを用いて、対象魚介類と養殖技術のマトリックス集計を行う

新しいワークシートを作成して、対象魚介類と養殖技術のマトリックス表を作成する

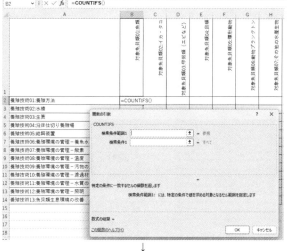

［数式］→［その他の関数］→［統計］から COUNTIFS を選択（または直接入力）

関数の引数は

範囲 1, 検索条件 1
範囲 2, 検索条件 2

のように複数設定する（1つ目の条件を設定すると 2つ目の条件設定ができる）

図89　1出願につき複数項目が付与されている場合のマトリックス集計①

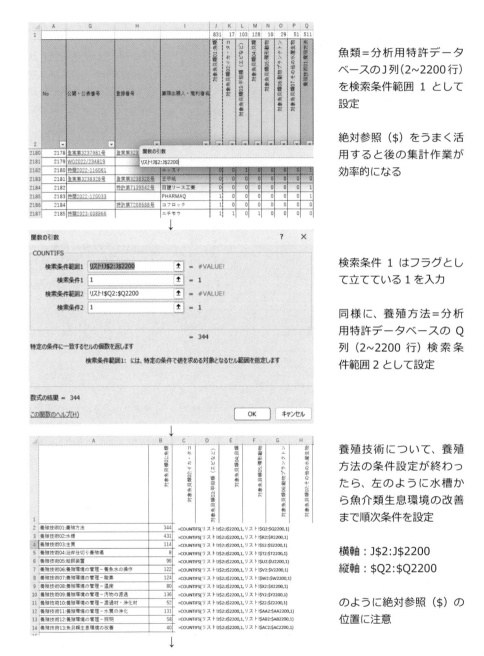

魚類＝分析用特許データベースのJ列（2〜2200行）を検索条件範囲 1 として設定

絶対参照（$）をうまく活用すると後の集計作業が効率的になる

検索条件 1 はフラグとして立てている 1 を入力

同様に、養殖方法＝分析用特許データベースの Q 列（2〜2200 行）検索条件範囲 2 として設定

養殖技術について、養殖方法の条件設定が終わったら、左のように水槽から魚介類生息環境の改善まで順次条件を設定

横軸：J$2:J$2200
縦軸：$Q2:$Q2200

のように絶対参照（$）の位置に注意

図90　1出願につき複数項目が付与されている場合のマトリックス集計②

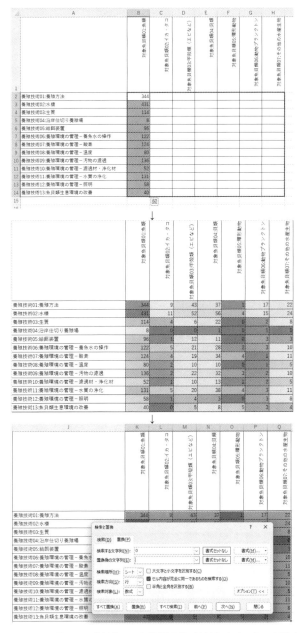

COUNTIF 関数の条件設定
が終わったら、ドラッグし
て関数を右側まで反映する

対象魚介類と養殖技術のマ
トリックス集計結果が得ら
れたので［条件付き書式］
でヒートマップを作成

バブルチャートなどで表現
してもよい

なお、マトリックス集計結
果には 0 も表示されている

0 を削除するためには、デー
タをコピーして値で貼り付
けた上で、置換で 0 を取り
除く（その際［セル内容が
完全に同一］なものに
チェックを付ける）

図91　１出願につき複数項目が付与されている場合のマトリックス集計③

3.7　テキストマイニング型パテントマップの作成

　本章の最後にテキストマイニング型パテントマップの作成方法について説明する。改訂版以前であれば、高価な有料ツールを利用しないとテキストマイニングは難しかったが、最近、無料で利用可能なテキストマイニングツールも登場しているので、特許情報分析にテキストマイニングを用いるハードルが下がってきている。本節では無料で利用可能なツールを用いたテキストマイニングについて取り上げる。

3.7.1　無料で利用可能なテキストマイニングツール

　無料で利用可能な主なテキストマイニングツールとして KH Coder と AI テキストマイニングを以下に示す[52]。

表11　無料のテキストマイニングツール

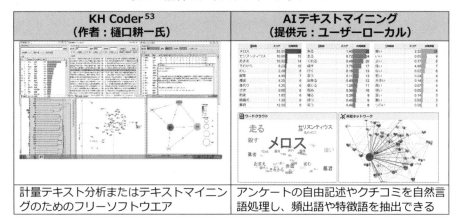

KH Coder[53] （作者：樋口耕一氏）	AI テキストマイニング （提供元：ユーザーローカル）
計量テキスト分析またはテキストマイニングのためのフリーソフトウエア	アンケートの自由記述やクチコミを自然言語処理し、頻出語や特徴語を抽出できる

52　主にバイオインフォマティクス分野で用いられている Cytoscape（サイトスケープ）も無料で利用することができる。特許情報分析への応用については今津均「Cytoscape による特許情報のネットワーク解析とビジュアル化」（「情報管理」54巻8号463頁［2011］などを参照）。

53　本節では KH Coder について詳しく紹介しないので、樋口耕一ほか『動かして学ぶ！はじめてのテキストマイニング』、末吉美喜『テキストマイニング入門：Excel と KH Coder でわかるデータ分析』、牛澤賢二『やってみよう テキストマイニング - 自由回答アンケートの分析に挑戦！-』などを参照されたい。

　この２つのツール違いとして、KH Coder がソフトをダウンロードしてインストールが必要であるのに対し、AI テキストマイニングはブラウザ上で利用可能だという点、そして、KH Coder は解析対象のテキストデータを準備の上、ソフトウエアにアップロードしなければならないのに対し、AI テキストマイニングはブラウザ上のブランクにテキストデータを貼り付ければ簡単に分析可能であるという点の２つがある。

3.7.2　AI テキストマイニングを用いたマップの作成方法

　以下ではブラウザ上で簡単に分析することができる AI テキストマイニング[54]を用いた特許情報分析について説明する。

　まず、テキストデータとして J-PlatPat で作成したサンプルデータの【発明の名称】を AI テキストマイニングで分析してみる。

図92　AI テキストマイニング（１つの文書を解析）

　【発明の名称】をコピーして、以下のようにフォームに貼り付け、［テキストマイニングする］をクリックする。

54　AI テキストマイニングの無料アカウント登録を行うと１回当たりの解析対象文字数が20万文字になる（アカウント登録なしの場合１万文字）。

　すると、スコアが高い単語を複数選び出し、その値に応じた大きさで図示したワードクラウド（単語の色は品詞の種類で異なっている）や文章中に出現する単語の出現パターンが似たものを線で結んだ共起キーワードマップが描画される。

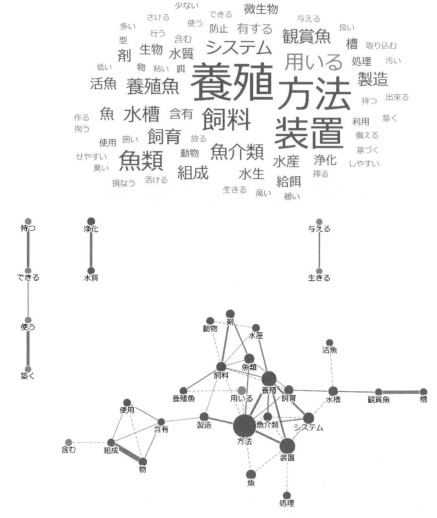

図93　AI テキストマイニングで生成したワードクラウド・共起キーワード①

　このように AI テキストマイニングを用いると簡単に特許情報のテキストマイニングを行うことができるが、出願トレンドをより的確に把握するために 2 点ほど工夫が必要である。

　1 点目は特徴のないキーワードの除去、2 点目は品詞の設定である。

　1 点目の特徴のないキーワードとしては、図93で生成されたマップを見れば"方法""装置""システム"などが挙げられる。

　AI テキストマイニングのフォームに貼り付ける前に、MS Excel リスト上で置換によってこれらのキーワードを取り除いておくとよい（置換については図27参照）。

　2 点目の品詞の設定は、いったんテキストマイニングを実施した後に、右上の［解析設定］をクリックして行う。

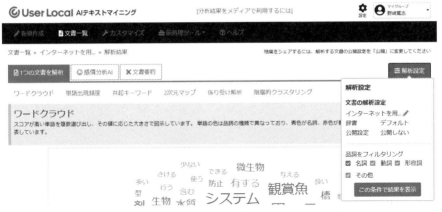

図94　AI テキストマイニングにおける品詞の設定

　分析対象テーマにもよるが、一般的には［名詞］のみを選択すればよい。以下に特徴のないキーワードを除去し、品詞を名詞のみに限定した場合のマップを示す。

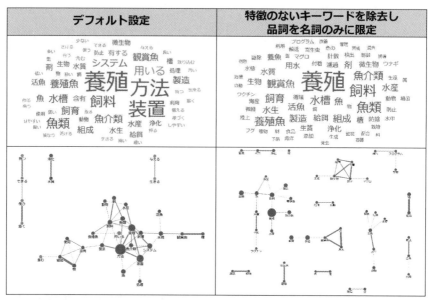

図95　AI テキストマイニングで生成したワードクラウド・共起キーワード比較

　特徴のないキーワードを除去し、品詞を名詞のみに限定したマップのほう
が、より特許情報のトレンドが把握しやすくなっているであろう。特に共起
キーワードについては、デフォルト設定では 1 つの大きなクラスターになっ
ていたが、設定変更後は幾つかのクラスターに分かれて、複数の特徴ある特
許群に分けられている。

　なお、AI テキストマイニングでは 1 つの文書だけではなく、2 つの文書
を比較することも可能である[55]。ここではサンプルデータで取り上げている
養殖関連特許の累積件数トップの日本水産と、筆頭 FI メイングループの分
布形状が類似している水産総合研究センターを比較してみる。

55　本書では説明しないが Excel クロス集計機能もある。また、特定の形式のテキストをテキス
　　トマイニングに適した形式に整形する前処理ツールも公開されており、特許文献だけではなく
　　Amazon レビューも整形することができる。ご興味ある方はぜひ試してもらいたい。

▌解析したいテキストを入力する

図96 AIテキストマイニング（2つの文書を比較）

　［2つの文書を比較]から日本水産と水産総合研究センターの【発明の名称】（特徴のないキーワードは除去済み）を貼り付けて、［テキストマイニングする］をクリックすると、以下のワードクラウドや単語分類が表示される（品詞は名詞に限定）。

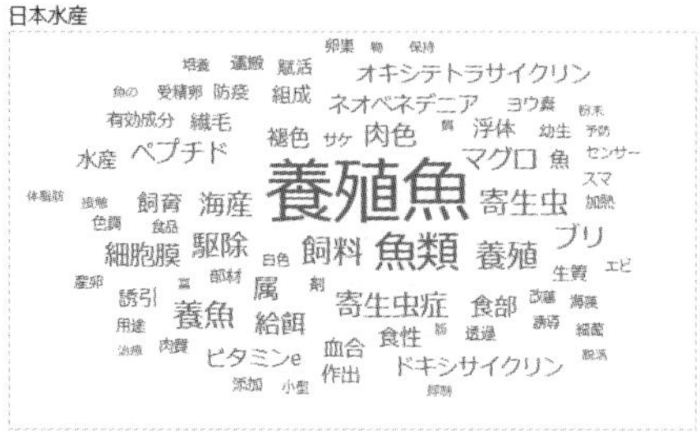

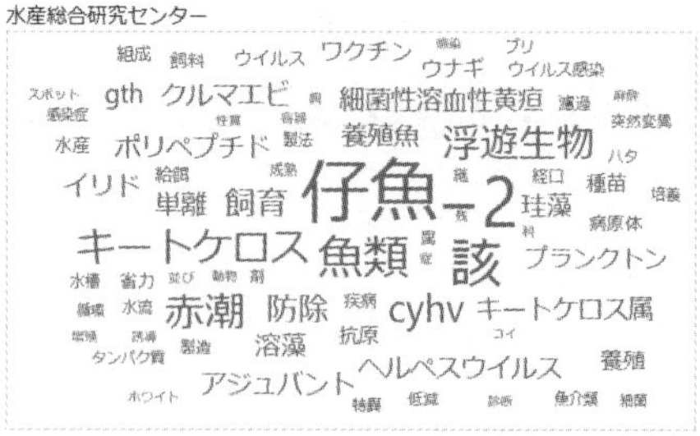

日本水産にだけ出現	日本水産によく出る	両方によく出る	水産総合研究センターによく出る	水産総合研究センターにだけ出現
魚　寄生虫　駆除 マグロ　スマ　改善 海産　養魚　エビ 寄生虫症　治療　用途	養殖魚　飼料　属	魚類　養殖　剤　ブリ 給餌	飼育　水産 タンパク質	ワクチン　-2 ウイルス　仔魚 ウナギ　製造　該　赤潮 cyhv　キートケロス プランクトン　動物 水槽　浮遊生物　診断 防除 cyprinidherpesvirus gth　アジュバント イリド　ウイルス感染 キートケロス属 クルマエビ　コイ コスト　スポット ハタ

図97　AI テキストマイニングで生成したワードクラウド・単語分類（２つの文書を比較）

特に著者が利用しているのが、２つの文書に出現する単語を、それぞれどちらの文書に偏って出現しているかによってグループ分けした単語分類である。

上図では【発明の名称】という文字数的に限られたテキストを対象にしているにもかかわらず、日本水産と水産総合研究センターの出願内容の違いが如実に表れている。IPC、FI、F タームや CPC などの特許分類ベースでの分析ではなかなか差異が見いだしにくい場合であっても、テキストマイニングを用いることでその差異を効果的に可視化できることもある。

COLUMN 「知財情報分析に有料の分析ツールは必須？」

著者が特許分析に従事し始めたのは日本技術貿易に入社した1年目の後半、2002年冬であった。当時、有料のパテントマップ作成ソフトはインパテックのパテントマップEX（現在はパテントマップEXZ）しかなかったと記憶しているが、現在はさまざまなベンダーから多種多様な機能を備えた分析ツールがリリースされている。本書では読者のパソコンにインストールされているMS Excelおよび無料ツールを活用した特許情報分析・パテントマップ作成について解説しているが、IPランドスケープや特許情報分析を組織で実践していく上で、有料の分析ツールは導入しなければいけないのであろうか？

著者としては必ずしも有料の分析ツールを導入する必要はないと考えている（現に著者が分析・コンサルティングプロジェクトで用いている分析ツールは基本的にMS Excelのみ）。もちろん、分析ツールでしかできないような分析があることも事実であるが、逆にMS Excelでしかできない分析・可視化方法があることも事実である[56]。ただし、MS Excelで特許情報分析・パテントマップ作成を行うことは決して作業性の観点からすると効率的ではない。定型化された件数推移マップなどのパテントマップを作成したいのであれば有料の分析ツールを活用したほうがよいであろう。

また、分析ツールを導入した際に最も注意すべき点は、ワークマンの専務取締役である土屋氏が『ワークマン式「しない経営」』において以下のように述べているとおり、分析ツールの枠内で分析デザイン・分析設計を行ってしまう傾向に陥りがちなことである。

「エクセルを使うと、興味のあるデータを自分で加工して分析できる。分析ソフトの定型分析だけを見ていると、頭の働きが固定化され、同じ発想しか出てこない。関数、マクロを使えば自由に分析ができ、新しい発想が生まれる。その中から議論が生まれ、改善と改革の知恵が生まれる」

分析ツールはあくまで手段であって、毎回分析ツールが自分自身・組織の抱えている課題や目的に合致した可視化手法を提供してくれるわけではない。もちろん、複数の分析ツールを導入することで、多少なりともその弊害を回避できるが、分析ツールでできない分析を行うためにMS Excelを使った特許情報分析・パテントマップ作成について知識を持っておくことは決して無駄ではないと考えている。

56　著者が特許情報分析・パテントマップ作成を手掛け始めた2003年頃、ツールベンダーは日本技術貿易のような知財サービス系企業には分析ツールを販売してくれなかった。そのおかげ（？）もあり、MS Excelで特許情報分析・パテントマップ作成を行うようになり、本書のベースとなった技術情報協会の通信講座「Excelによるパテントマップ作成・活用のノウハウ」（2007年3月）、そして本書初版につながっているので、まさに「人間万事塞翁が馬」だと感じている。

第4章

無料ツールを利用したパテントマップ作成

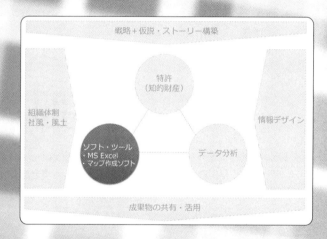

　　知性は方法や道具に対しては鋭い鑑識眼を持っていますが、目的や価値については盲目である。

（出所：アルバート・アインシュタイン『晩年に想う』）

4.1　無料ツールを利用したパテントマップ作成の流れ

　第3章で示した MS Excel と無料ツールを利用した場合のマップ作成の流れを再掲する。本章で取り上げるウェブサイト上で提供されている無料ツールは特許検索・分析機能の両方を備えている場合が多く、特許リストなどをデータベースから出力せずにウェブサイト上でマップを生成することが可能である。

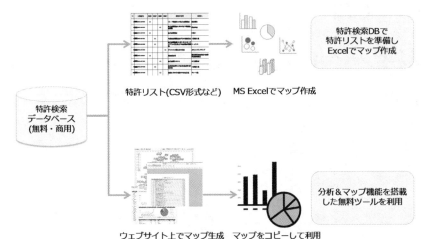

図1　MS Excel と無料ツールを利用した場合のマップ作成の流れ

　ウェブサイト上で生成されたマップを組織内で利用する場合は、各ウェブサイトの利用規定を順守した上でコピー＆ペーストして利用しなければならない。

4.2　特許情報分析・パテントマップ作成可能な無料ツール

　ウェブサイト上の無料ツールは、統計解析型パテントマップを生成するものが主流である。次ページ以降で代表的な無料ツールの概要を紹介する[1]。

1　本書で紹介する無料ツールは2023年7月時点で著者が認識しているものの中から利便性の高いものを挙げている。インターネットの世界では日進月歩で日々新たなサービス・ツールが生まれているため、適宜有用な無料ツールをチェックしておくとよい。

① Lens.org

収録情報	日本、米国、EP、中国、韓国特許、PCT 出願など
URL	https://www.lens.org/
作成者	Cambia（オーストラリアの NPO）
アウトプット	出願件数推移グラフ、特許分類ランキング（IPC・CPC）出願人・権利者ランキング、国・地域別出願件数分布、被引用回数マップなど

　Lens.org はオーストラリアの NPO が運営している特許検索データベースであり、日本をはじめとした主要国だけではなく新興国まで幅広く収録しており、かつ、強力な分析・可視化機能を備えている。

図2　Lens.org 分析結果画面（キーワード：blockchain）

　キーワードや特許分類を用いて検索を行った後、［Analysis］のタグを
クリックすると、件数推移や出願人ランキング、CPC別件数分布など基本
的な統計分析結果が表示される。

　なお、Lens.orgではデフォルトで表示されるグラフ以外に自ら軸を選択
してパテントマップを作成することも可能である。さらに、無料アカウント
であっても1回当たり最大1000件まで特許リストをダウンロードすることが
可能で、ダウンロード可能な項目も充実している。

　そのため、**第3章**で紹介した方法で特許分析・パテントマップ作成を行う
ことも可能である。

② PATENTSCOPE

収録情報	PCT出願、米国、日本、EP、中国、韓国特許など
URL	http://www.wipo.int/patentscope/search/en/search.jsf
作成者	WIPO（世界知的所有権機関）
アウトプット	件数推移、IPC別分布、出願人・発明者ランキングなど

　PATENTSCOPEはWIPO（世界知的所有権機関）が運営するデータベー
スである。PCT出願だけではなく、日本・米国・欧州および中国・韓国特
許など約70カ国・地域を収録しており、特許検索・分析を行うことができる。

図3 PATENTSCOPE検索画面（構造化検索）

　PATENTSCOPEでは収録された国々の発行件数推移やIPC別分布、出願人・発明者ランキングなどを算出することが可能である。

　分析結果はテキストでの表形式とイメージでのグラフ形式があり図4の下の図において結果分析の下にあるチャートをクリックするとマップが表示される）、テキスト形式での表形式データをExcelにコピーすれば自身でマップ化することも可能である。

図４　PATENTSCOPE 分析結果（キーワード：blockchain）

4.3　ウェブサイト上で表示されるデータの利用方法

　前節で紹介した無料ツールを利用するとウェブサイト上で、数表やマップが表示される。その数表やマップを分析レポートに利用したい場合、以下の方法を用いるとよい。

状況① ウェブサイト上に表示されたグラフデータを利用する場合

用いるツール：ペイント

1．［Print Sc（プリントスクリーン）］ボタン[2]でグラフをキャプチャする
2．［アクセサリ］→［ペイント］を起動
3．キャプチャした画面をペイントに貼り付け
4．レポートへ貼り付けたいグラフを選択して切り取り（またはトリミング）
5．MS Word や MS PowerPoint へ貼り付け

状況② ウェブサイト上で表示された数表を利用する場合

用いるツール：MS Excel

1．PATENTSCOPE などの無料ツールで表示される数表をコピー＆ペースト（Lens.org は CSV データダウンロード可）
2．MS Excel に貼り付け
3．グラフウィザードでグラフ作成
4．MS Word や MS PowerPoint へ貼り付け

　本章で紹介した Lens.org や PATENTSCOPE などを利用するとグラフデータも表示されるが、同時に数表データも表示される。表示されるグラフデータではなく自身でグラフの色やフォントなどを調整したい場合は、数表データを MS Excel へコピー＆ペーストしてマップ化したほうがよいであろう。

2　キーボードによっては Print Sc ボタンと同時に Fn ボタンを押さないとキャプチャできないものもある。

COLUMN 「無料データベースからの特許リスト作成：Lens.org」

　第3章ではJ-PlatPat 特許・実用新案検索から［CSV 出力］機能を用いて特許リストを作成する方法を解説した[3]。J-PlatPat 以外に無料データベースから特許リストを作成する際には、欧州特許庁が運営する Espacenet やドイツ特許商標庁が運営する DEPATISnet、そして Google Patents や Lens.org などを用いる。ここでは、日本をはじめ主要国について特許・実用新案データを収録している Lens.org[4]を用いて特許リストを入手する方法を説明する[5]。

　まず、検索エンジンで "Lens.org" と検索し、下記のウェブサイトにアクセスし、［Our Apps］から［Patents］をクリックする。

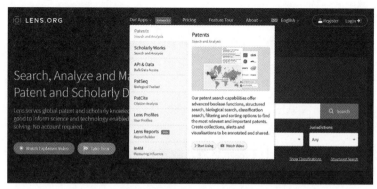

図　Lens.org ウェブサイト

　次に、検索項目を選択して検索を構築したら［SEARCH］ボタンを押す（ここでは検索項目として［Title,Abstract or Claims］を選択し、キーワードは "blockchain" を入力している）。

3　改訂版では J-PlatPat の検索結果一覧を MS Excel にコピー＆ペーストして特許リストを作成する方法について解説していたが、第3版では説明していない。改訂版の特許リスト作成方法についてはイーパテント YouTube チャンネル「【無料で出来るパテントマップ作成講座1】J-PlatPat の検索結果一覧を Excel に貼り付け」を参照いただきたい。

4　Lens.org の収録国については検索画面左側の［Judriction］から参照されたいが、日本をはじめ米国・欧州・中国・韓国および PCT などの主要国・地域は収録されている。

5　Lens.org の1回当たりのダウンロード可能件数は1000件までとなっている。

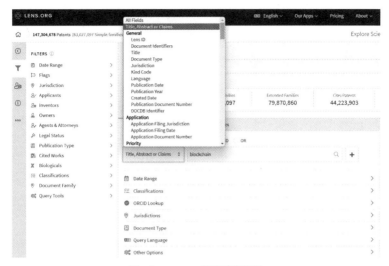

図　Lens.org 特許検索画面

"blockchain" で検索すると４万9595件ヒットする（本書執筆時点）。右側にある
［Analysis］ボタンをクリックすると**第４章**で説明したようにオンライン上で統計解
析を行うことができるが、特許リストをダウンロードする際は、以下の図の［Export］
をクリックする。

図　Lens.org 特許検索結果一覧とダウンロード

ポップアップする［Export］からダウンロード件数（1回当たり最大1000件であ
るため、検索式で作成した母集団が1001件以上の場合は［Data Range］などで
1000件以内の母集団に分割した上でデータを統合）、ダウンロードフォーマット（デ
フォルトは CSV）、出力する項目などを選択してダウンロードする。

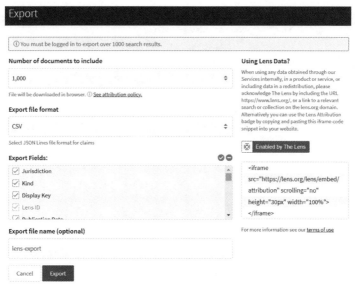

図　Lens.org の Export ウィンドウ

なお、Lens.org で検索した場合、デフォルトは出願単位であるが［Family Options］から Simple Family または Extended Family のファミリー単位で集約することも可能である。

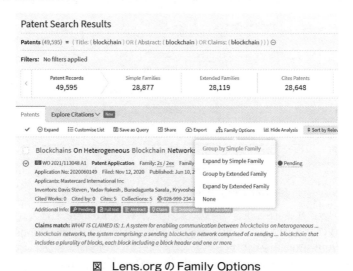

図　Lens.org の Family Options

以下が Lens.org からダウンロードした特許リスト（CSV）である。

	A	B	C	D	E	F	G	H	I	J	K	L	M
1	#	Jurisdictio	Kind	Display Ke	Lens ID	Publication Date	Publicatio	Applicatio	Applicatio	Priority N	Earliest P	Title	Abstract
2	1	WO	A1	WO 2021/0	028-999-2	2021/6/10	2021	US 2020/0	########	US 20191	########	BLOCKCH	A system
3	2	US	B2	US 11411	049-404-5	2022/8/9	2022	US 20191	########	US 20191	########	Alignment	A system
4	3	US	A1	US 2021/0	176-202-0	2021/3/18	2021	US 20191	########	US 20191	########	ALIGNME	A system
5	4	US	B2	US 10938	116-412-5	2021/3/2	2021	US 20181	########	US 20181	2017/7/7	Blockchai	An event
6	5	WO	A1	WO 2019/0	095-166-8	2019/1/10	2019	US 2018/0	########	US 20176	2017/7/7	BLOCKCH	An event
7	6	US	A1	US 2019/0	162-852-6	2019/1/10	2019	US 20181	########	US 20181	2017/7/7	BLOCKCH	An event
8	7	US	B2	US 10997	179-999-8	2021/5/4	2021	US 20191	########	US 20181	########	Blockchai	An exam
9	8	US	A1	US 2020/0	115-084-8	2020/4/9	2020	US 20181	########	US 20181	########	BLOCKCH	An exam
10	9	US	A1	US 2020/0	009-991-1	2020/4/9	2020	US 20181	########	US 20181	########	BLOCKCH	An exam
11	10	US	A1	US 2020/0	158-262-3	2020/7/30	2020	US 20191	########	US 20191	########	VIRTUAL	An exam
12	11	US	B2	US 11303	004-332-0	2022/4/12	2022	US 20181	########	US 20181	########	Blockchai	An exam
13	12	US	B2	US 11195	158-737-2	2021/12/7	2021	US 20191	########	US 20191	########	Virtual blo	An exam
14	13	EP	A1	EP 39056	062-576-5	2021/11/3	2021	EP 18944	########	CN 20181	########	DATA PR(	The pres
15	14	US	A1	US 2021/0	157-193-5	2021/7/1	2021	US 20181	########	CN 20181	########	METHOD	A method
16	15	US	A1	US 2022/0	104-377-0	2022/6/30	2022	US 20221	########	US 20221	########	Blockchai	An exam
17	16	US	B1	US 11245	013-667-1	2022/2/8	2022	US 20191	########	US 20191	########	Blockchai	Systems
18	17	US	A1	US 2021/0	011-378-8	2021/5/27	2021	US 20191	########	US 20191	########	BLOCKCH	A blockch
19	18	WO	A1	WO 2020/0	149-945-9	2020/4/16	2020	EP 20190	########	US 20181	########	BLOCKCH	A blockch
20	19	US	A1	US 2022/0	070-113-0	2022/12/8	2022	US 20221	########	US 20221	2021/6/8	LOCKING	The pres
21	20	EP	A1	EP 37267	089-017-7	2020/10/21	2020	EP 20160	########	US 20191	########	TRANSPA	Various e
22	21	US	A1	US 2020/0	159-116-9	2020/12/31	2020	US 20201	########	US 20201	########	TRANSPA	Various e
23	22	US	A1	US 2018/0	071-073-4	2018/6/14	2018	US 20161	########	US 20161	########	INTERLO(	Systems
24	23	US	A1	US 2020/0	166-453-2	2020/10/22	2020	US 20191	########	US 20191	########	TRANSPA	Various e

図　Lens.org からダウンロードした特許リスト

　Lens.org からは Cites Patent Count（引用回数）や Cited by Patent Count（被引用回数や）のほか、Legal Status（権利状況）もダウンロードできるため、無料データベースでありながらさまざまな特許分析・パテントマップ作成を行うことができる。

第5章
特許以外と知財以外の情報収集

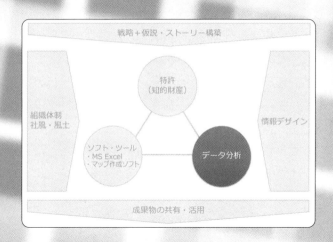

　　私がまずお薦めしたいのは、自分の仕事に関わることを深める
ということです。日常の仕事をこなして終わりにせず、自分の仕
事の基本にあることや本質まで深掘りして勉強するのです。やれ
ばやるだけ自分にもプラスになり、仕事にも役立ちます。内容に
よってはすぐ役立つ場合もあるでしょうし、ずっと後になって「あ
の時、勉強しておいてよかった」と思えることもあるでしょう。
どちらにしても、勉強したことは必ず役に立ちます。

（出所：小宮一慶『情報を「知恵」に変えるトレーニング』）

5.1　特許以外と知財以外の情報[1]の必要性

　第 2 章で述べたように特許情報は、世界中の技術情報の 80% 以上を網羅しており、企業の研究開発戦略だけではなく、経営・事業等の各種戦略を策定するために欠かせない情報源である。しかし、特許情報にも限界がある。それは、公開特許公報が発行されるのは出願日から原則 1 年半（18カ月）後であるという点である。つまり、2023年 9 月に発行される公開系特許公報の内容は2022年 3 月出願のものであり、2023年 9 月時点の内容ではない。どれだけ精緻な特許情報分析を行い、パテントマップを作成しても、それは 1 年半前の状況を反映したものである、という事実をまずは認識する必要がある[2]。

　この18カ月という情報の空白期間を埋めるための方法として、図 1 に示すように特許以外の知財情報（意匠・商標および訴訟）や、後述する PEST ＋ 2 P（マーケット情報や新聞、雑誌、企業情報、ベンチャー・スタートアップ情報、法規制、論文など）といった知財以外の情報を活用することが考えられる。企業で生まれた研究成果は全てが特許出願されるわけではなく、論文や学会発表等で公開される場合もあれば、ノウハウのような形で秘匿されることもある。知財以外の情報を活用することは18カ月の空白期間を埋めるだけでなく、第 6 章で述べるように、パテントマップを解釈する上でも重要である。また、第 2 章で述べたように分析プロジェクトにおける予備仮説や分析ストーリーを構築する際も、特許情報起点ではなくマーケット情報など、知財以外の情報を起点にしたほうが、特許情報分析結果をビジネス的な視点で活用できる。

1　改訂版までは "非特許情報" や "非知財情報" などの表現を用いていたが、こうした表現は知財中心主義・特許中心主義的な見方につながってしまうと考え、ここ数年は利用を控えている（参考：著者 note「非知財情報・非特許情報という表現やめませんか？」）。今回の第 3 版でも "非特許情報" や "非知財情報" といった表現は全て "特許以外の情報" や "知財以外の情報" に修正した。

2　ただし、出願から 1 年半経過しないと公開されないため、一律に特許情報は古い情報であると断じてしまうのは早計である。仮に 1 年半前の情報だとしても、3 年後や 5 年後の事業化を見据えて特許出願している場合もあるため、出願人の今後の戦略を予測する上で重要な情報であることに間違いはない（特許情報を新規事業のネタ探しに活用する方法としては楠浦崇央『新規事業を量産する知財戦略』を参照されたい）。

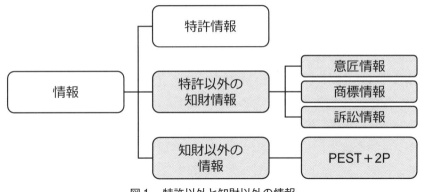

図1　特許以外と知財以外の情報

　図2に示したように、特許情報分析結果やパテントマップなどの知財情報レイヤーだけで考えるのではなく、その理由付けや今後の予測をニュースやプレスリリースなどの知財以外の情報レイヤーを用いて確認・推測し、逆にニュースやプレスリリースなどの知財以外の情報レイヤーで何か動きがあったら特許出願などでその兆候が表れていないか否かを確認する等、相互の情報レイヤーを交互に行き来しながら分析を進めていくとよい。次節以降では特許情報以外の知財情報や知財以外の情報の調べ方や活用方法について説明する[3]。

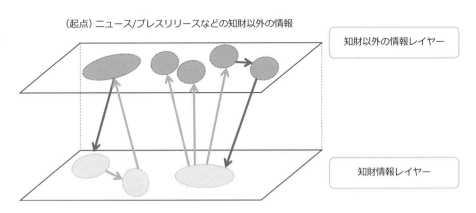

図2　知財・知財以外の情報レイヤーの情報の掛け算

5.2　特許以外の知財情報収集

　知財人材スキル標準（version2.0）のIPランドスケープのスキル評価指標には「自社及び競合の状況、技術・知財のライフサイクルを勘案した特許、意匠、商標、ノウハウ管理を含めた特許戦略だけに留まらない知財ミックスパッケージの提案（例：ある製品に対する市場でのポジションの提示、及びポジションを踏まえた出願およびライセンス戦略の提示等）」と記載されており、経営・事業や研究開発等へ知財情報を活用する上で、意匠や商標情報も考慮する必要がある。

　意匠は製品デザインを保護するものであり、特にコンシューマー製品の場合には競合他社とデザイン面での差別化を図る上で重要である[4]。また、商標も自社の製品・サービスを他社と区別するためのものであり、意匠と同様に重要な知的財産権である。

　本書では詳細は省略するが、特許情報と意匠・商標情報を複合的に分析することを知財ミックス分析と呼ぶ。知財ミックス分析については著者の学会発表記事「プロダクトライフサイクル成熟期・衰退期における知財ミックスの定量的検証」（2017）、「プロダクトライフサイクル成熟期・衰退期における知財ミックスの定量的検証（II）」（2018）やnote記事「【特許・意匠・商標の知財ミックス】小林製薬の鼻うがい "ハナノア"」やYouTubeチャンネル「意匠・商標弁理士と身近な商品を例にライブで知財ミックス分析」などを参照されたい[5]。

　また、訴訟については、知的財産権の権利行使がどれだけ活発に行われているか、そして、NPE（Non-Practicing Entity：不実施主体、いわゆるパテントトロール）による訴訟リスクを把握しておくために重要な情報である。

3　一般情報のリサーチ方法全般については拙著『調べるチカラ』のほか、上野佳恵『情報調査力のプロフェッショナル』、阿佐見綾香『ヒットをつくる「調べ方」の教科書』、米田恵美子『リサーチ＆データ活用の教科書』、アクセンチュア 消費財・サービス業界グループ『外資系コンサルのリサーチ技法（第2版）』などが参考になる。

4　日本の特許庁でも意匠を積極的に利用して企業がブランド構築・維持を図るための参考資料として「事例から学ぶ 意匠制度活用ガイド」「ものづくり中小企業のための意匠権活用マニュアル」などを公開している。

　なお、本章では触れないがパテントプールやSEP（標準必須特許）[6]等の技術標準に関する情報は、特に情報通信分野（5G、6G、IoTなど）の特許分析プロジェクトを実施する上で念頭に置いておくとよいであろう。

5.2.1　意匠情報[7]

　特許情報から競合他社の新製品・サービスに搭載する機能を把握するとすれば、意匠情報からは競合他社の新製品のデザインを把握することができる。特許情報と異なり、意匠情報から得られる情報は、書誌事項と図面のみである。

　意匠情報を活用した分析例として、特許庁が公開している意匠権設定状況マップが参考になる。意匠権設定状況マップは、特許庁が登録意匠に関する情報をデザイン開発や意匠出願・権利行使する際の参考情報としてより有効に活用できるようにマップ化する事業を平成12年度から16年度に行ったものであり、**表1**がテーマ一覧である[8]。

　意匠権設定状況マップでは**表2**に示すような分析を行っている。意匠情報を統計解析してマップ化することを可能であるが、実際にどの企業がどのようなデザインを出願・権利化しているのか見ることに主眼を置いている。グルーピングマップを作成し、その後、基本年表へ展開することでデザイン開発のトレンドを把握することができる。

　意匠権設定状況マップとは別に、特許庁では平成18年度から意匠出願動向調査を実施し、概要版についてウェブサイトで公開している。

5　ほかに知財ミックス分析については荒牧裕一『ソフトウェア業の知財ミックスと知財戦略：ゲーム業界における訴訟からの分析および提案』、富山明俊ほか「情報分析に基づくコモディティ市場への新規参入戦略」（「情報の科学と技術」71号3巻129頁［2021］）、日本知的財産協会情報検索委員会第3小委員会「知的財産権ミックス戦略の分析」（「知財管理」67巻8号1216頁［2017］）などがある。

6　SEP（標準必須特許）とは「技術標準を満たすために実施しなければならない発明をクレームする特許」（出所：ウィキペディア）であり、特許庁ウェブサイトの「標準必須特許ポータルサイト」などを参照されたい。

7　意匠に関する実務については藤本昇『これで分かる意匠（デザイン）の戦略実務 改訂版』が参考になる。デザイン開発と事前の調査や意匠マップについてもページを割いて解説している。

8　現在、特許庁ウェブサイトには意匠権設定状況マップは掲載されていないので、国立国会図書館インターネット資料収集保存事業（WARP：Web Archiving Project）を参照されたい。

表1　意匠権設定状況マップテーマ一覧

炊飯器	回転型いす（肘掛け付き）
電子計算機用表示機（パネル型）	植木鉢
ペットボトル	電気スタンド（蛍光灯・卓上型）
運動靴	自動車用ホイール
側溝用ブロック（管型）	携帯電話機
メガネフレーム	電気掃除機
エアーコンディショナー	事務用塗膜転写具
包装用袋	デジタルカメラ
腕時計	

　下表は直近5年間の意匠出願動向調査テーマ一覧であり、基本的に毎年マクロ調査は実施されている。なお、意匠権設定状況マップとは異なり、統計解析的な分析を主体にしている。

表2　意匠出願動向調査テーマ一覧[9]

意匠出願動向調査	テーマ
令和4年度	・マクロ調査
令和2年度	・マクロ調査 ・筆記具（特許出願動向と併せて調査）
令和元年度	・マクロ調査 ・オフィス家具（特許出願動向と併せて調査）
平成30年度	・マクロ調査 ・医療用及び実験用器具
平成29年度	・マクロ調査

9　令和3年度の意匠出願動向調査は実施されていない。

表3　意匠権設定状況マップ分析例（エアーコンディショナー）

分析項目	分析結果
基本年表 デザイン開発の変遷を 年代順に表現	
グルーピングマップ 基本形状に基づく意匠の グループ化	
ポジショニングマップ より感性的な評価軸に 基づく意匠の二次元マップ化	
出願動向（概説） 出願・登録件数等のデータ分析	

　意匠出願動向調査のマクロ調査からは、図3のように主要国でどのような分野の意匠出願が多いか把握することができるので、分析対象国を選択する際にも役立つ[10]。

　意匠情報の統計解析マップを作成する場合は、意匠リストが必要となる。図4ではJ-PlatPatの［CSV出力］機能を用いた意匠リスト作成方法について示す[11]。

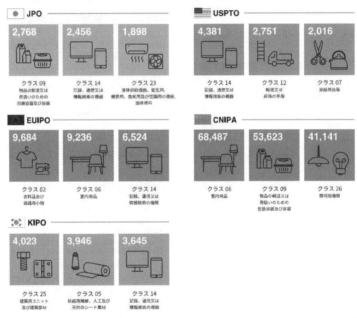

図3　日米欧中韓のロカルノ分類クラス別意匠登録件数 TOP3クラス（出所：特許庁「令和元年度　意匠出願動向調査マクロ調査」）

10　意匠とは「物品の形状、模様若しくは色彩若しくはこれらの結合、建築物の形状等又は画像であつて、視覚を通じて美感を起こさせるものをいう」（意匠法2条）であり、機械などのハードウエアだけではなく、建築物や画像なども保護対象に含まれる。分析対象テーマによっては特許だけではなく意匠も含めた分析を検討する必要がある。

11　意匠検索を行う際は、キーワードだけではなく意匠分類（ロカルノ分類や日本意匠分類・Dターム）を用いる必要がある。意匠検索テクニックの詳細について本書では説明しないので、藤本昇『これで分かる意匠（デザイン）の戦略実務 改訂版』や、イーパテント YouTube チャンネルの動画「マスクの意匠出願動向は？J-PlatPatから意匠マップ作成」サン・グループ／SUN・GROUP チャンネル「意匠分類の特定方法（調査）」「ミスしない意匠調査〜キーワード検索から意匠分類の収集まで〜」などを参照されたい。

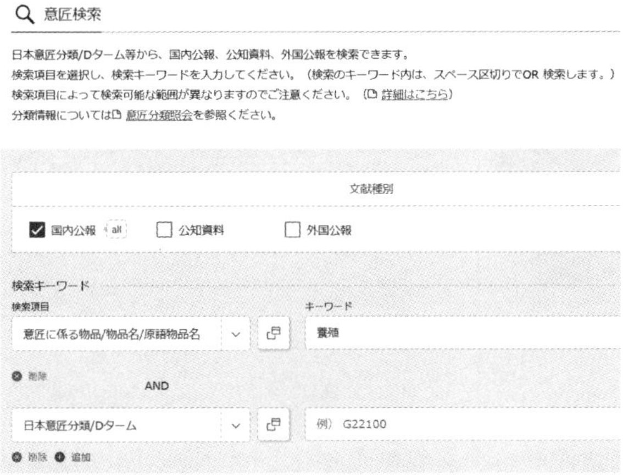

J-PlatPat の意匠検索メニューにアクセスし、検索条件を入力する

［意匠に係る物品 / 物品名 / 言語物品名］を「養殖」と入力

＊本来であれば意匠分類・D タームを確認すべきであるが、ここではキーワード検索のみとする

↓

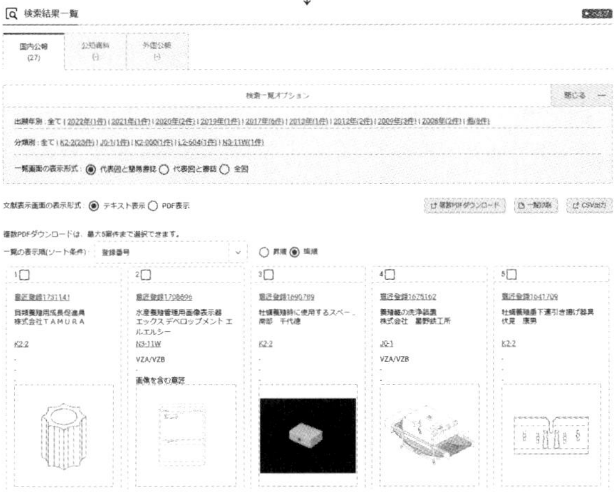

［検索］ボタンをクリックすると検索結果一覧が表示される

J-PlatPat の［CSV 出力］と同様にユーザ ID・パスワードでログインし、CSV をダウンロードする

↓

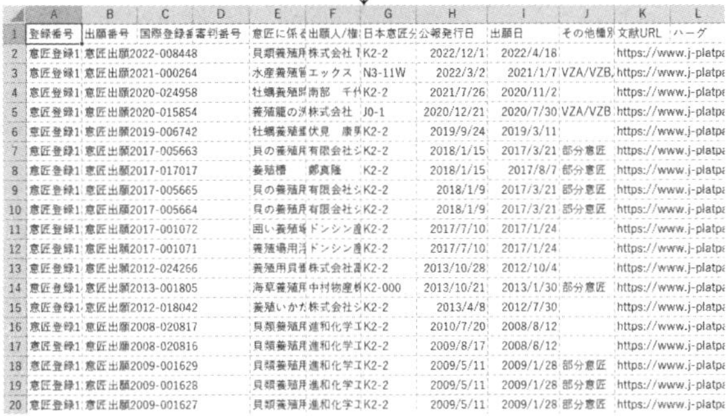

	A	B	C	D	E	F	G	H	I	J	K	L
1	登録番号	出願番号	国際登録番	審判番号	意匠に係る	出願人/権	日本意匠分	公報発行日	出願日	その他種別	文献URL	ハーグ
2	意匠登録1	意匠出願2022-008448			貝類養殖用	株式会社 T	K2-2	2022/12/1	2022/4/18		https://www.j-platpa	
3	意匠登録1	意匠出願2021-000264			水産養殖管	エックス	N3-11W	2022/3/2	2021/1/7	VZA/VZB,	https://www.j-platpa	
4	意匠登録1	意匠出願2020-024958			牡蠣養殖時	南部　千代	K2-2	2021/7/26	2020/11/2		https://www.j-platpa	
5	意匠登録1	意匠出願2020-015854			養殖籠の洗	株式会社	J0-1	2020/12/21	2020/7/30	VZA/VZB	https://www.j-platpa	
6	意匠登録1	意匠出願2019-006742			牡蠣養殖垂	伏見　康男	K2-2	2019/9/24	2019/3/11		https://www.j-platpa	
7	意匠登録1	意匠出願2017-005663			貝の養殖用	有限会社シ	K2-2	2018/1/15	2017/3/21	部分意匠	https://www.j-platpa	
8	意匠登録1	意匠出願2017-017017			養殖槽	鄭真隆	K2-2	2018/1/15	2017/8/7	部分意匠	https://www.j-platpa	
9	意匠登録1	意匠出願2017-005665			貝の養殖用	有限会社シ	K2-2	2018/1/9	2017/3/21	部分意匠	https://www.j-platpa	
10	意匠登録1	意匠出願2017-005664			貝の養殖用	有限会社シ	K2-2	2018/1/9	2017/3/21	部分意匠	https://www.j-platpa	
11	意匠登録1	意匠出願2017-001072			囲い養殖場	ドンシン産	K2-2	2017/7/10	2017/1/24		https://www.j-platpa	
12	意匠登録1	意匠出願2017-001071			養殖場用浮	ドンシン産	K2-2	2017/7/10	2017/1/24		https://www.j-platpa	
13	意匠登録1	意匠出願2012-024266			養殖用貝垂	株式会社渥	K2-2	2013/10/28	2012/10/4		https://www.j-platpa	
14	意匠登録1	意匠出願2013-001805			海草養殖用	中村物産株	K2-000	2013/10/21	2013/1/30	部分意匠	https://www.j-platpa	
15	意匠登録1	意匠出願2012-018042			養殖いかだ	株式会社シ	K2-2	2013/4/8	2012/7/30		https://www.j-platpa	
16	意匠登録1	意匠出願2008-020817			貝類養殖用	進和化学工	K2-2	2010/7/20	2008/8/12		https://www.j-platpa	
17	意匠登録1	意匠出願2008-020816			貝類養殖用	進和化学工	K2-2	2009/8/17	2008/8/12		https://www.j-platpa	
18	意匠登録1	意匠出願2009-001629			貝類養殖用	進和化学工	K2-2	2009/5/11	2009/1/28	部分意匠	https://www.j-platpa	
19	意匠登録1	意匠出願2009-001628			貝類養殖用	進和化学工	K2-2	2009/5/11	2009/1/28	部分意匠	https://www.j-platpa	
20	意匠登録1	意匠出願2009-001627			貝類養殖用	進和化学工	K2-2	2009/5/11	2009/1/28	部分意匠	https://www.j-platpa	

意匠リスト（図面は含まれない）がダウンロードできた

あとは**第 3 章**の特許情報分析と同じように前処理を行った上で各種分析・マップ作成を行う

図４　J-PlatPat を用いた意匠リスト作成

表4　無料の外国意匠情報データベース

DESIGN View	Global Design Database

J-PlatPat を用いれば日本意匠データを収集することはできるが、外国の意匠情報を効率的に収集するのは困難である[12]。外国の意匠情報を収集するには、**表4**に示す欧州連合知的財産庁（EUIPO）[13]の DESIGN View や世界知的所有権機関（WIPO）の Global Design Database を用いるとよい。

ただし、WIPO のデータベースからは意匠リストをダウンロードできないため、以下では DESIGN View について紹介する。DESIGN View で意匠を検索する際はトップページの［詳細検索］から行うとよい。

図5　DESIGN View トップページ

12　J-PlatPat の［意匠検索］メニューには外国公報として米国意匠公報、韓国意匠公報が収録されているが、収録国が限定的であるため著者は利用していない。

13　欧州連合知的財産庁（EUIPO）の旧称は欧州共同体商標意匠庁（OHIM：Office for Harmonization in the Internal Market）であったが、2016年に改称された。

図6　DESIGN View 詳細検索メニュー

　詳細検索メニューではテリトリー（地域）、オフィス（管轄する庁）のほか、意匠に係る物品の説明、意匠番号、意匠法律状態、出願人・権利者名などさまざまな項目で検索することができる。ここでは一番上の［製品の表示を入力］に「aquaculture」（養殖）と入力して［検索］ボタンをクリックする[14]。

　検索結果画面は図7のようになっており、意匠イメージや書誌事項に加えて権利状況も表示される。また、右上の［列を編集］からリスト表示する項目を選択することができる。

　チェックボックスから各意匠を選択し、左上の［エクスポート］ボタンをクリックすると、PDF、Excel、Word 形式でダウンロードすることが可能である。ダウンロード項目についても任意に選択することができる（ただし、1回当たりのダウンロード件数は20件である）。

14　本書執筆時に［意匠に係る物品の説明］＝ aquaculture と入力して検索したところ、エラーになり検索結果が表示されなかったため、詳細検索メニューである［製品の表示を入力］を用いて検索を行った。

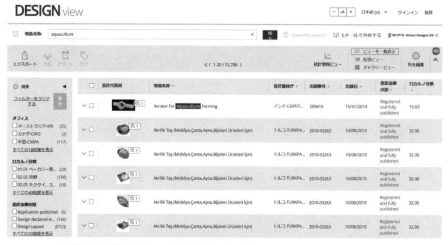

図7　DESIGN View 検索結果画面（キーワード：aquaculture）

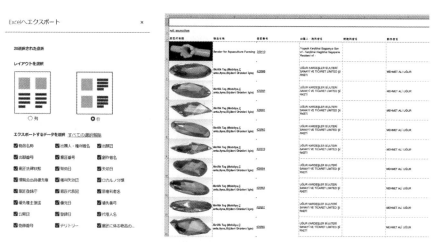

図8　DESIGN View の Excel エクスポート画面と Excel リスト

　なお、DESIGN View にはアセアン諸国に特化した ASEAN DESIGN View があり、ブルネイ、インドネシア、カンボジア、ラオス、ミャンマー、マレーシア、フィリピン、シンガポール、タイ、ベトナムの意匠情報を収録している。

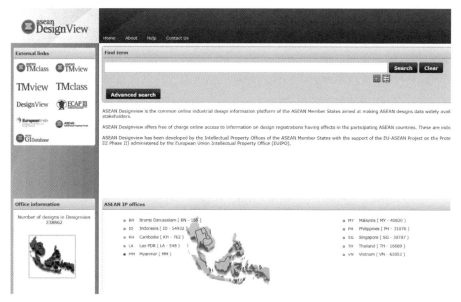

図9 ASEAN DESIGN View

5.2.2 商標情報

　技術動向や競合他社動向を分析する際に、商標が役立つのか？　と思うか
もしれない。しかし、商標情報を分析することで、競合他社が次に発表する
製品・サービスを予想できる場合もある[15]。

　しかし、商標情報についてマップ化する試みはあまり例がない（西尾今日
子ほか「商標マップ－既存商標データの視覚化による知財化支援－」（「第18
回データ工学ワークショップ（DEWS2007）」[2007]）など)[16]。

15　競合他社の商標情報から新規製品・サービスを予測可能な例としてその他の例としては著者
　の note 記事「【商標から見る】競合他社の新製品・新サービスを商標情報から予測する」を参
　照いただきたい。
16　イーパテント YouTube チャンネルでは「【無料で出来る商標マップ作成講座】J-PlatPat と MS
　Excel でユニクロの商標出願動向を分析する」を公開しているので、J-PlatPat から商標リストを
　作成する方法、商標の統計解析マップの作成方法について知りたい方は参照いただきたい。

　商標マップとしては、商標の時系列マップ（例　縦軸：製品・サービス、横軸：出願年）やマトリックスマップ（例　縦軸：企業、横軸：国際分類・類似群コードなど）などがある。

　特許庁は平成18年度より商標出願動向調査を実施し、概要版について公開している。商標情報の統計解析データが主体である。意匠出願動向調査とは異なり、近年の商標出願動向調査はマクロ調査のみを実施している。図10は「令和3年度商標出願動向調査マクロ調査」に掲載されている主要国・機関における産業分野別の出願区分数の割合である。

　日本をはじめ主要国で役務（サービス）に関する商標出願が多いことが分かる。商標を分析する際は、分析対象企業が、どの国・地域で、どの区分にどれくらい商標出願しているか、統計解析面からトレンドを把握することも重要であるが、個別の商標・ネーミングや称呼を確認することも必要である。

　なお、外国の商標情報を収集する際は欧州連合知的財産庁（EUIPO）のTMviewまたは世界知的所有権機構（WIPO）のGlobal Brand Databaseを用いるとよい。

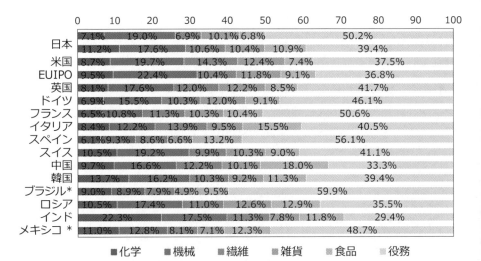

図10　主要国・機関における産業分野別の出願区分数の割合（出所：特許庁「令和3年度商標出願動向調査マクロ調査」）

表5　無料の外国商標情報データベース

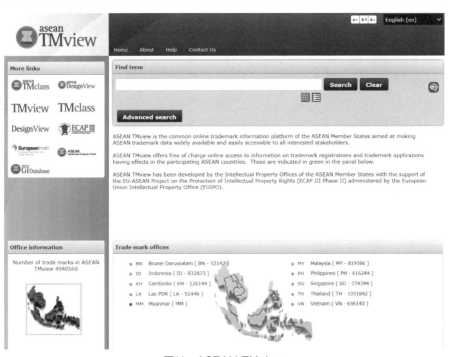

図11　ASEAN TMview

　TMView を用いて商標情報分析を行うための商標リストを入手する方法は、DESIGN View と同様である。また、TMView もアセアン諸国に特化した ASEAN TMview がある。

5.2.3　知財訴訟情報[17]

　分析対象テーマおよび特定技術分野における動向を把握し、事業戦略や研究開発戦略を策定する上で、知財リスクを把握するためには訴訟情報を収集することが重要である。新規参入を検討しているビジネス領域において、知財訴訟が頻繁に発生している場合、十分に知的財産面の備えを行う必要がある。

　知財訴訟については、日本国内であれば裁判所の知的財産裁判例集または知的財産高等裁判所の裁判例検索で調べることができる。

　下図の知財高裁の裁判例検索データベースには、2005年4月1日の知財高裁設立以降の判決（侵害訴訟と審決取消訴訟）のほぼ全件と、決定その他の一部が掲載されている（2005年3月以前の東京高裁判決も一部掲載）。

図12　日本の知的財産判例データベース（知的財産高等裁判所）

17　知財訴訟関連の情報収集については、内容的に一部古いところがあるが、酒井美里「知財審判・訴訟情報調査入門～無料入手可能なソースを中心に」（「情報の科学と技術」66巻7号325頁［2016］）や倉増一「米国特許訴訟判例の調査方法と判決文の読み方」（「情報の科学と技術」66巻7号331頁［2016］）がまとめている。

表6 Darts-IP に収録されている訴訟情報の種類[18]

査定不服審判／行政手続きに関する聴聞 契約に関する訴訟	異議申立て その他の訴訟
刑事訴訟	所有権に関する訴訟
権利不存在確認訴訟	CBM・ビジネス方法特許レビュー
冒認手続き	PGR －付与後レビュー
職務発明に関する訴訟	（AIA 施行前）当事者系再審査手続き
査定系再審査手続き	再審
侵害訴訟	取消訴訟
（AIA 施行前）抵触審査手続き	訂正審判
IPR －当事者系レビュー	権利範囲確認審判
取消し手続き／無効審判・訴訟	出願人上訴

　国内外の知的財産の判例については、有料のデータベース Darts-IP があるが、ここでは無料で利用できて特許訴訟の有無について確認することが可能な Google Patents について紹介する。

　Google Patents は無料データベースであるが、有料の Darts-IP の訴訟情報を収録している。ただし、収録しているのは訴訟の有無のみであり、被告などの詳細情報は確認できない。なお、Darts-IP に収録されている訴訟情報は図13のようになっており、侵害訴訟以外にも幅広く収録している。

　Google Patents を用いて訴訟関連特許を調べる際は、特定の条件で検索を行い（以下では「養殖」というキーワードで検索）、左下の［Litigation］から［Has Related Litigation］をクリックする。

　すると、訴訟関連の特許に絞り込むことができる。該当する特許について発明の名称のリンクをクリックして個別公報を表示すると、出願経過情報の中に［First worldwide family litigation filed］が確認できる。

18　Darts-IP に収録されている訴訟情報の種類についてはクラリベイト・アナリティクス・ジャパンのウェブサイト掲載 PDF 資料「訴訟情報と特許情報をあわせたグローバルな調査・分析を可能にする DI 訴訟情報オプションのご紹介」（2021）より転載した。

図13　Google Patents を用いた訴訟関連特許の調べ方

[First worldwide family litigation filed] をクリックすると Darts-IP の
ページへ移るが、確認できる情報は地域（CASES BY REGION）と種類
（CASES BY TYPE)[19]のみである。

図14　Google Patents に収録されている訴訟関連特許

5.3　知財以外の情報の種類と活用形態

特許以外の知財情報として意匠、商標および訴訟について前節で説明したので、本節では知財以外の情報について述べる。

特許庁の IP ランドスケープの定義「事業戦略又は全社戦略の立案に際し、① 事業・経営情報に知財情報を組み込んだ分析を実施し、② 分析結果（現状の俯瞰・将来展望等）を事業責任者・経営者と共有すること」（出所：経営戦略に資する知財情報分析・活用に関する調査研究）にもあるように、各種戦略立案をする上で知財情報だけではなく、事業・経営情報などの知財以外の情報についても収集して複合的・多面的に分析を行う必要がある。

5.3.1　知財以外の情報の種類

知財以外の情報の種類を整理する上で、外部環境分析のフレームワークである PEST（Political、Economical、Social、Technological）に、2つの P（Person、Product[20]）を加えた PEST ＋ 2 P で考えるとよい。図15に PEST ＋ 2 P の情報と、その情報の対象範囲[21]について示す。

PEST ＋ 2 P の枠組みの中で過去から現在、そして近々の将来まで把握できるのは、Political 情報（法律や規制、技術標準など）である。これらは国の審議会や国際機関における協議を経て採択されて施行される。採択されたと同時に施行されることはないので、国の審議会や国際機関における状況を把握することで、今後どのような法律改正や規制強化・規制緩和などがあるかを予測することができる。

19　種類としては ADMINISTRATIVE（行政）、JUDICIAL（訴訟）、ARBITRATION（仲裁）の3種類に分かれている。
20　Product には製品・商品といったハードウエアだけではなく、サービス・ソリューションなどのソフトウエアも含む。
21　図15に示す過去・現在・将来というのは厳密なものではなく、あくまでも著者の所感である。

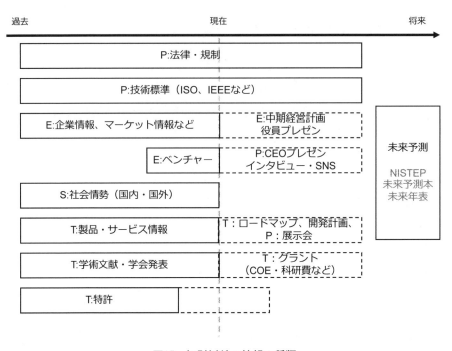

図15　知財以外の情報の種類

　Econmical 情報（企業・ベンチャー情報やマーケット情報[22]）は過去から現在までのものであるが、企業から発表される中期経営計画や役員のプレゼン、また、イーロン・マスク氏などの注目を集める起業家のプレゼンやインタビュー、ソーシャルメディア（Person 情報）からは、その企業がどのような方向を目指すのか、どのような社会変革を起こそうとしているのかを推測することができる。

　Social 情報について、日本だけではなく今後新規参入を予定している国・地域の、過去から現在までの社会情勢を把握することは、対象とする国・地域が今後どのように変化するかを予測する上で欠かせない情報である。

22　図15には記載していないが市場予測レポートなど将来までスコープに入れた情報も含まれる。Social 情報についても同様である。

　Technological 情報としては既に上市されている製品・サービス情報（カタログ、マニュアルやウェブサイト上で公開されている情報）のほかに、学術文献[23]や学会発表などが代表的なものである。テクノロジーの将来動向を把握する上ではロードマップや開発計画といった情報も重要であるが、CESに代表される国際的な展示会において各企業が出展している未来を見据えたProduct 情報（製品・サービス）にも気を配るとよいであろう。また、学術文献は主に基礎研究の成果を発表する媒体であるが、より将来を見据えた萌芽的な研究動向を捉えるためにはグラント（政府機関などから交付される研究補助金・寄付金）も念頭に置いておくとよい。特に分析対象テーマが萌芽期のテクノロジーである場合や自社の保有技術を活用した新規事業開発案を検討する際は、特に重要である。

　図15には Technological 情報として特許も掲載しているが、本章の脚注1でも述べたように、特許情報は出願から1年半経過しないと公開されないため、一律に特許情報は古いと断じてしまうのは早計である。出願時点で3年後や5年後の事業化を見据えて特許出願している場合もあるため、図15のチャートでは破線で現在から将来までを補足可能な情報として示している。

　最後に PEST＋2P の枠組み以外の情報として未来予測がある。自社の今後の戦略を描く上で、10〜30年後どのようになっているか把握できていれば、戦略の精度が上がることは間違いない。未来予測については5.4で触れる。

5.3.2　知財以外の情報の活用パターン

　各種戦略立案等へ知財情報だけではなく、知財以外の情報も組み合わせて分析することが必要かつ重要であることは5.1でも述べたが、それでは知財以外の情報をどのように活用すればよいのであろうか？

23　査読付き学術文献の場合、特許情報と同様に論文提出から1〜2年程度経て発行されるものもある。一方、学会発表などは講演要旨集を事前に提出する必要があるが、学会発表時でのディスカッションなどリアルタイムに最新情報を入手することが可能である。著者はさまざまな学会に所属しているが、中でも技術の進歩が著しい人工知能分野については、人工知能学会に賛助会員として所属するだけではなく、毎年1回開催される人工知能学会全国大会に現地で参加してリアルタイムに最新情報を入手するように努めている。

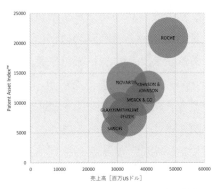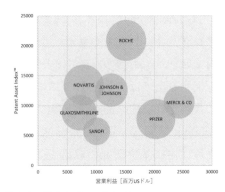

図16　誤った特許情報と知財以外の情報の組み合わせ

　IP ランドスケープの定義に「① 事業・経営情報に知財情報を組み込んだ分析を実施」とあるので、**図16**のように縦軸に特許情報の軸、横軸に知財以外の情報の軸を取るのが最も誤りやすい例である[24]。

　図16は医薬品企業を対象として、縦軸に Patent Asset Index（PatentSight 社の特許価値評価指標）、横軸に売上高（左）、営業利益（右）を取り、バブルサイズは Competitive Impact（1ファミリー当たりの平均価値）を取ったマップである。つまり、縦軸は特許情報を、横軸は知財以外の情報をベースとした軸である。左側のグラフを見ると特許の価値と売上高が相関しているように見えるが、右側のグラフからは相関関係は確認できない[25]。

　このように特許情報の軸と知財以外の情報の軸を組み合わせれば何か見いだせると考えるのは早計である。しかし、著者も特許出願件数規模と市場規模をそれぞれ縦軸・横軸に取ったマップを作成することもあるので、特許情報の軸と知財以外の情報の軸を組み合わせることが100%誤っているわけではない。

24　著者が日本知財学会第17回年次学術研究発表会で発表した「業界・業種において特許出願構造・特許価値が業績へ与える影響に関する定量的検証」から転載している（note にも同タイトルの記事を掲載しているので興味ある方は参照いただきたい）。

25　メルク、ファイザーのグループと、ロシェなどのその他グループの中では相関関係がありそうに見えなくもないが、このグラフから「特許の価値を上げることが営業利益を上げるために必要である」と結論付けるのは難しい。ましてや「特許の価値を上げれば売上高が上がる」というのはロジックが破綻している。

　重要な点は、予備仮説を検証する上で知財情報と知財以外の情報を組み合わることが有効か否かを検討することである。

　また、仮に特許情報のみのパテントマップであっても、分析項目を設定する上で知財以外の情報（マーケット情報や競合他社の論文など）も加味していれば、ビジネス的な視点で特許情報分析を行っているので「① 事業・経営情報に知財情報を組み込んだ分析を実施」していると考えている。

　それでは、知財以外の情報をどのように活用すればよいかというと、**図17**のように「束として利用」と「１件１件利用」の２パターンに分かれる。

　知財以外の情報の活用パターンとして分かりやすいのは、**図18**のように特定のテーマについて特許、論文、ニュースの件数を１つのマップ上で比較するような「束として利用」する場合であろう。

　「束として利用」する場合、ある程度マクロレベル（例えば**図18**の燃料電池車）の分析対象テーマであることが望ましい。

　仮に分析対象テーマがミクロレベルだと、知財以外の情報が、2005年に１件、2010年に１件…のようになってしまい、統計解析的に分析する意味がなくなってしまう可能性が高い。

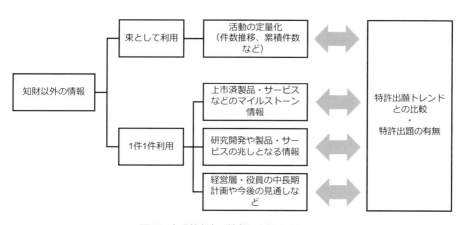

図17　知財以外の情報の活用パターン

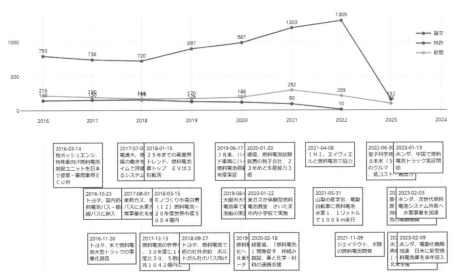

図18　知財以外の情報を束として利用する場合[26]

　一方、知財以外の情報の活用パターンとしては「1件1件利用」するのが一般的である。

　特許情報を分析したところ、ある企業の出願が急増していた理由を企業ウェブサイトや中期経営計画から特定・推測したり、逆に異業種の企業が自社の事業領域へ新規参入を図ることをプレスリリースで発表し、その新規参入に関して既に出願されている特許を確認して、自社の今後の対応策について検討することなどが「1件1件利用」のパターンとして考えられる。

5.3.3　知財以外の情報収集

　本項では5.3.1で取り上げた知財以外の情報の主な情報源や収集方法について述べていく。

26　ジー・サーチ社の JDream Innovation Assist（特許・論文・ニュースのハイブリッド分析を行うことができる分析ツール）を用いて「燃料電池 AND 車」で検索した結果である。下の吹き出しは主なニュースの日付・見出しが掲載されている（記事タイトル出所：日刊工業新聞）。

① Political（法規制や技術標準）

　上述したように法律や規制、技術標準などの Political 情報は、今後の法律改正や規制強化・規制緩和を予測し、自社のビジネスや業界動向へ与える影響を考察する上で重要な情報である。

　現行の法律や規制であれば各国の政府ウェブサイトで確認すればよい。日本であれば e-Gov 法令検索などがある。今後の法律・規制の動向については各省庁の審議会や研究会[27]を確認するとよいであろう。例えば2020年12月に欧州委員会が発表した新たなバッテリー規制に対応する日本政府の状況を確認するのであれば、経済産業省の「蓄電池のサステナビリティに関する研究会」の第1回研究会（2022年1月21日）の事務局資料を見ると、以下のような論点が設定されていることが分かる。

本研究会においてご議論いただきたい点（案）

●本資料においては、1）自動車産業の電動化に伴って急増する蓄電池のサステイナビリティ確保の重要性、2）ESG 投資等の企業活動のサステイナビリティ確保に向けた動き、3）諸外国の動向等を整理したが、**今後、どのような視座をもって、蓄電池のサステイナビリティ確保に向けた制度的枠組みの検討を進めていくべきか。**

●当面の検討課題としては、諸外国の情勢等を踏まえ、
　① 蓄電池の**ライフサイクルでの GHG 排出量（カーボンフットプリント）の算定**
　② 蓄電池のサプライチェーン上における**リスクを継続評価・低減していく仕組み（デュー・ディリジェンス）**
　③ 蓄電池の**リユース・リサイクルを促進する仕組み**
　④ 上記を実施するための**データ流通の仕組み**
の4つとし、まずは、急増が見込まれる**車載用蓄電池を念頭においた検討を行うこととしてはどうか。**

●現時点では市場が未確立であり、また、算定手法等についても詳細な検討が必要なものであることから、**スピード感を持って、年央頃を目処に、中間的な整理を行いながら**、その**内容を試行的に運用**し、**その運用結果を踏まえて更なる改善**するなど、**PDCA を通じた改善を意識した進め方としてはどうか。**

図19　蓄電池のサステナビリティに関する研究会における論点

27　法律・規制ではないが、知的財産業界に大きなインパクトを与えた知財ガバナンスに関する動向であれば、首相官邸の知的財産戦略本部内に設置されている知財投資・活用戦略の有効な開示及びガバナンスに関する検討会の議事次第・資料などを適宜チェックすればよい。この検討会のディスカッションの結果が「知財・無形資産ガバナンスガイドライン」としてまとめられている。

その後の検討会の資料を追うことで、カーボンフットプリントの算定や蓄電池のリユース・リサイクルを促す仕組みに関して、どのような法律や規制を検討しているか確認することができる。自社に関わる業界・業種に関する今後の見通しであれば、関連省庁の審議会や研究会をチェックすればよいが、国全体のイノベーション政策を把握し、自社ビジネスへ与える影響を考察する際は内閣府の総合科学技術・イノベーション会議なども参考になる。

② Economical（企業情報・ベンチャー情報）

Econimical 情報の中でも特定企業に関する情報を収集する場合、まずは企業ウェブサイトや有価証券報告書、アニュアルレポート、統合報告書などを丹念に確認するとよい。また、企業ウェブサイトに掲載されているプレスリリース・ニュースリリースも重要な情報源である。

企業ウェブサイトには社員数などの企業の基本データのほか、売上高・利益などの財務情報や各製品・サービスの紹介、また、中期経営計画などのIR 資料が掲載されている。特に役立つのが有価証券報告書である。有価証券報告書に記載されている内容は以下に示すようなものであり、企業の概況、事業の状況、設備の状況などを閲覧することができる。分析対象企業の「経営上の重要な契約等」や「研究開発活動」は特に重要な項目である。

表7　有価証券報告書に記載されている主な項目

第一部 企業情報	3 対処すべき課題
第1 企業の概況	4 事業等のリスク
1 主要な経営指標等の推移	**5 経営上の重要な契約等**
2 沿革	**6 研究開発活動**
3 事業の内容	7 財政状態、経営成績およびキャッシュ・フローの状況の分析
4 関係会社の状況	
5 従業員の状況	第3 設備の状況
第2 事業の状況	1 設備投資等の概要
1 業績等の概要	2 主要な設備の状況
2 生産、受注および販売の状況	3 設備の新設、除却等の計画

　有価証券報告書は図20に示したEDINET（金融商品取引法に基づく有価証券報告書等の開示書類に関する電子開示システム）で閲覧することができる[28]。企業名からの検索のほかに、書類全文検索なども可能であり、特定技術に関するキーワードを入力すれば、当該技術に関する研究開発や製品・サービス開発を行っている企業を探し出すこともできる。

　ここでは一例として日立製作所の"経営上の重要な契約等"と"研究開発活動"の欄を示した。"経営上の重要な契約等"では、企業がライセンスアウト・ライセンスインしている契約を見ることができる。ただし、全ての契約が開示されているわけではない点に注意する必要がある[29]。

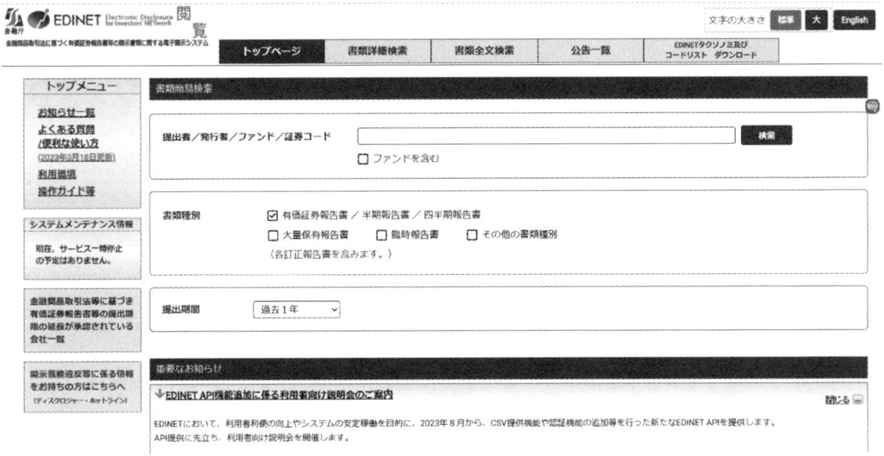

図20　EDINET トップページ

28　EDINET ではなく企業ウェブサイトからも有価証券報告書の PDF を閲覧することができるが、EDINET ではテキストベースの検索が可能であり、必要なテキスト情報をコピー＆ペーストできるので著者は EDINET を用いることが多い。

29　医薬品メーカーの"経営上の重要な契約等"には相手先・技術の内容や対価の受取・契約期間などが開示されていることが多い。なぜならば、医薬品業界においては契約が経営に与える影響が大きいため、株主への説明責任を果たす目的で契約について詳細に開示する必要がるためである。一方、自動車メーカーやエレクトロニクスメーカーなどは、ライセンス契約が存在していたとしても、有価証券報告書に記載していないケースが多い。

表8　日立製作所の第153期有価証券報告書・経営上の重要な契約等

契約会社名	相手方の名称	国名	契約品目	契約内容	契約期間	
株式会社日立製作所（当社）	International Business Machines Corp.	アメリカ	インフォメーションハンドリングシステム	特許実施権の交換	自	2008年1月1日
					至	2023年1月1日までに出願された特許の終了日
〃	HP Inc. Hewlett Packard Enterprise Company	アメリカ	全製品・サービス	特許実施権の交換	自	2010年3月31日
					至	2014年12月31日までに出願された特許の終了日
〃	EMC Corporation	アメリカ	インフォメーションハンドリングシステム	特許実施権の交換	自	2003年1月1日
					至	2007年12月31日までに出願された特許の終了日
日立GEニュークリア・エナジー株式会社（連結子会社）	GE-Hitachi Nuclear Energy Americas LLC	アメリカ	原子炉システム	特許実施権の交換 技術情報の交換	自	1991年10月30日
					至	2023年6月30日

　図21は日立製作所の"研究開発活動"の抜粋である。この項目では研究開発内容だけではなく、研究開発体制やセグメント別の研究開発費、研究開発の成果などの情報を入手することができる[30]。

　なお、有名な企業であれば、その企業に関する書籍や企業経営者や企業OB が執筆した書籍[31]、雑誌の記事なども参考になる。

　国内外を問わず上場企業であれば、企業ウェブサイトや有価証券報告書、アニュアルレポートなどからある程度の情報を収集できるが、ベンチャー・スタートアップになると入手できる情報が限られる。ベンチャー・スタートアップ情報に特化した crunchbase や STARTUP DB、INITIAL などの有料データベースもあるが、限界があるため、丹念に Google 検索を行うほか、ベンチャー・スタートアップの創業者（特に CEO や CTO など）の名前で

30　有価証券報告書の研究開発活動については直近年度だけではなく、過去数年間について収集して MS Excel などで整理するとよい。

31　例えば日立製作所であれば、就職活動研究会『日立製作所の就活ハンドブック 2023』のほか、経営者 OB の執筆した川村隆『ザ・ラストマン』、川村隆『100年企業の改革私と日立』、東原敏昭『日立の壁』などがある。また、ここでは取り上げないが雑誌の記事や MBA のケーススタディになっている場合もある。

（3）研究開発費

　当連結会計年度における当グループの研究開発費は、売上収益の3.1%にあたる3,173億円であり、セグメントごとの研究開発費は、次のとおりです。

セグメントの名称	研究開発費 （億円）
IT	515
エネルギー	383
インダストリー	108
モビリティ	306
ライフ	505
オートモティブシステム	758
日立建機	254
日立金属	124
その他	18
全社（本社他）	200
合　　計	3,173

研究開発費の推移

（注）（　）内の数値は、研究開発費の売上収益合計に占める割合です。

（4）研究成果

　当連結会計年度における研究開発活動の主要な成果は、次のとおりです。
　①企業内の「ダークデータ」に着目した「データ抽出ソリューション」を提供開始（ITセグメント）
　「ダークデータ」と呼ばれる、日々の企業活動で生成・蓄積されるものの有効活用できていない膨大なデータに光をあて、新たな価値を見出す「データ抽出ソリューション」を開発し、提供を開始しました。本ソリューションは、日立が参画する米国スタンフォード大学の企業参画プログラムで開発されたAIを中核としたダークデータ分析エンジンを活用し、請求書や診療明細書といった発行元によって様式や表記が異なる非定型ドキュメントの利用において、取得したいデータの抽出作業を自動化・高度化するものです。日々蓄積する膨大なダークデータの中から、価値あるデータを導き出し、データ利活用による経営判断の迅速化やビジネスの変革に貢献します。

図21　日立製作所の第153期有価証券報告書・研究開発活動（抜粋）

検索を行い、どのような経歴を経て起業したのか、つながりのありそうな大学・研究機関や組織はどこか、などの観点で情報収集するとよいであろう[32]。

③ Economical（マーケット情報・業界動向）

　さまざまな分析を行う上でマーケット情報・業界動向は欠かせない。自社の業界に関することであれば知識や経験を活用できるが、新規事業戦略のための分析を行う際に不慣れな業界・業種について分析をするには、まず、業界特性やマーケット動向を把握する必要がある。マーケット情報や業界動向について調べたい場合、次ページの**表9**に示すような情報源がある。

32　ベンチャー・スタートアップについては後述するように創業者や経営者、従業員の Twitter などのソーシャルメディアの情報も参考になることがある。また、欧米企業では創業者や経営者、従業員がビジネス向けソーシャルメディアである LinkedIn のアカウントを持っていることが多いため、LinkedIn の分析対象企業ページからおおよその従業員数やその従業員の肩書などを把握できる場合もある。

表9　主なマーケット情報入手の情報源

種類	情報源の例
有料データベース[33]	●ジー・サーチ ● SPEEDA ● MDB（マーケティングデータバンク） ● Statista
国際機関・官公	●国際機関のレポート・統計 ●白書[34] ●審議会・研究会の配布資料・報告書 ●**委託調査報告書** ● e-Stat（政府統計の総合窓口）
国内市場調査会社[35]	●富士経済 ●富士キメラ総研 ●矢野経済研究所
外資系コンサルティングファーム[36]	● The McKinsey Quarterly（マッキンゼー・アンド・カンパニー） ● BCGパブリケーションズ
その他	●業界団体ウェブサイト ●経済レポート情報（ネット上で発表されるシンクタンク・マーケティングレポート等のポータルサイト） ●**みずほ産業調査、Mizuho Industry Focus（みずほ銀行）** ●調査のチカラ（統計データを網羅的に検索可能） ●生活総研（テーマ調査、生活定点、未来予測）
書籍	●業界本 ●業界地図（「会社四季報」業界地図、日経業界地図）

33　マーケット情報データベースとしてはユーザベースのSPEEDAが有名である。著者はイーパテントを設立してから2年後にSPEEDAを契約したが、SPEEDAを導入する前はGoogle検索や**表9**に掲載されている無料情報源を用いてマーケット情報を収集していた。現在はSPEEDA以外にStatista（統計情報を収録した有料データベース）なども契約しているが、依然として無料データベースからのマーケット情報収集も活用している。

34　経済産業省のものづくり白書（旧・製造基盤白書）では、日本やグローバル市場における製造業の動向といったマクロ面でのデータから、主要製造業の課題と展望のように各業界の統計データや企業の売り上げランキング・提携関係など、自ら情報収集・整理しようとすると非常に時間がかかるデータを入手することができる（ただし、年度によって内容が異なる）。

35　国内市場調査会社は、定期的に市場調査レポートを発行しており、ウェブサイトにはそのレポートの要約版が掲載されている。市場規模や今後のトレンドなどを把握するのであれば要約版でも十分に用が足りるケースもある。より詳細なデータが欲しい場合はレポートを購入すればよい。

　表９には有料サービスも含まれているが、2.5.2①予備調査で紹介した
Google 検索や表９にも掲載している経済レポート情報などを駆使すれば、
かなりの情報を集めることができる。

図22　経済産業省の委託調査報告書

　表９の中から幾つか有益な情報源を紹介する。１つ目は委託調査報告書で
ある。官公庁はシンクタンクやコンサルティングファームなど外部機関へ調
査を委託しているが、その報告書の PDF を無料で閲覧することができる。
　みずほ銀行の「みずほ産業調査」や「Mizuho Industry Focus」ではさまざ
まなテーマを取り上げているが、年末に発行される「日本産業の中期見通し−
向こう５年の需給動向と求められる事業戦略−」や四半期ごとに発行される
「主要産業の需給動向と短期見通し」などは業界動向を把握するのに役立つ[37]。
　主なマーケット情報の情報源について紹介したが、分析プロジェクトが始
まる前から情報感度・情報のアンテナを高く張り、2.5.1で紹介した Google
アラートなども利用して、日頃から情報をストックしておくことが好ましい。

36　外資系コンサルティングファームが発行しているレポートも非常に示唆に富んでいる。主に
　　特定業界に関する現状分析と今度の動向予測などの内容となっているが、分析のプロであるコ
　　ンサルタントがどのような分析をしているか参考にする意味でも有益な情報源である。
37　みずほ銀行に限らず、金融機関は産業調査部を設置しており、外部向けに各種レポートを発
　　行している。例えば三井住友銀行は「産業調査レポート」や「グローバル経済と主要産業の動向」
　　（23業種）などを発行している。

図23　みずほ産業調査および Mizuho Industry Focus

　なお、分析を行う上で分析対象テーマに関するビジネスモデルを把握しておくことも必要である。その際に役立つのがビジネスモデルデータベースBizgram（ビズグラム）であり、下図のように分かりやすく図解されている[38]。

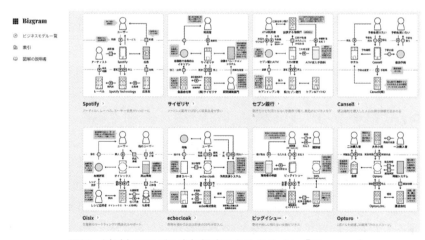

図24　ビジネスモデルを把握するためのサイト「Bizgram」

38　ピクト図解を用いてビジネスモデルを可視化する取り組みは、板橋悟『ビジネスモデルを見える化するピクト図解』が最初であろう。Bizgram のベースになっているのは近藤哲朗『ビジネスモデル2.0図鑑』である。なお、著者は日本知財学会第9回年次学術研究発表会で「ピクトグラムによる知財ビジネスモデルの可視化」という発表を行ったことがある。10年以上前の研究内容であるが note に掲載しているので参照されたい。

④ Economical（ニュース・雑誌）

　マーケット情報や業界動向を把握する際、ニュースや雑誌も有益な情報源である。ニュース情報を過去も含めて網羅的に調べるためには SPEEDA や日経テレコン21のような有料サービスを利用しなければならない。

　直近のニュース記事検索であれば、以下のような検索サイトが代表的なものである。

● Google ニュース
● Yahoo! ニュース
● 新聞社ウェブサイト（日本経済新聞、読売新聞、毎日新聞など）
● 海外メディアウェブサイト（CNN、ロイター、ニューズウィークなど）

　専門特化したニュースについては、業界団体ウェブサイトのニュースリリース・プレスリリースや、日経 BP の各メディア（日経クロステックなど）等のウェブサイトをチェックすればよい。

図25　日経 BP 記事検索サービス

　また、最近では専門分野に特化した YouTube チャンネルが多数開設されているので、動画から最新情報を入手するのもよいであろう。

　雑誌情報については、日経BP が発行しているさまざまな分野の雑誌を横断検索することが可能な記事検索サービスがある。

　無料の範囲では記事検索および記事紹介サマリーの閲覧までしかできないが、分析対象の企業や技術に関する記事がどれくらい雑誌で取り上げられているか、そのボリュームを見ることで対象企業・技術の注目度などを推し量ることができる。全文を見たい場合は1記事当たり110円から数百円程度で購入することができる。

⑤ Social（社会情勢）

　社会情勢に関する情報源は、③ Economical（マーケット情報・業界動向）と重複するものも多い。国内であれば官公庁の白書（例えば「高齢社会白書」）や、各種マーケットレポートや統計データが参考になるであろう。

　国内の社会情勢に関する情報収集は比較的容易なので、ここでは海外の社会情勢に関する情報源として外務省、JETRO を紹介する。

　外務省ウェブサイトからは、対象としている国の概況について把握できる。また、海外安全ホームページは治安・安全や医療面といった情報を入手できる。最後の JETRO のウェブサイトに掲載されているのは、社会情勢というよりはビジネス的な側面の情報が中心である。

表10 海外の社会情勢に関する主な情報源

情報源	イメージ
外務省 国・地域 https://www.mofa.go.jp/ mofaj/area/index.html	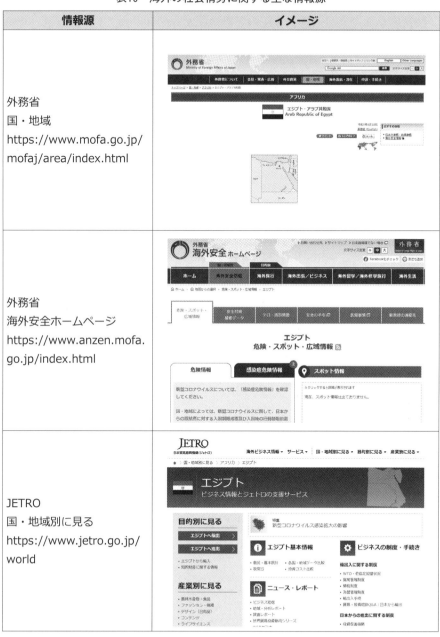
外務省 海外安全ホームページ https://www.anzen.mofa. go.jp/index.html	
JETRO 国・地域別に見る https://www.jetro.go.jp/ world	

⑥ Technological（開発計画・ロードマップ）

　技術的な面で先読みを行う際の参考情報が、開発計画・ロードマップである。開発計画・ロードマップといっても発表する主体としては、国・政府系機関と民間企業の二通りある。

　国・政府系機関のロードマップの例として「空の産業革命に向けたロードマップ」[39]がある[40]。

　国・政府系機関のロードマップには単純な技術開発の道筋だけではなく、普及・促進させるための法制度等の環境整備も含まれている。自社の新規事業開発や研究開発・技術開発の方向性を見定める上で、ロードマップから国全体の方向性と合致しているのか判断することができる。

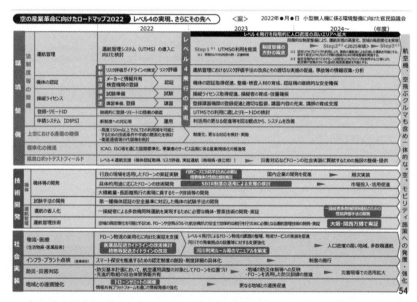

図26　空の産業革命に向けたロードマップ2022（案）（出所：首相官邸「小型無人機に係る環境整備に向けた官民協議会」）

39　「空の産業革命に向けたロードマップ」は2017年5月に初めて発表され、それ以降、小型無人機に係る環境整備に向けた官民協議会によって毎年アップデートされている。

40　テクノロジー面に限定しない日本社会全体の方向性を確認したい場合は内閣府ウェブサイトに掲載されている「経済財政白書／経済白書」や「日本経済／経済の回顧」など確認するとよいであろう。

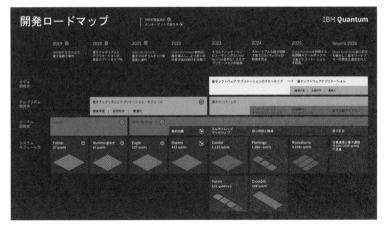

図27　IBM の量子コンピュータに関するロードマップ

　一方、民間企業の開発計画・ロードマップは、一般的に公開されるもので
はない。しかし最近では各社が取り組んでいる DX（デジタルトランスフォー
メーション）や脱炭素・カーボンニュートラルに関するロードマップを発表
する企業も増えている。

　図27は2022年に IBM が発表した量子コンピュータに関するロードマップ
である。このように個別企業が個別製品・サービスに関するロードマップを
発表することはまれである。例外として ARM や NVIDIA、TSMC など半導
体やチップ業界ではロードマップを公開することもある。

　入手できたのであれば、開発計画・ロードマップは、国として、または企
業として将来目指すべき方向性を示しているので、特許情報分析結果をベー
スに自社の戦略策定や事業の方向性を検討する上で利用するとよいであろう。

⑦ Technological（論文）

　特許以外の技術情報の中で、過去から現在に至るまでデータベース化され
ており分析対象資料として優れているのは学術文献情報（論文）[41]であろう。

41　学術文献情報の検索方法については学術情報探索マニュアル編集委員会『理・工・医・薬系
　　学生のための学術情報探索マニュアル』や角田朗「非特許文献調査について」（「知財管理」67
　　巻 6 号821頁［2017]）などを参照するとよい。

　この学術文献情報は特許情報と比べて、公開のタイミングと開示されている内容の2点で異なっている。

　公開のタイミングについて、特許は公開されるまでに原則出願から18カ月要するのに対して、学術文献は公開されるまでの期間にばらつきがある。講演論文集のように公開が早いものもあれば[42]、査読付き論文のように原稿提出から発行まで特許と同程度の期間を要するものもある。

　開示されている内容は、特許は特許法36条に規定されているとおり、その分野の技術者にとって実施可能な程度に具体的に記載されている。しかし、文献の場合、開示内容の具体性にはバラつきがあり、文献のみを読んで同じ内容を実施できるかどうかは分からない。ただし、特許にはない文献の特徴として、レビュー記事のように技術全体の歴史的な流れを把握するために役立つような種類の文献も存在することが挙げられる。

　文献情報を調査・収集する場合、国内であれば JDreamIII、国外であれば Web of Science、SciFinder といった商用文献データベースを利用したり、表11に示したような無料データベースを利用することも可能である。

　ここでは学術文献のリストダウンロードが可能な CiNii について紹介する。論文リストを作成することで、5.3.2で述べた［束としての利用］で、特許と論文情報のハイブリッド分析も可能になる[43]。

　図28～29に CiNii を用いた論文リスト作成方法を示す。CiNii からダウンロードできるテキストデータはタイトルのみである。また、著者名はダウンロードできるが、執筆機関名（特許の出願人・権利者名）はダウンロードできない。そのため、分析内容は限定的なものとなってしまうが、研究レベルの内容が中心の論文情報と産業化・事業化レベルの内容が中心の特許情報の差異から見いだせることもあるであろう。

42　文献そのものが紙媒体で発行されるタイミングと、データベースに収録されるタイミングにもタイムラグが生じる。

43　特許と論文情報のハイブリッド分析の例としては著者 YouTube チャンネルの「J-PlatPat と CiNii を使って特許・文献情報のハイブリッド分析を行う」やジー・サーチ主催セミナーの動画「知財戦略立案のための学術文献活用（1）～（4）」を参照されたい。

表11 無料で利用できる主な学術文献データベース

データベース	概要説明
J-GLOBAL	科学技術振興機構が運営する研究者情報、文献情報、特許情報、研究課題情報、機関情報、科学技術用語情報、化学物質情報、資料情報等の総合的学術情報データベース。
J-STAGE	科学技術振興機構が運営する電子ジャーナルの無料公開システム（無料で閲覧できる論文 PDF もあるが、学会加入していないと閲覧できない PDF も多数ある）。
CiNii	国立情報学研究所が運営するデータベース群で、文献や研究データやプロジェクトを検索できる「CiNii Research」、大学図書館の総合目録データベース「CiNii Books」、博士論文データベース「CiNii Dissertations」の３つで構成されている（文献リストを TSV でダウンロード可能）。
Google scholar	分野や発行元を問わず、学術出版社、専門学会、プレプリント管理機関、大学、およびその他の学術団体の学術専門誌、論文、書籍、要約、記事を検索できる。
ScienceDirect	オランダの出版社であるエルゼビアが運営している2500件以上のジャーナルと３万3000冊以上の書籍タイトルから簡単に論文を検索できるツール（論文 PDF のダウンロードには別途費用が発生する）。
arXiv	無料で論文のアップロードや閲覧・ダウンロードができるウェブサイト。約230万件の論文を収録している（米国コーネル大学が運営）。

CiNii Research のトップ
ページにアクセスし、
キーワード等で検索を行
う

ここではタイトル＝養
殖、期間は 2020 ～で検
索を行った

検索したら、データ種別
を［論文］に限定する

さらにまとめてリストダ
ウンロードするために
20 件表示から 200 件表
示へ変更する

全て選択にチェックを付
けて 200 件を選択した
上で、プルダウンメ
ニューから[TSV で表示]
を選択し、［実行ボタン］
を押す

図28　CiNii を用いた論文リスト作成①

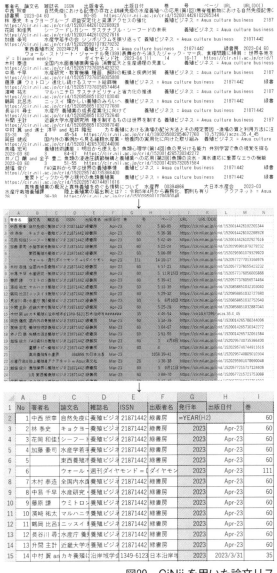

新しいタブ（ウィンドウ）に TSV 形式のリストが表示されるので、いったんメモ帳などのテキストエディタへ貼り付ける

MS Excel へ貼り付けると論文リストとなる

CiNii のダウンロード可能件数は 1 回当たり 200 件までなので、複数回繰り返す

全ての論文データをダウンロードして 1 つのリストにまとめたら、日付データなどを整理[44] して論文リストが完成する

図29　CiNii を用いた論文リスト作成②

44　CiNii の出版日付データは日付形式のものと年（西暦4桁）が混ざっている。そのため、まずは YEAR 関数で日付形式のデータから発行年を抽出した上で、標準形式のデータを別途整理するとよい（統計解析を行う前にデータの値化を行っておかないと同じ西暦でも別々に集計されてしまうので注意）。

⑧ Technological（グラント）

　グラントは政府機関などから交付される研究補助金・寄付金であり、競争的資金ともいう。グラントの位置付けを確認するためにアスタミューゼが公開している情報源マップを示す。

　⑦で見てきた論文もサイエンス寄りの情報であるが、グラントはよりサイエンス寄りで、より遠い未来を見据えた内容となっている。分析対象テーマがサイエンス寄りの場合や、分析対象テーマに関する課題や新たな解決手段を探索したい場合、新規事業テーマを検討している場合にはグラントも分析対象資料として検討するとよいであろう。

　科学技術振興機構（JST）が推進する競争的資金制度による研究課題や当該課題の成果報告書や文部科学省および日本学術振興会が実施する科学研究費助成事業により行われた研究の当初採択時のデータ（採択課題）、研究成果の概要（研究実施状況報告書、研究実績報告書、研究成果報告書概要）、研究成果報告書および自己評価報告書を収録したデータベースがGRANTS：研究課題統合検索である。

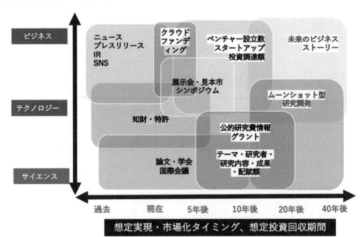

図30　未来を創るためのデータ情報源と実現までのタイムスパン（出所：アスタミューゼ[45]）

45　アスタミューゼの note「アスタミューゼの未来予測手法〜『2060 未来創造の白地図』の舞台裏〜（前編）」より転載。

図31　GRANTS：研究課題統合検索

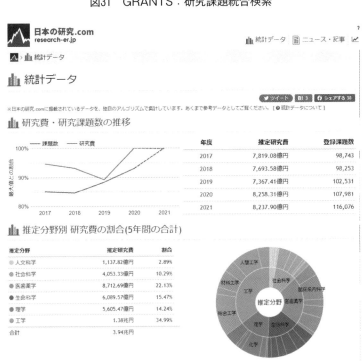

図32　日本の研究 .com の統計データ

　また、研究費等のトレンドを把握したい場合は「日本の研究.com[46]」が分かりやすい。

⑨ Person（経営者、ベンチャーキャピタリスト）

　著者が独自に追加している 2 P のうちの一つ、Person では著名な起業家・経営者やベンチャーキャピタリストの言動や行動に注目する。その言動や行動が、自社そのものや自社ビジネスへどのような影響を与えるのか、考察する材料として用いる。

　起業家であればイーロン・マスク氏が典型であるが、テスラ、Twitter の CEO のみならず、宇宙開発やハイパーループ[47]を手掛けているスペース X（Space X）、ブレインマシーンインターフェースを開発するニューラリンク（Neuralink）などさまざまな領域でビジネスを展開し、既存の業界の枠組みを破壊している。こうした起業家・経営者などはソーシャルメディアでの情報発信だけでなく、ネットインタビューや雑誌などでも取り上げられている。

　なお、マイクロソフト創業者のビル・ゲイツ氏は経営の一線から引退し、現在はビル＆メリンダ・ゲイツ財団で慈善活動[48]をしているが、次世代型原子炉の研究開発を行うテラパワー（TerraPower）の経営にも関与している。

　また、新たなビジネスを起こすのはスタートアップ企業の可能性が高い。そして、スタートアップ企業が一般的にはベンチャーキャピタルから資金調達を行う。お金の流れがあるところから今後の世の中の潮流やビジネスの方向性を見極める上で、著名なベンチャーキャピタリスト[49]に着目するのも Person 情報として重要である。

46　日本の研究.com の事業区分一覧には、統括組織や研究体制、予算配分方式、研究分野が非常に分かりやすくカテゴリー化されている。

47　ハイパーループとは密閉または低気圧のチューブ内を乗車用ポッドが空気抵抗や摩擦を受けずに走行する交通手段のこと（出所：ウィキペディア）。

48　慈善活動といっても研究開発・技術開発に関連するようなテーマも取り扱っている。YouTube 動画にある「ビル・ゲイツがトイレについて語る」を見ていただくと、トイレという身近なテクノロジーにおいても（新興国においては）課題が多数あることがご理解いただけるであろう。

49　米国の市場調査会社である CB Insights は「The Top 20 Venture Capitalists」などの情報を発信している（この情報自体、2019年と古いが…）。

　気になる起業家・経営者やベンチャーキャピタリストがいれば、Google
アラートに登録したり、ソーシャルメディアのアカウントをフォローするな
どして日頃からウオッチしておくとよいであろう。

⑩ Product（展示会）

　2 P のうちのもう一つ、Product では現在マーケットで販売されているプ
ロダクトではなく、展示会で出展されているプロダクト（製品・商品だけで
はなくサービス・ソリューションも含む）に注目する。

　例えば毎年1月に米国・ラスベガスで開催される CES は、もともと家電
の展示会であったが、最近では家電メーカーに限らず、自動車メーカーや
IT 企業など幅広い業界・業種の企業が参加している。この CES において各
企業は将来に向けたコンセプトモデルを発表する。この各社の将来ビジョン
の情報を集めるのが、展示会情報となる。

　主な展示会としては表12に挙げたようなものがある。新型コロナウイルス
感染症の影響もあり、2020年以降はオンライン開催を行っている。もちろん、
現地参加できるのであればそれに越したことはないが、オンラインでもある
程度の情報収集は可能であろう。

表12　情報分析に役立つ主な展示会[50]

展示会	説明
CES	CES は毎年1月 Consumer Technology Association（CTA）主催で、ネバダ州ラスベガスで開催される電子機器の見本市。長らく名称は Consumer Electronics Show だったが、現在は CES である。
SXSW	SXSW（サウス・バイ・サウスウエスト）は毎年3月にテキサス州オースティンで行われる音楽祭・映画祭などを組み合わせた大規模イベント。もともとは音楽祭として始まったが、インタラクティブ部門（IT・デジタル分野に関する部門）の見本市という側面も持つ。
ハノーバーメッセ	ドイツのニーダーザクセン州ハノーファーで開催される世界最大級の産業見本市である。

50　他の見本市は近畿日本ツーリストウェブサイトの「世界の見本市一覧」を参照されたい。

5.4　その他の情報の収集

本章の最後にその他の情報として、以下の3つを紹介する。

● 未来予測

● Google トレンド

● Voice of Customer（顧客の声）

① 未来予測[51]

　著者は必ずしも未来予測が当たるとは思わないが、未来予測に関する書籍・レポートやウェブサイトを見ることで、特許情報分析結果の解釈や戦略立案に幅を持たせることができると考えている。未来予測に関する情報源として、「未来年表」がある。

図33　未来年表（生活総研）

51　未来予測については拙稿「知財部員のための未来予測「魚の目視点」の考え方」（「知財管理」 68巻11号1534頁［2018］）を参照されたい。

　博報堂グループのシンクタンクである生活総研が、未来予測関連の記事やレポートをベースに「類型」（予測、推計、計画、政策目標、決定など）や「出典」「資料名」「発表時期」に整理している。キーワード検索や分野別検索もできるので、未来予測について把握したい場合にまずアクセスするとよい。

　科学技術・学術政策研究所（NISTEP）が公開している「科学技術予測調査」は、1971年から約5年おきに実施されている大規模な予測事業である。もともとはデルファイ法[52]をベースにしていたが、直近ではシナリオ作成、ワークショップなど複数の手法を組み合わせて実施している。

　その他、未来予測に関する書籍（中村尚樹『最先端の研究者に聞く日本一わかりやすい2050の未来技術』、成毛眞『2040年の未来予測』）や、レポート（日経BP「デジタルヘルス未来戦略—健康・医療・介護の技術動向と有望分野—」「スポーツビジネスの未来2021-2030」）なども参考にするとよいであろう。

■ 科学技術予測調査

第5回調査（1992年）以降、科学技術の広範な分野を対象として中長期的な発展方向を見出すための大規模調査を5年ごとに行っています。2017年より、11回目に当たる大規模な科学技術調査を実施しました。

第11回科学技術予測調査の概要
- 第11回科学技術予測調査ST Foresight 2019の概要 📄(4MB)（2019.11）
- 第11回科学技術予測調査　ST Foresight 2019（速報版）－「人間性の再興・再考による柔軟な社会」を目指して－（2019.7）📄

調査の全体像は、下図のとおりです。図をクリックすると、該当する報告書をご覧いただけます。

図34　科学技術予測調査（科学技術・学術政策研究所）

52　デルファイ法とは、専門家を含むグループによりアンケート回答／集約／修正を繰り返す手法を用いる分析方法のこと（出所：ウィキペディア）。

② Google トレンド

　特定の技術や製品・サービス、企業が注目を集めているのかについて検索という行為[53]からトレンドを分析するツールが Google トレンドである。

　Google トレンドとは「Google が提供しているウェブ検索において、特定のキーワードの検索回数が時間経過に沿ってどのように変化しているかをグラフで参照できるサービス」である。

　特定キーワードを入力することで、過去数年間の検索ボリュームの推移、代表的なニュースのほかに、どの国・地域や都市からアクセスがあったかを把握することができる。

　Google トレンドで検索を行う場合、日本語キーワードで検索を実施すると、日本語利用者のみでのトレンド分析に限定されてしまうため、分析対象テーマによっては日本語ではなく英語キーワードで検索を行うとよい。

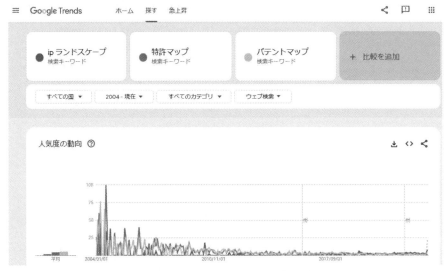

図35　Google トレンドの分析結果例

53　以前は消費者の購買行動プロセスは AIDMA（Attention → Interest → Desire → Memory → Action）で説明されていたが、インターネットおよび検索エンジンが普及してからは AISAS（Attention → Interest → Search → Action → Shere）のように検索（Search）が重要な行動になっている。

③ Voice of Customer（顧客の声）

その他情報の最後に Voice of Customer（顧客の声）を紹介する。Voice of Customer にはコールセンター、お客さま相談室、ウェブサイトの問い合わせフォーム、ソーシャルメディアアカウントなど、さまざまなチャネルから顧客の声が寄せられるが、ここでは特許情報分析を行う際の顧客・ユーザの課題や要望を収集する意味合いとして用いる。

Voice of Customer を収集することができるのは基本的にはＢ２Ｃビジネスになる。Amazon や楽天市場などの EC サイトのレビューを用いて Voice of Customer を収集する。

もちろん、Twitter 等のソーシャルメディア情報を用いる場合もあるが、Twitter には関係ないノイズ情報が大量に含まれている。一方で Amazon や楽天市場のレビューは特定商品に関するレビューであるため、全く関係のない情報が混入している可能性が低い[54]。

EC サイト以外に、Ｂ２Ｃビジネスに関してはアンケート調査結果などもインターネット上で公開されている場合がある。ただし、分析対象テーマにピッタリ合致するアンケート調査やレビューがあることはまれなので、分析対象テーマを上位概念的に捉えてみて、利用可能なアンケート調査やレビューはないか、検討してみるとよいであろう。

なお、Ｂ２Ｂに関する Voice of Customer はウェブサイト等で公開されているケースはまれである。しかし、どの企業にも営業担当が顧客訪問し、営業日報[55]などを記録しているであろう。この営業日報がＢ２Ｂビジネスにおける Voice of Customer であり、かつ、自社独自のオリジナル情報になる。

54　商品などのプロダクト以外でも、例えば旅行ビジネスに関する分析を行う場合、楽天トラベルのレビュー記事や Google 口コミの評価が高い旅館・ホテルや、逆に評価が低い旅館・ホテルなどのレビューを収集して分析に活用するということも考えられる。「分析対象テーマに関する Voice of Customer がどこかにないか？」と考えてみることが重要である。

55　著者も以前にクライアントである知的財産部門の方に依頼し、営業部門から営業日報データを提供してもらったことがある。営業支援システムを用いて営業日報を管理されていたが、テキストマイニングを行って有益な情報を抽出するためには、テキストデータの前処理にかなりの工数がかかった。

COLUMN 「無料の公開情報から市場規模予測データを収集する」

　特許情報分析を経営・事業に活用する場合、市場規模や市場の成長性・有望性などのマーケット情報を収集する必要がある。ユーザベースの SPEEDA をはじめ、さまざまなベンダーからマーケット情報を収録したデータベースが販売されているが、無料で公開されている情報からもマーケット情報を収集することは可能である。ここでは無料の公開情報から市場規模予測データを収集する方法について解説する[56]。

　著者がよく実務で用いているのはグローバルインフォメーションのウェブサイトである。グローバルインフォメーションは世界各国の市場調査会社のマーケットレポートの販売等を行っている企業であり、ウェブサイトにはそのマーケットレポートの概要や目次が掲載されている。

　以下ではスマート農業に関するマーケットレポート（調査会社：Global Industry Analysts, Inc.）のページを示している。

図　グローバルインフォメーション掲載のマーケットレポートの例

56　本コラムで述べた方法については、イーパテント YouTube チャンネルの「【調べるチカラ 3 分講座】市場規模データの調べ方 – Google 検索など無料でできる」において動画で紹介している。

　このページにはスマート農業の市場が2022年の114億米ドルから、2026年までに171億米ドルへ成長することが記載されている。このようにある特定の分析対象テーマに関するキーワードをベースにマーケットレポートを確認し、複数のマーケットレポート[57]から市場規模予測データを収集して、MS Excel 上で整理・グラフ化することで、無料の公開情報から市場の有望性・成長性に関する分析結果を作成することができる。もちろん、グローバルインフォメーションに限定せず、Google 検索等でさまざまな情報源に当たるほうが望ましい。

　また、必ずしも分析対象テーマに合致したマーケットレポートがあるとは限らない。その場合は、分析対象テーマの上位概念・下位概念も含めて調べてみるとよいであろう[58]。

　なお、**第9章 COLUMN** で取り上げている生成 AI（ChatGPT ではなく Perplexity や Bing Chat）などもマーケット情報収集に活用することができる。

57　1つのマーケットレポートだけではなく、複数のマーケットレポートから市場規模予測データを収集することが重要である。なぜならば、各市場調査会社によって分析対象テーマの捉え方・範囲が異なり、市場規模予測の値自体も異なるためである。複数のマーケットレポートから収集したデータを基に、最終的に MS Excel の近似曲線でグラフを描画するとよい。

58　実はグローバルインフォメーションなどのマーケットレポートの概要・目次の活用方法は市場規模予測データの収集だけではない。目次からは分析対象テーマに対する分析軸（分析の切り口）や、マーケットレポートに取り上げられている主要企業・キープレイヤーの情報を収集することができる。業界・業種によっては分析対象製品・サービスの主要企業が必ずしも特許出願規模が大きいとは限らない。特許情報分析のみに偏ってしまうと、マーケットの視点から見た際に重要な企業が抜け落ちてしまうので、注意が必要である。

第6章
パテントマップの解釈と情報デザイン

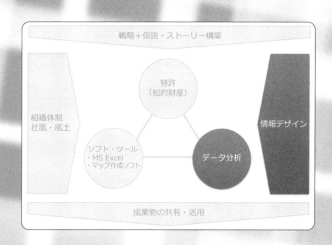

　　人間はものを見たり考えたりするとき、自分が好ましいと思う
ものや、自分がやろうと思う方向だけを見がちで、見たくないも
の、都合の悪いことは見えないものである。

（出所：東京電力福島原子力発電所における事故調査・検証委員会 最終報告）

　特許情報分析・パテントマップ作成や特許以外・知財以外の情報収集について前章までで学んだ。本章では収集・分析した結果をどのように解釈して、戦略立案につなげていくか、その考え方について説明する。

　2.5.3でも述べたように分析を行う上で、まず、予備仮説を設定することが重要である。なんとなく特許情報分析を行い、作成したパテントマップを解釈して、何か良い戦略・解決策を導出するのは困難である。あくまでも分析着手前に仮説・分析ストーリーを構築しておくことが重要である。

　また、せっかく良い分析結果を得たとしても、可視化手法や情報の整理方法を誤ってしまうと、依頼者にその結果がうまく伝わらない。分析結果をうまく伝達するための情報デザインについても本章で述べる。

6.1　戦略策定プロセスにおける特許情報分析・パテントマップ

　まず、本節では一般的な戦略策定プロセスについて確認した上で、そのプロセスにおける特許情報分析・パテントマップの位置付けについて確認していく。

　図1に戦略策定プロセスを示した。経営理念やビジョンを基に、外部環境や内部環境を分析して戦略オプションを立案する。ここまでのプロセスにおいて、外部環境および内部環境の分析時に行うのが特許情報分析[1,2]である。

　ここで注意したいのは、戦略オプションを立案するために行うのが特許情報分析（外部環境分析・内部環境分析）であり、特許情報分析・パテントマップから戦略が自動的に導かれるわけではないという点である。

　図2は外部環境・内部環境分析を行った上で、戦略選択後の基本戦略・マーケティング施策立案のプロセスに対する特許情報分析を示している。

　ここに掲載しているのはあくまで一例ではあるが、戦略策定のフェーズ・戦略策定に求められる具体性に応じて、さまざまな特許情報分析を行う。

1　この段階で行うのは特許情報分析だけではなく、市場環境分析など他の分析も実施するのは言うまでもない。
2　事業戦略・競争戦略立案のための特許情報分析であれば、ビジネス分析のフレームワーク（3C、4P、5F、PEST、バリューチェーンなど）を考慮することが好ましい。

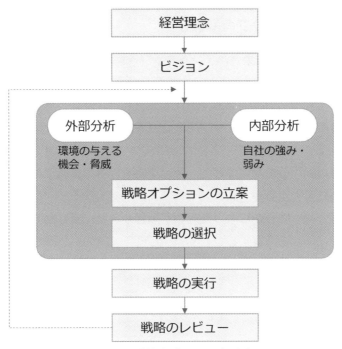

図1 戦略策定プロセス（再掲）

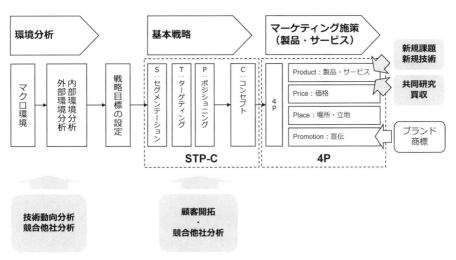

図2 環境分析から基本戦略・マーケティング施策と特許情報分析

6.2　パテントマップの解釈[3]

6.2.1　特許情報分析結果・パテントマップを解釈する流れ

　特許情報分析結果・パテントマップを解釈し、戦略立案へつなげる流れは、以下の4つのステップから構成されている。

　1．特許　　：パテントマップの変化（増減、多い少ない、ないもの）を見いだす

　2．特許以外：その変化の理由・原因を特許以外の情報で特定する（推測する）

　3．考察　　：明らかになった理由・原因が自社・業界動向に与える影響を考察する

　4．戦略立案：その影響に対して自社がどのように対処すべきか検討する

　後述するが、特許情報分析結果・パテントマップから読み取るのは、3つの変化（増減、多い少ない、ないもの）である。

　変化を見いだしたら、その変化が起こっている理由・原因を知財以外の情報で特定または推測し、自社や自社を取り巻く業界に与える影響を考察する。そして、その影響に対して自社がどのように対処すべきか検討し、戦略オプションを抽出する。

　この4ステップは経営・事業的な観点で戦略を策定するための特許情報分析結果・パテントマップの活用であるが、研究開発戦略や特許出願戦略策定については**図3**が参考になる。

3　パテントマップの読み方・解釈の仕方について言及している文献・書籍等はあまりない。妹尾堅一郎『「特許マップ」は事業戦略の探索学習ツールだ - ビジネスリテラシーとしての特許マップリーディング』（「ライトナウ」53頁［2005]）では、パテントマップを読めることは今後の経営幹部にとって重要なビジネスリテラシーであると強調しており、パテントマップから経営的な意味合いや問題・課題を抽出できるかが重要であると述べている。妹尾堅一郎『考える力をつけるための「読む」技術—情報の解読と解釈』や『知的情報の読み方』や齋田真一『社会人のための情報解釈力』は特許情報分析やパテントマップに限定したものではなく、情報や分析結果の「読み方」について詳しい説明がなされている。

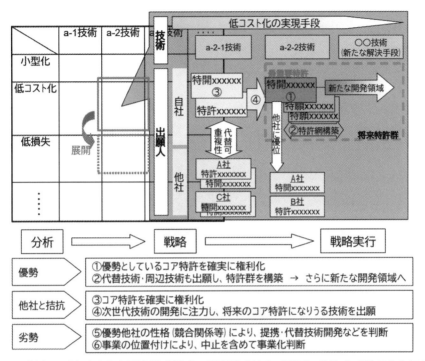

図３　将来予測を踏まえた研究開発戦略・出願戦略策定（出所：特許庁「戦略的な知的財産管理に向けて‐技術経営力を高めるために‐＜知財戦略事例集＞」）

　この企業は上図のようなマップをベースに、自社および競合他社の権利取得状況や権利取得予測に基づいて、特許ポートフォリオ将来像を描きながら、今後の研究開発戦略・出願戦略を策定している。

　最終的に経営・事業戦略策定に活用したいのか、研究開発戦略・出願戦略に活用したいのかの違いはあるものの、パテントマップを解釈するフローの第１ステップ「パテントマップの変化（増減、多い少ない、ないもの）を見いだす」は変わらない。

6.2.2　パテントマップの変化を見いだす

　前述したように、パテントマップの変化を見いだすための基本３パターンは増減、多い少ない、ないものである。

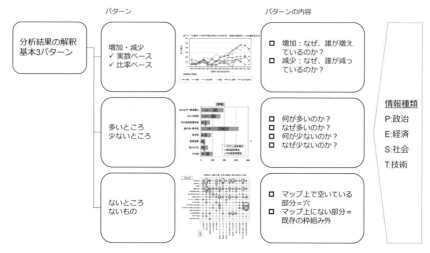

図4　パテントマップの変化を見いだすための基本3パターン

　本項では主に統計解析的な視点でパテントマップの変化を捉えていくが、業界・業種によって1件の特許権の相対価値は異なるので、統計解析型マップで単純に件数の多寡のみで判断してしまうのは適切ではない場合もある。このような場合、1件1件の特許価値（レイティング・スコア）に着目する方法がある[4]。

　図5に出願経過情報などを用いて1件1件の特許の重要度ポイントを付加した件数分布マップを示した。左側のマップは各社累積件数マップであり、真ん中のマップが各社の特許の重要度ポイントを累積したマップである。右側は各社の1件当たりの平均重要度ポイントである。

　累積件数としてはG社が388件と最も多く、1件1件の重要度ポイントを累積しても2523ポイントとトップであるが、1件当たりの平均重要度ポイントは6.5であり他社と同程度になる。一方、C社は累積件数が1桁であっても1件当たりの平均重要度ポイントが12.2と、G社の2倍近くある。

4　特許評価および特許のスコアリング・レイティングについて、ここでは1件1件の特許に15ポイントなど数値を割り当てる例を示しているが、パテントリザルト社のパテントスコアのようにA・B・Cのようなランクを設定し、Aランクの特許のみで比較分析するなどの方法も考えられる。

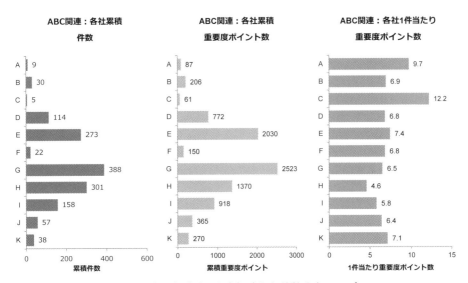

図5　重要度ポイントを加味した件数分布マップ

　C社の出願規模は小さいながら1件1件の権利化を着実に行っており、か つ、他社から注目されるような特許を出願していることが推測できる。

　単に実数ベースで集計しただけでは、特許1件1件の価値を無視してし まっているので、このように特許1件1件の重要度ポイントやランクを設定 したり、医薬や化学系分野であれば特許請求の範囲を読み込んでクレームの 広さを数値に置き換えるなどして、1件が単純に1とカウントされないよう に工夫することも必要である。

　以上、1件当たりの重みを留意すべきことを踏まえて、以下ではパテント マップの変化を見いだすための基本3パターンについて見ていく。なお、そ れぞれの変化を捉えるのは、その変化の理由・原因を特許以外の情報で特定・ 推測し、戦略立案へつなげていくためである点をあらためて強調しておく。

① 増加・減少（実数ベース・比率ベース）に着目

　パテントマップの変化を見いだすための1つ目は増加・減少に着目すること である。

　件数推移マップから特定企業の出願が増加していれば、その企業は研究開発・特許出願に注力していることが分かる。また、特定の課題や技術、用途など分析項目に関する出願が増加していれば、その分析項目に関する注目度合いが高まっているといえる。一方、出願件数が減少していれば逆になる。

　増加・減少は非常に分かりやすい変化ではあるが、今述べたのは実数ベースでの増加・減少の変化を捉えたにすぎない。中国企業や大学・研究機関など、中国全体として2010年代に入って急激に出願を伸ばしているが、日本全体の出願件数は2002年以降減少している。もちろん、人工知能やIoT、仮想現実など、最新の注目テクノロジーについては出願が伸びているが、プロダクトライフサイクルの成長期を過ぎて、コモディティ化した製品・サービスに関する出願件数はなかなか伸びていない。そのような場合、実数ベースのみで増加・減少を捉えてしまうと、パテントマップから読み取るべき変化を見落としてしまう。

　図6に示した、ある企業の技術分野別件数推移マップを例に説明する。

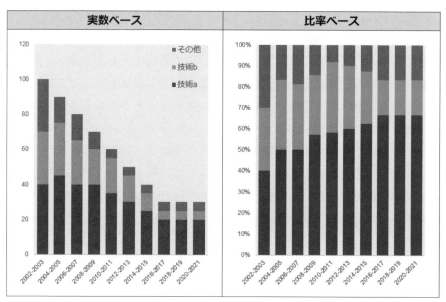

図6　ある企業の技術分野別件数推移マップおよび件数比率推移マップ

　左側の件数推移マップから、この企業全体の出願件数が減少傾向にあること、技術分野を問わず出願が減少傾向にあることが読み取れる。それではこの企業は技術a、bに対して注力していないといえるのであろうか？

　同じデータを分野別件数比率マップで表したのが右側である。分野別件数比率を見ると、2002－2003年頃には出願の40％程度を占めていた技術aへの出願比率を着実に増加させていること、技術bについては徐々に出願比率を減少させていること、さらに、2016－2017年以降は技術・その他へ出願比率を増やしつつあることが読み取れる。

　企業の資源（ヒト・モノ・カネ）は有限であるため、企業の研究開発活動の成果の一つである特許出願もその資源の制約を受ける。企業経営が悪化すれば、研究開発活動や特許出願へ割ける費用を減少せざるを得ないため、特許出願件数は減少傾向になる。

　しかし、減少傾向の中でも企業にとって重要な事業分野・技術領域については、限られた資源の中でも可能な限り最大限の出願・権利化を図ろうとするはずである。そのため、実数ベースで減少しているからといって、全ての事業分野・技術領域への注力度合いを下げていると判断するのではなく、比率の面から検証して"どこの事業分野・技術領域を特に減らしているのか？"や"全体として減少傾向にあるが強化している事業分野・技術領域があるのではないか？"と考えることが重要である。

② 件数の多いところ・少ないところに着目

　パテントマップの変化を見いだすための2つ目のパターンは出願件数の多いところ、少ないところに着目することである。

　件数分布マップやマトリックスマップなどの量的な視点で作成したマップを解釈する際に、件数が多いところは、それだけ数多くの企業が研究開発を行った成果を特許出願しているため、注目されていると考えてよいであろう。一方、件数が少ないところはあまり注目されていないと考えてよいであろうか？

　重要なポイントは件数が多いところには多い理由があり、件数が少ないところには少ない理由があるということである。

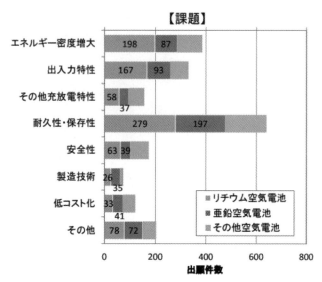

図7　空気電池の課題別件数分布マップ（出所：特許庁「次世代二次電池」）

　図7に示した、空気電池の課題別件数分布マップ[5]を例に説明する。この
マップ見ると、課題として"耐久性・保存性"への出願件数が最も多いこと
が分かる。件数が多いということは、注目課題・重要課題であるといえる。
一方、"製造技術"や"低コスト化"に関する出願件数は少ない。仮に分析
時点で件数が少なくても、今後、技術開発が進展して次の重要課題・注目課
題となる可能性がある。また、なぜ件数が少ないのかと疑問を持ち、その理
由・原因を探ることも重要である。

　空気電池の例でいえば、空気電池はリチウムイオン電池に比べてエネル
ギー密度を大きくできることは分かっているので[6]、"エネルギー密度増大"
を課題としている出願よりもむしろ二次電池化への課題である"耐久性・保
存性"への出願が多いと理解できる。

5　このグラフが掲載されている特許出願技術動向調査「次世代二次電池」が発行されたのは
　2014年2月であるので、あくまでも2014年2月での分析結果に基づいたコメントである点に留
　意されたい。
6　日本科学未来館　科学コミュニケーターブログ「空気電池って知ってますか？　"量"から考
　えるエネルギー」などを参照されたい。

　さらに、実用化へはまだまざまな課題があり量産段階にはないため、"製造技術"や"低コスト化"に関する出願も少ないと推測できる。

　今後を見据えて"製造技術"や"低コスト化"に取り組んで特許出願、特許網を構築するという戦略をとることも可能であるし、注目課題・重要課題である"耐久性・保存性"へ取り組む方向性を取ってもよい。これが戦略オプションであり、いずれのオプションが優れているかは、知財以外の情報なども加味した上で意思決定する必要がある。

③ あるものではなく、ないものに着目

　パテントマップの変化を見いだすための最後のパターンが、ないものに着目である。下図のような課題・解決手段マトリックスを作成すると、バブルサイズが大きなところに注目しがちである。しかし、課題・解決手段のクロス領域で「出願がほとんどない」、または「ない領域」が存在する。

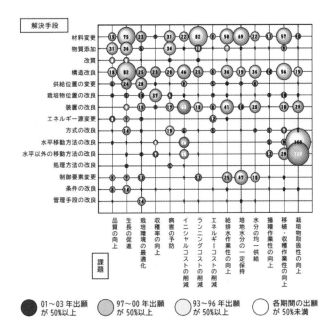

図8　水耕栽培技術の課題・解決手段マップ（出所：工業所有権情報・研修館「特許流通支援チャート：水耕栽培」）

　例えば課題"培地水分の一定保持"と解決手段"水平移動方法の改良"のクロス領域には出願がない。出願がないということは一つの事実であり、今後、研究開発・特許出願していく領域の候補として挙げることができる。しかし、課題と解決手段の掛け算が意味ある掛け算であって、クロス領域が真の意味で空き地（英語でいうとホワイトスペース）であるかどうか検討する必要がある。パテントマップで課題・解決手段マトリックスマップを作成して、容易に空き地・ホワイトスペースが見つかるのであれば苦労は要らない。課題と解決手段の掛け算が意味ないものであるか、または現時点ではコスト的・技術的な面から見て現実的ではない場合がほとんどである[7]。

　「ないものに着目」という点では、課題軸・解決手段軸にも着目する必要がある。この課題・解決手段マトリックスの課題軸・解決手段軸には"その他"が存在しない。水耕栽培技術の課題というのはこのマップの横軸に列挙したもので全てなのか？　この課題以外にも新たな課題があるのではないか？　という思考を発展させるとよい。

　2.5.4で分析軸の設定について詳しく説明したが、特許分類やキーワードを用いる場合にしても、独自分析項目を設定する場合にしても、分析項目・分類軸を設定した段階の知識レベルで特許情報分析を行うことになる。例えば新規用途探索や新規技術開発などで最も知りたい新たな課題や新たな解決手段は、分析項目・分類軸としてあらかじめ設定しておくか、"その他"や"新規課題"等の項目を設定して、"その他"や"新規課題"へ分類展開するようにしておかないと新たな課題や新たな解決手段として認識することはできない。

　分析設計段階で全てを予見して分析項目を設定することはできないので、常に"あるもの（＝分析項目・分析軸として設定した項目）"で十分なのか？"ないものがあるのではないか？"ということを念頭に置くよう心掛けるとよいであろう。

7　現時点でコストや技術的な面で現実的ではないというのは、中長期的には解決される可能性がある。取り組むべきか否かは自社のコア技術・事業との整合性やリソース（ヒト・モノ・カネ）をどれだけ割けるかに依存する。

6.2.3　パテントマップを解釈する際の留意点

前項でパテントマップの変化を見いだすための３つのパターンを説明したが、パテントマップを解釈する際に留意しておくべきことがある。それはパテントマップの元となる特許出願、その出願構造・出願戦略は業界・業種、製品ライフサイクル、そして企業のポジションによって異なるという点である。

元日立ハイテクの石塚氏は１件の特許の価値と開発投資のイメージと、事業を構成する特許群のイメージを図９のように表現している。下図にはライフサイクルや企業のポジションの視点は含まれていないが、業界・業種によって特許１件の価値（＝１／ビジネスに必要な特許の数）や特許群の在り方と独占排他の容易性が異なる点についてはビジュアルで理解できる。

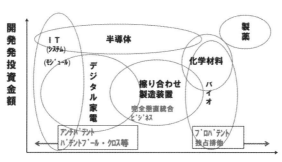

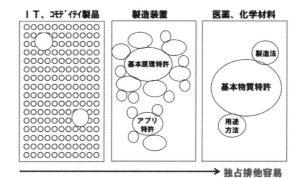

図９　１件の特許の価値と開発投資のイメージ図（上）および事業を構成する特許群のイメージ図（下）（出所：石塚利博「企業の知財戦略について－日立ハイテクの取り組み」）

　また、元パナソニックの志村勇氏は「産業界の知的財産紛争戦略」（「日本知財学会誌」11巻3号5頁［2015］）において、知財紛争戦略の前提として、日本の製薬、化学、自動車・機械、電機の4業界における特許出願の特徴、権利侵害の特徴、ノウハウの存在、アライアンスの可能性、権利活用の特徴、1件の特許権の相対価値などを整理し、それぞれの業界で事業・研究開発の特徴や権利取得・活用の考え方が異なることを指摘している。

　企業・組織ごとに特許戦略が異なる理由について、宇佐見弘文氏は以下の7つの理由を挙げている（出所：『企業発展に必要な特許戦略』）。

1．企業活動の規模
2．企業活動の内容
3．企業が取り扱う製品の種類、数量、製品寿命の長短
4．投資額
5．企業体質あるいは企業方針
6．保有している特許の価値、数量
7．特許戦略を考え出せる人材および特許戦略に沿って実行できる人材の有無および人数

　これにより、たとえ同じ業界・業種であっても、企業規模や企業の取り扱っている製品ライフサイクルなどによっても特許戦略、ひいてはその特許出願構造が異なるといえる。

　2.4でパテントマップの種類を紹介したが、**第3章**や**第4章**で説明したMS Excelや各種ツールで作成できるパテントマップは基本的には統計解析型マップである（一部テキストマイニング型マップ）。しかし、**図9**に示したようにIT・コモディティ製品と医薬・化学材料では特許出願構造に大きな違いがあり、さらに1件当たりの特許の相対的な価値も異なるので、統計解析型マップだけで全ての傾向を把握できるかというとそうではない。医薬や化学材料のように出願規模が相対的に小さい場合は、特許1件1件のさらなる読み込みや、その読み込み結果を非統計解析型マップとして取りまとめるなど、業界・業種に応じて分析方法を柔軟に対応させなければならない。

① 製品ライフサイクルごとに異なる出願構造と出願内容

製品ライフサイクルとは、製品・サービスが市場に投入されてから最終的に売れなくなるまでの一連の流れを、導入期、成長期、成熟期、衰退期の4つのステージに分けたモデルである。縦軸に売り上げ・利益、横軸に導入期、成長期、成熟期、衰退期の4つのステージを取る。

導入期においては、製品・サービスはあまり認知されておらず売り上げもあまりなく、利益は上がらない。次第にイノベーターやアーリーアダプターに購入・利用してもらうことで、製品・サービスの認知度が上がって売り上げが増加し、利益がプラスに転じるのが成長期である。

成長期には市場が拡大するため、参入企業が増える一方、製造設備増強や販路強化へ投資も拡大し、次第にコスト競争へとシフトする。成長期が過ぎると、製品・サービスの需要が頭打ちになる成熟期を迎える。

成熟期になると参入している全ての業者が利益確保できなくなるため、市場から撤退する業者も増え、売り上げは伸びず、マーケットシェアを構成する企業も次第に固定化されて成長期よりもさらに激しいコスト競争となる。

成熟期を過ぎて、製品・サービスの需要が減ると衰退期に入る。売り上げ・利益ともに減少し、市場に残っていた企業も次第に撤退を開始する。

この製品ライフサイクルの各ステージにおける主な技術開発戦略および特許出願の特徴について次ページの**表1**にまとめた。今、自分が分析しようとしている対象技術はどのステージに位置しているのかを認識し、そのステージによって各社がとる技術開発戦略も異なり、また、特許出願戦略も異なってくることを前提としてパテントマップを読み解く必要がある。

なお、製品ライフサイクルに関連して、最近の動きとしてはライフサイクル後期の成熟期を迎えた製品において、収益モデルを変更し、製品のメンテナンスなどの利用関連サービスの売り上げでもうける[8]動きが活発である。

また、成熟期・衰退期を迎えた製品・サービスへの異業種参入[9]も活発となっている。

表1　製品ライフサイクルと技術戦略・特許出願の特徴[10]

プロダクトライフサイクル	①導入期	②成長期
主な技術開発戦略	●製品アーキテクチャ、要素技術などのデファクトスタンダードの確立 ●デファクト化された技術は特許やブラックボックスにより保護 ●製造技術の確立 ●技術開発課題の解決においてはアライアンスを活用 ①産学官のコンソーシアムによる共同研究、②潜在的な競合企業とのアライアンス、③市場のリーディングカンパニーとのアライアンス	●商品ブランド強化のための中心機能の強化のための技術開発 ●量産、低コスト生産のための製造技術の開発 ●製品ライン増加のための開発設計力の向上 ●主要機能の補完のためのアライアンス（製造、流通、商品企画、マーケティング、資金調達など） ●海外移転のための技術移転
出願人・権利者の特徴	●企業だけではなく、大学・研究機関など多種多様な出願人が特許出願	●大学・研究機関からの特許出願が減少し、企業からの出願が主 ●特許出願から見た参入企業が増加
出願内容の特徴	●製品の基本性能確保・向上 ●生産・製造関連	●製品の基本性能の改良・改善 ●生産・製造関連 ●業界によっては意匠出願

② 競争地位・ポジションにより異なる企業の出願戦略

　マーケティングの大家フィリップ・コトラー氏は経営資源を量的・質的の2つに分け、2×2のマトリックスから企業をリーダー、チャレンジャー、フォロワー、ニッチャーに類型化し、競争地位・ポジションに応じた戦略を示した。

8　伊丹敬之ほか『技術を武器にする経営』ではビジネスモデルをビジネスシステムと収益モデルに分け、収益モデルとして「本体そのものの売り上げで儲ける」「本体の使用に必須の関連製品（消耗品やソフト）の売り上げで儲ける」「本体のメンテナンスなど利用関連サービスの売り上げで儲ける」「本体の使用が生み出す蓄積をベースにしたサービスを別の人に売って儲ける」の4つを挙げている。

表1　製品ライフサイクルと技術戦略・特許出願の特徴（左ページの続き）

プロダクトライフサイクル	③成熟期	④衰退期
主な技術開発戦略	●商品ブランド多様化に伴う技術開発課題の取り組み（各商品共通の課題、各商品固有の課題） ●商品の多様化と競争激化に伴う多品種少量の生産体制の確立 ●さらなる低コスト生産のための製造技術の開発	●利益率維持目的の製造コストダウンのための技術開発、抜本的な生産方法の革新（低コスト生産方式） ●製品統合のための設計開発 ●海外、OEM 先への技術移転と品質管理 ●既存技術での新規事業の探索
出願人・権利者の特徴	●成長期と同じく企業からの出願が主 ●特許出願から見た参入企業数は徐々に減少傾向	●特許出願から見た参入企業数は減少傾向であるが、既存技術の改良や既存技術からの新規事業探索などを目指す新たな企業や大学・研究機関から出願
出願内容の特徴	●製品の次世代基本性能 ●低コスト化関連出願（構造簡素化、製造プロセス改良など）	●既存技術の改良(新たなタイプ・形式など) ●既存技術からの新規事業へ向けた出願（新規用途） ●ビジネスモデルの転換

　次ページの表2に競争ポジションごとの基本的マーケティング戦略と技術戦略を示した[11]。

9　異業種参入の詳細については内田和成『異業種競争戦略』や『ゲーム・チェンジャーの競争戦略』を参照されたい。

10　主な技術開発戦略については高橋透ほか『図解でわかる技術マーケティング』から転載。特許出願の特徴（出願人・権利者の特徴、出願内容の特徴）については著者の経験に基づくが、全業界・業種に適用できるものではない点に留意されたい。

11　日本の自動車業界を例に挙げると、リーダーがトヨタ、チャレンジャーが日産とホンダ、フォロワーがマツダ、そしてニッチャーがスバルやスズキであるといわれる。自動車業界は競争ポジションで整理しやすいが、全ての業種でこのようにきれいに競争ポジションで整理できるわけではない。ここでの重要なポイントはマーケットにおけるシェア・存在感に応じて、企業が取り得る特許戦略・出願戦略も異なるという点である。

表2　競争ポジションごとの基本的マーケティング戦略と技術戦略
（出所：高橋透ほか『図解でわかる技術マーケティング』）

	定義	基本戦略	技術戦略
リーダー	●市場の30〜40％のシェアを占めている ●価格、新製品導入、チャネルシェア、プロモーションなどあらゆる分野でリーダーシップを握っている	①市場そのものを拡大 ②チャレンジャーからの攻撃の防衛と攻撃 ③シェアの維持、拡大	●用途拡大戦略 ●ブランドイメージを拡張させる製品開発・イノベーション ●高品質のための技術投資 ●製品ラインの拡大 ●技術での顧客ソリューション ●環境関連技術での差別化 ●技術サービスでの差別化
チャレンジャー	●市場シェアは30％以下で、市場の地位が2位か3位 ●フォロワーとは違って、積極的に攻撃を繰り返す ●マーケットリーダーの存在をうまく活用した戦略をとる	①マーケットリーダーを攻撃 ②同党規模の企業のシェアを獲得 ③フォロワー、ニッチャー企業を攻撃	●コスト戦略（品質一定、低価格） ●廉価品戦略（低品質、低価格） ●高級品戦略（高品質、高価格） ●多品種戦略、連続的商品投入 ●機能を特化させるコア技術のイノベーション ●コア技術のライセンス、オープン化
フォロワー	●市場シェアは20％以下で、市場の地位が2位か3位 ●マーケットリーダーに攻撃を仕掛けない ●イノベーションのリスクをマーケットリーダー、チャレンジャーに負わせ、高い収益を獲得する	①既存顧客の維持 ②低価格戦略へ対応できるコスト戦略 ③マーケットリーダーの戦略の追従	●製品アレンジメント戦略 ●リーダー企業の製品、技術のフォロー（イミテーション） ●アセンブル特化（部品の外部調達） ●コスト戦略（品質一定） ●廉価品戦略（低品質、低価格） ●改良戦略
ニッチャー	●市場シェアは10％以下 ●大企業には利益の出せない小さな市場でリーダーになる ●小さな市場では独占的地位を獲得し、高い利益を確保する	①小さな市場への絞り込み ②徹底した資源集中 ③知識、情報などの専門特化	●ターゲットセグメントと一家戦略 ●バリューチェーン特化戦略 ●コア技術特化戦略 ●特定顧客専門特化 ●オーダーメイド開発戦略 ●技術サービス特化および強化

　リーダーは市場の30〜40％程度のマーケットシェアを握っており、全方位戦略をとるため、特許出願件数もチャレンジャーなどに比べると相対的に多く、対象とする技術範囲も広くなる傾向がある。

　チャレンジャーはリーダーに似たような特許出願戦略をとるが、リーダーのような全方位戦略をとることはできないため、対象とする技術範囲はリーダーに比べると若干狭くなる（リーダーに勝てる領域を戦略的に選択する）。

　フォロワーはリーダーやチャレンジャーに比べると売り上げ規模は小さく、特許出願にもあまり経費をかけられないため、出願規模は小さい。

6.3　特許情報分析結果を踏まえた提案・提言の取りまとめ

　特許情報分析結果を踏まえた提案・提言内容を検討する上で、まずは特許分析結果・パテントマップや知財以外の情報を解釈して、**表3**のマトリックスのようにSWOT分析の枠組みで整理する。整理した結果−「自社の強み」「自社の弱み」「有望な市場」「市場のリスク」など−の掛け算を検討して、提案・提言を取りまとめる。

　SWOT分析の結果から戦略立案するためのフレームワークとして、次ページの**図10**に示すクロスSWOT分析がある。

表3　SWOT分析の枠組みに基づいた分析結果の解釈

	自社にとってポジティブ	自社にとってネガティブ
内部環境 **- 自社 -**	**Strength** ●自社の強みは何か？ ●自社が伸ばすべきところは？	**Weakness** ●自社の弱みは？ ●克服すべき課題は？
外部環境 **- 他社・市場 -**	**Opportunity** ●市場の成長性は期待できるか？ ●有望な市場（課題・製品等）は？ ●競合の弱みは？	**Threat** ●市場のリスクは？ ●自社技術はこのままで大丈夫か？ ●注意すべき競合は？

		内部要因	
		S：強み	**W：弱み**
外部要因	**O：機会**	SO 戦略	WO 戦略
	T：脅威	ST 戦略	WT 戦略

図10　クロス SWOT 分析[12]

　このクロス SWOT 分析の４つのセル（SO、WO、ST、WT 戦略）が、**表4**に示すように提案・提言のパターンとなる。これら提案・提言のパターンは、2.5.3②で説明した予備仮説と対を成している。つまり、あらかじめ最終的に提案・提言となる予備仮説を分析デザイン・設計段階で想定しておき、各種分析を通じて証明することで予備仮説が提案・提言となる。

表4　クロス SWOT 分析の枠組みに基づいた提案・提言（≒予備仮説）のパターン

OT	SW	提案・提言（≒予備仮説）のパターン
機会	強み	市場の機会である〇〇に着目し、自社の強みである△△を活用して、◇◇に着手する。
脅威	強み	市場の脅威である●●に対し、自社の強みである△△を活用して、◇◇に着手する。
機会	弱み	市場の機会である〇〇に対し、自社の弱みである▲▲を克服するために、◇◇に着手する／◆◆社を買収する（提携する）。
脅威	弱み	市場の脅威である●●に対し、自社の弱みである▲▲を克服するために、◇◇に着手する／◆◆社を買収する（提携する）。

　４つあるパターンのうち、最もオーソドックスなのは SO 戦略（機会×強み）であり、SO 戦略における特許・知財以外の情報分析結果の活用例を示すと**表5**のようになる。

12　クロス SWOT 分析に３Ｃおよび知財視点を取り入れたフレームワークについて、拙稿「SWOT 分析とは何か？－戦略立案へ活かすための３Ｃ・知財視点を取り入れたフレームワーク－」（「知財管理」71巻２号292頁［2021］）で紹介しているのでご興味ある方はご覧いただきたい。

表5 SO戦略（機会×強み）における特許・知財以外の情報分析

	特許情報分析	知財以外の情報分析
市場の機会である○○に着目し、	●課題や技術、用途別出願動向において出願が伸びている ●課題や技術、用途別出願動向において出願がまだ少ない（マーケット情報との組み合わせ）	●マーケット情報・市場規模予測に基づいた成長性・有望株 ●法規制強化または緩和 ●社会情勢（EGS、環境への意識の高まり）
自社の強みである△△を活用して、	●競合と比較した場合の自社の保有特許状況	●自社保有ノウハウの有無 ● Voice of Customer（自社の評判）
◇◇に着手する。	－	－

　最後の「◇◇に着手する」が提案・提言の肝であり、これは依頼者・依頼部門の実行したいことが入るべきである。もちろん、特許情報分析や知財以外の情報分析から依頼者が想定している「◇◇」の方向性を見直す場合もあるが、分析担当者がゼロベースで「◇◇」を考えるというのは通常あり得ない[13,14]。

　提案・提言（≒戦略案）の取りまとめは単純な作業ではないが、あえて2軸でシンプルに表現すると図11のようになる。

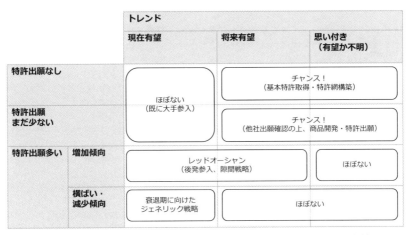

図11　特許と知財以外の情報分析の組み合わせによる戦略の方向性

　縦軸は特許出願の有無・増減であり、横軸は知財以外の情報から得られるトレンドである[15]。トレンドは現在有望（ニーズがある）、将来有望に加えて、思い付きを加えてある。思い付きというと表現が良くないが、創業者や研究者・技術者の強い想い[16]でイノベーションが実現することもある。

　狙うべきは将来有望であって、特許出願がない、またはまだ少ない領域（さらには自社の強みが活用できる）である。逆に最も避けるべきは現在または将来有望であるが、既に多数の特許出願があり、さらに出願が増加傾向にある場合である。先行企業が多数いる中での後発参入となると、隙間を狙ったニッチ戦略をとらざるを得ない。

　最後に、現在は有望であるが、特許出願が横ばい・減少傾向にあるコモディティ化しつつある領域に対してジェネリック戦略で臨む方向性もある。この領域では製品の基本的な技術性能向上は不要であり、かつ、基本特許は権利が消滅していることが多いので、低コスト化やデザイン性・UX（ユーザーエクスペリエンス）を意識する必要がある。

　本節で紹介した特許情報分析結果を踏まえた提案・提言の取りまとめは、数ある考え方の一つを示したにすぎない。戦略策定等に関する書籍[17]なども参考にして、各社ならではの戦略立案のプロセスを構築していただければと思う。

13　IPランドスケープを通じて事業戦略を立案するのは知財部門ではない。あくまでも事業部門が事業戦略案、研究開発部門が研究開発戦略案を検討した上で、その戦略案を練り上げるのが特許情報分析の役割になる。もしも知財部門に「IPランドスケープで事業戦略案を立ててほしい」という事業部門の担当者がいたら、その事業部門の担当者の仕事はいったい何なのであろうか？

14　ただし、特許情報分析などから新規事業テーマのオプションを"複数"抽出することを「◇◇」とする場合はあり得る。それは、2.5.3①で説明した仮説検証型分析ではなく、新規事業テーマで検証すべき仮説候補を複数提示する探索型分析である。新規事業テーマで検証すべき仮説候補の中から、依頼者が検証すべき新規事業テーマ案を選択した後が仮説検証型分析となる。

15　特許情報から課題・目的などを分析することで、トレンドを把握することができる可能性もあるが、著者はトレンドは知財以外の情報から特定したほうがよいと考えている。

16　桑嶋健一『不確実性のマネジメント―新薬創出のR&Dの「解」』には、元エーザイの杉本八郎氏の母親が認知症を患ったことを機に、日夜研究に没頭し、世界初の認知症治療薬「アリセプト」を開発したストーリーが紹介されている。

17　第9章でも取り上げている波頭亮『戦略策定概論―企業戦略立案の理論と実際』や坂本雅明『事業戦略策定ガイドブック』のほか、ストーリー仕立てになっている高田貴久ほか『問題解決』や『ロジカル・プレゼンテーション』などがお勧めである。

6.4　情報デザインー効果的な分析結果・パテントマップの見せ方ー

　良い素材を使って調理しても、盛り付け方や盛り付ける皿が悪いと、せっかくのおいしい料理が台無しになってしまう。特許情報分析結果を可視化したパテントマップや、そのパテントマップを盛り込んだ分析レポートも同様である。苦労して良い分析結果を得てもグラフの種類の選択を誤ったり、分析レポートのレイアウトが見にくかったりすると、聞き手にメッセージ＝提案・提言が十分に伝わらない。分析結果・パテントマップを効果的に見せるには、常に聞き手を意識して、聞き手に分かりやすいようにまとめなければならない。

6.4.1　報告資料のストーリー・レイアウトを整える[18]

　情報デザインの１つ目は報告資料のストーリー・レイアウトである。報告資料のストーリーとは、2.5.3②で構築した予備仮説と、予備仮説を検証するための分析ストーリーである。

　報告資料のストーリーとはこの分析ストーリーにほかならない。分析の目的に対してどのような結論が得られたか、その結論に至る特許情報分析結果・パテントマップおよびそれをサポートする知財以外の情報の配置の仕方である。１つ１つのパテントマップから“何が変化しているか”“なぜ変化しているのか”を読み取り、マクロからミクロへドリルダウンし、複数の特許情報分析結果・パテントマップから関連性を見いだすことで、レポートのストーリーが構成されているか確認する。

　図12に報告資料のストーリー構成を示した。分析の目的に対して、分析結果から得られるゴールがある。そのゴールは、特許分析結果やパテントマップから説明・サポートされる幾つかのサブゴールによってサポートされている。分析のサブゴール①からサブゴール③を導いた上で分析のゴールを帰納的に導出するアプローチもあれば、分析のゴールに対して仮説を置いた上で、その仮説を検証するという演繹的なアプローチをとる場合もある。

18　主にウェブサイト設計において情報設計やインフォメーションアーキテクトという概念があるが、分析レポートの作成においても同じようにユーザーにとって理解しやすく情報をデザインする必要がある。

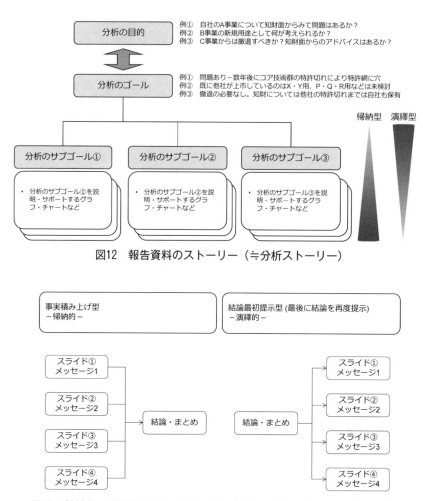

図12　報告資料のストーリー（≒分析ストーリー）

図13　帰納的・演繹的なまとめ方－まとめと各スライドメッセージの関係－

　帰納的・演繹的なまとめ方として、スライドの説明で事実を積み上げ、最後に結論・まとめを提示するパターンと、最初に結論・まとめを提示し、追ってスライドで説明するパターンに大別される（**図13**）。どちらを選択するかは、報告対象者や報告対象者の組織文化を勘案して決定すべきである。なお、最近は MS Power Point で分析レポートを作成することが多いと思うが、個々のスライド構成としては**図14**のように統一するとよい（扉ページなどは別）。

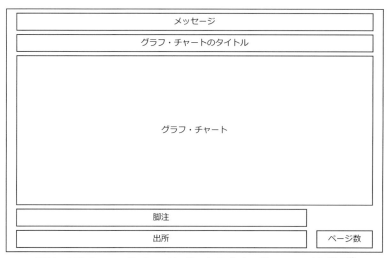

図14　MS Power Point でレポート作成する際のスライド構成[19]

　本書では MS Power Point の操作方法について本書では詳しく述べない
が、［表示］→［スライドマスタ］などを設定することで、自分自身のオリ
ジナルテンプレートを作成できると同時に、一貫したスライドレイアウトを
保つことができて、聞き手にとって視覚的な負担が減る。

　なお、レポートそのものの作成方法[20]、分かりやすい日本語表現[21]などに
ついては脚注の書籍を参照されたい。

6.4.2　グラフの種類を正しく選択する

　特許情報に限らず、さまざまなデータを可視化する際に適切なグラフの種
類を選択しないと、せっかくの良い分析結果が聞き手にうまく伝わらない[22]。

19　山口周『外資系コンサルのスライド作成術―図解表現23のテクニック』より転載。そのほか
　に同じく山口周『外資系コンサルのスライド作成術 作例集：実例から学ぶリアルテクニック』
　や前田鎌利『プレゼン資料のデザイン図鑑』など、スライド資料作成テクニックについてはさ
　まざまな書籍が出ている。
20　古典的であるが、木下是雄『理科系の作文技術』『レポートの組み立て方』がある。
21　古典的なものとしては本多勝一『【新版】日本語の作文技術』『【新版】実戦・日本語の作文技術』、
　最近の書籍としては結城浩『数学文章作法 基礎編』『数学文章作法 推敲編』などがある。

　2.4 の表 8 において MS Excel グラフの種類と主な統計解析型パテント
マップを示しているが、これをガイドラインとすればよいであろう。

　例えば 3 社の筆頭 FI メイングループ別シェアを比較したい場合、以下の
ように円グラフを 3 つ並べるのはいかがであろうか？

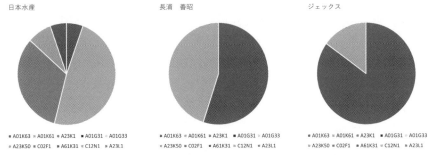

図15　グラフ種類の選択が適切ではない例（円グラフ）

むしろ100％積み上げ縦棒グラフを用いたほうが 3 社を比較しやすい。

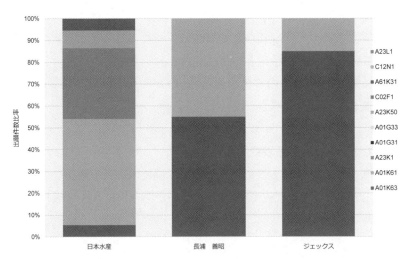

図16　グラフ種類を修正した例（100％積み上げ縦棒グラフ）

22　コンサルティングファームのマッキンゼーのビジュアル・コミュニケーション・ディレクター
　　であったジーン・ゼラズニー『マッキンゼー流図解の技術』では効果的なグラフの使い方につ
　　いて解説されている。

　どのようなグラフの種類を選択すればよいのかという点については、前掲のジーン・ゼラズニー氏の書籍などもあるが、5.3.3③で紹介したマーケットレポートや経済産業省の委託調査報告書など、実際にシンクタンクやコンサルティングファームが分析した事例を数多く見ると勉強になるであろう。

6.4.3　新たなパテントマップのフォーマットを創る

　第2章においてパテントマップとは「特許情報を調査・整理・分析して視覚化・ビジュアル化したもの」であると述べた。統計解析型マップや非統計解析型マップなど、ある程度型が定まっているパテントマップもあるが、「特許情報を調査・整理・分析して視覚化・ビジュアル化」すればよいので、決められたフォーマットは存在しない。つまり、依頼者にとってどのようなまとめ方がよりメッセージが伝わりやすいか、その点に留意して柔軟にパテントマップのフォーマットを独自に創るとよい。

　一例として、特許情報から特定した新規事業候補とマーケット情報（市場性）を組み合わせた有望用途ポジショニングマップを以下に示す。

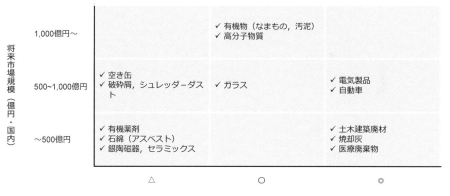

図17　新たなパテントマップのフォーマットー有望用途ポジショニングマップ[23]

23　あくまでサンプルであり、将来市場規模などはダミーである。

　図17では、横軸に自社保有技術（＝特許）の活用度合いを取り、縦軸には将来市場規模を取っている（縦軸はレンジにすることで新規事業候補セグメントを明確化している）。

　なお、次頁のCOLUMNでは、分析プロジェクトのまとめとなるキラーチャートのフォーマットの例を示しているので、参照されたい。

COLUMN 「２×２マトリックスを用いたキラーチャート[24]」

「経営層や事業部門へ伝わるアウトプットをどのように作成すればよいのか？」という質問をいただくことがある。このようにすれば100%伝わる、という伝家の宝刀のようなアウトプットは存在しないが、著者が分析プロジェクトのエグゼクティブサマリーによく用いている２×２マトリックスを紹介したい[25]。

２×２マトリックスというのは以下のように軸Ａと軸Ｂを取り、以下のようにバブルチャートまたは散布図で分析項目〈出願人・権利者や分析軸（課題・目的や技術など）〉をマッピングしたものである。

以下は、機械学習を用いたロボット技術に関する日本特許について、独自に特許レイティングした結果を２×２マトリックスで可視化した例である。縦軸には他社注目度スコアの平均値（被引用回数など他社からどれだけ注目されているか）、横軸には自社注力度スコアの平均値（審査請求・拒絶査定不服審判など、自社がどれだけ注力しているか）を取り、バブルサイズには各社の累積件数を取っている（縦軸・横軸の交点は全体の平均値）[26]。

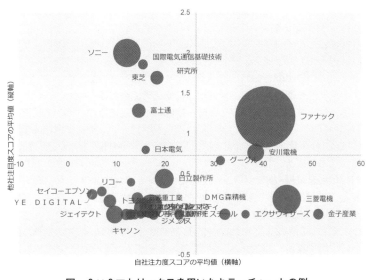

図　２×２マトリックスを用いたキラーチャートの例

24　２×２のマトリックスで考える際には木部智之『２軸思考』が参考になる。
25　有料分析ツールのアウトプットをそのまま用いて報告対象に刺さることもあるが、既成のフォーマットでは刺さらないことが多いのではないかと感じている。ただし、有料分析ツールのアウトプットが使えないということではなく、あくまでも報告対象の方が何を求めているのか、その求めていることに対して効果的に可視化できているか否かが最も重要である。

　　　各象限の意味合いは以下のようになる。

　第1象限：自社注力度高い×他社注目度高い
　自社でも注力しており、他社からも注目されている企業
　第2象限：自社注力度低い×他社注目度高い
　全体平均から見て自社では注力していないが、他社からは注目されている出願がある企業
　第3象限：自社注力度低い×他社注目度低い
　自社でも注力しておらず、他社からも注目されていない企業（ただし、直近の出願はスコアが低い傾向にある点に注意）
　第4象限：自社注力度高い×他社注目度低い
　自社で注力している技術領域であるが、他社からはあまり注目されていない。しかし、今後成長していく可能性がある企業

　　仮に機械学習を用いたロボット技術に関する技術動向把握が目的であれば、第1象限のファナックや安川電機を要注目企業として抽出し、特許出願面から今後成長が予想される第4象限の企業群にも注意を払う必要がある。
　　一方、今後自社が機械学習を用いたロボット技術を手掛けていく際に、特許購入やライセンス導入先、アライアンス先を検討する目的であれば、第2象限の企業は他社から注目されている出願を保有している（ただし、自社注力度が低いので事業撤退や事業中止の可能性もある）ので、候補として優先的に検討する[27]。
　　上記の例では特許レイティングを縦軸・横軸に取っているが、その他に累積出願件数、件数の伸び率、平均被引用回数、最大被引用回数といった特許情報面の軸や市場規模、CAGR（年平均成長率）、売上高・営業利益、研究開発費といった特許以外の軸を取ることもできる。
　　定量的な項目を縦軸・横軸に取った上記では2×2マトリックス（バブルチャート）を作成する方法は**3.5.6⑥**を参照されたい。なお、2×2マトリックスでも縦軸・横軸に定量軸ではなく定性軸を取ることもある。
　　最後に、著者はこの2×2マトリックスの作成に当たって、縦軸・横軸は分析プロジェクトの目的や提言・提案内容に応じてカスタマイズして設定している。この縦軸・横軸を取って2×2マトリックスを作成すれば経営層や事業部門に響くという一般解はなく、あくまで個々の分析の目的、そして仮説を証明するための個別解（＝縦軸・横軸）を自ら考えることが重要である点を強調しておきたい。

26　特許スコアリング・レイティングについては拙稿「特許スコアリング・レイティングの活用方法」（「知財管理」73巻4号418頁［2023］）を参照されたい。
27　あくまでも被引用回数など特許出願面から見てどれだけ他社から注目されているかを指標化しただけなので、このパテントマップだけで候補として有望であると結論付けるのは難しい。各社の製品・サービス情報なども加味した上で、総合的に判断しなければならない。

第7章
特許情報分析・パテントマップの組織への定着

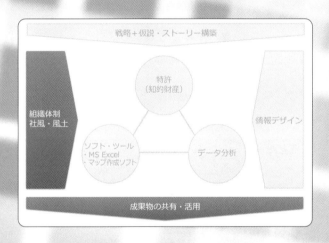

　戦前の問題点を踏まえた上で現在の日本のインテリジェンスを見た場合、① 組織化されないインテリジェンス、② 情報部の地位の低さ、③ 防諜の不徹底、④ 目先の情報運用、⑤ 情報集約機関の不在とセクショナリズム、⑥ 長期的視野の欠如による情報リクワイアメントの不在、といった特徴が垣間見えてくる。

（出所：小谷賢『日本軍のインテリジェンス』）

7.1　特許情報分析を組織へ定着させるためのリソース

　第1章の1.3　特許情報活用の現状と課題において、特許情報の活用およびIPランドスケープの理解・実施状況について示したが、ここで特許情報分析・知財情報分析結果の活用を含めたデータ活用・情報活用の課題についてNTTデータ経営研究所のアンケート結果を振り返りたい。

　本アンケートでは「データ活用の取り組みではその特性上、分析手法やITなどの技術面だけではなく、"戦略・計画・管理"、"業務プロセス"、"人材・スキル"、"企業文化"など、複合的な障壁に各企業が直面していることが明らか」と結論付けており、情報分析を組織に定着させるためにはさまざまな障壁が存在することが分かる。

　一般的に企業の保有するリソースはヒト・モノ・カネ・情報の4つに大別される。下表に特許情報分析・IPランドスケープを実現するための経営資源を示す。

表1　特許情報分析・ＩＰランドスケープを実現するための経営資源

経営資源	概要
ヒト	**分析人材と分析組織・チーム** ●分析に関する人材（生産者、発注者、消費者） ●分析人材・組織 ●分析結果を見る人＝情報の消費者
モノ	**分析に必要なモノ＝分析ツール** ●分析ツールは分析の目的を達成するための手段 ●有料ツール・無料ツール
カネ	**分析に必要な資金** ●知財部門が分析費用を持つ ●知財以外の部門（依頼部門）が分析費用を持つ
情報	**分析に必要となる情報** ●知財情報および知財以外の情報 ●情報源：データベース、電子媒体＋元物＋人

　ヒトについては分析人材（アナリスト）個人と組織・チームという２つの側面があるが、アナリスト個人のスキルアップは**第９章**で述べる。カネについてはどの部門が費用（分析自体に必要な費用、分析人材の人件費、データベース・ツール費用など）を受け持つかは企業によって異なるため、本章での説明は省略する。そして、情報は**第５章**で特許以外および知財以外の情報分析について述べたので、以下では「組織としてのヒトとモノ」を説明する。

7.1.1　ヒト－分析に関与する人材に必要なリテラシーと組織・チーム

① 分析に関与する人材に必要なリテラシー

　情報分析に関与するヒトは下表に示すように、消費者、発注者、生産者の３つのタイプに分けることができる。

表２　人材のタイプと必要とされる情報分析リテラシー[1]

所属	人材のタイプ	必要となるリテラシー
企業内	消費者	●分析の質について判断することができる ●直観力「どこかおかしい」
企業内	発注者	●分析設計・分析担当者（生産者）の力量を見極めることができる ●眼力・目利き「どこかおかしい」
企業内 企業外	生産者	●発注者の要望に基づいて的確に分析設計を行い、価値あるインテリジェンスを生成することができる ●分析力・修正力「どのように分析すべきか？」「何を修正すべきか？」

　３つの人材タイプによって必要となるリテラシーは異なる。本書は主に特許情報分析を自ら行うことができる生産者を対象としているが、生産者のリテラシーを持っていれば一般的には発注者としてのリテラシーは保有していると考えてよいであろう。ただし、生産者としてのリテラシーが卓越していなくても、発注者としてのリテラシーを十分に持っているケースはあり得る。

1　表２は佐藤郁哉『ビジネス・リサーチ』をベースに著者が作成した。

プロ野球を例に挙げれば、野村克也氏や落合博満氏のようにプロ野球選手としての実績（≒生産者）が十分あった上で、監督としての卓越した実績（≒発注者）を有する人物もいる一方、プロ野球選手としての実績（打率やホームラン数、防御率など）はいまいちでも、監督としての実績が優れた人物もいる。注意すべきは実績が素晴らしい選手が必ずしも監督として優秀であるとは限らない点である。特許情報分析でも同様に、生産者として優れていながら発注者としては活躍できない場合がある。発注者としてのリテラシーを磨くためには、**第9章**でも述べるように外部セミナーや研究会などに参加[2]して我流に固執せずに、幅広い視野・視点を持つこと、また、社内の自部門だけではなく他部門とのコミュニケーションを積極的に図り、自分自身のスキル・能力を相対的に把握することが重要である。

最後の消費者であるが、これは情報分析プロジェクトの依頼者になる。経営層や事業部門のこともあれば、研究開発部門などの場合もあるであろう。消費者自身があらかじめ**表2**に挙げたようなリテラシーを持っていれば問題はない。しかし、そのようなリテラシーを持ち合わせていない、またはリテラシーが低い場合は、報告者の立場である生産者（発注者が報告する場合もある）による継続的な啓発が必要である[3]。

7.3で述べるような他社事例を用いれば特許情報分析の重要性・必要性について理解してもらうこともある程度は可能かもしれないが、一朝一夕で消費者としてのリテラシーを向上させる術はないため、依頼者の周辺人物でリテラシーが高い人物の理解を得ながら進めるなど、特許情報分析そのもののスキルとは別のスキルが必要である。

2　旭化成の中村栄氏は外部セミナーや研究会等に出席して、他社の人材と交流することを"他流試合"と呼んでいた。武芸においては他の流儀・流派の人と試合を行い、自らの技や芸を磨くが、特許情報分析でも同様のアプローチは有効であると考えている。

3　啓発以外に、依頼者の期待値コントロールも重要である。「特許情報分析から何でも分かるんでしょ」（さすがにここまでの方はいないと信じたいが）、「特許情報分析で何か新規事業のネタでも探してよ」等の無茶ぶりに近い依頼を受けた場合は、依頼者がいつ、どれぐらいのレベルで、何を知りたいのかしっかりとヒアリングすると同時に、特許情報分析で明らかにできる点、明らかにするのが難しい点についてあらかじめ理解してもらうことが望ましい。なお、待値コントロールについてはイーパテント YouTube チャンネルの「イーパテお昼のミニ講座」の動画あるので参考にしていただきたい。

② 組織・チーム[4]

特許情報分析・パテントマップを組織に定着させるための組織・チームについて述べる前に、企業における知財部門の位置付けについて確認する。

知財部門には集中型、分散型、併設型、特殊型の4つのタイプがある（図1にはそのうち併設型の例を示している）。

知財部門が社長直下、コーポレート部門、法務部門、研究開発部門の傘下などさまざまなタイプが存在する。特許情報分析を組織に定着させる上で重要なポイントは、組織内の情報の流れである。ここでいう情報には他部門から入手できる情報だけではなく、他部門から知財部門への分析プロジェクトの依頼などのコミュニケーションも含まれる。水の流れと同じように、情報も高い場所から低い場所へ流れていく。そのため、いかに情報発生源に近い場所に知財部門を位置付けるか考える必要がある。

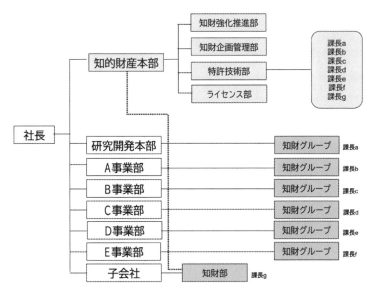

図1 企業の知財部門の位置付け―併設型の例―（出所：特許庁『戦略的な知的財産管理に向けて‐技術経営力を高めるために‐＜知財戦略事例集＞』）

---

4 ここで述べる内容は過去の文献等をベースにした著者の考えである。必ずしも著者の考えが正解とは限らないので、今後、組織設計を行う際の参考にしていただきたい。

　出願・権利化業務であれば、情報発生源は主に研究開発部門であるため、研究開発部門の下に知財部門が位置付けられていることが合理的である。IPランドスケープのように経営・事業に知財情報分析を活用したい場合は、社長直下に知財部門を配置し、経営層や研究開発部門だけではなく事業部門ともコミュニケーションが取りやすいほうが望ましい。

　その点、旭化成は出願・権利化、ライセンス等の従来の知財業務を行う知的財産部を研究開発本部の下に、そしてIPランドスケープの専任グループであるIPインテリジェンス室を経営企画担当役員直下に置いており（図２）、情報の流れを考慮した組織設計を行っている。

　次に知財部門内における分析・解析チームの「分析・解析チームが必要か？」という点であるが、出願・権利化やライセンスなどの他の知財業務と同様、特許分析も高い専門性が求められるため、分析・解析チームとまでいかなくとも、分析・解析専任スタッフは配置することが望ましい。

　ただし、分析・解析チームまたは分析・解析専任スタッフを置くかどうかは、企業全体の人事戦略と合わせて検討する必要がある。知財部門が数人しかいない中小企業やベンチャー・スタートアップでは、分析・解析専任スタッフとして人的リソースを割くのが難しいため、特許事務所や調査・分析会社、コンサルティング会社などの外部リソースを活用するか（外部のアウトソーシング先の活用形態については後述する）、工業所有権情報・研修館（INPIT）などの公的機関が行っている各種支援事業[5]を利用するとよいであろう。

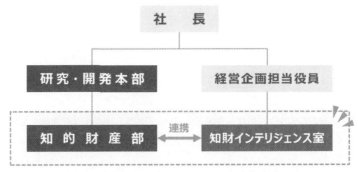

図２　旭化成のIPランドスケープ部門の位置付け（出所：旭化成『知財戦略説明会』）

　知財部門内に分析・解析チームがある場合、分析・解析チームをどのように配置するかが次の検討課題となるが、これは前述した知財部門の位置付け－集中型、分散型、併設型、特殊型－に依存するであろう。ただし、最も重要なポイントは情報発生源、つまり、分析プロジェクトの依頼部門に近いところに分析・解析チームを配置することである。もちろん、組織設計上、必ずしも分析・解析チームを依頼部門（例えば事業部門）の近くに配置できない場合もあるであろうが、その場合は情報の流れを断ち切らないように部門間の定例ミーティングを設定することが望ましい[6]。

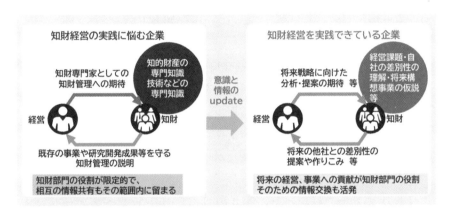

図3　知財部門を取り巻く「意識」と「情報」のギャップ（出所：特許庁『知財経営の実践に向けたコミュニケーションガイドブック〜経営層と知財部門が連携し企業価値向上を実現する実践事例集〜』）

5　例えば工業所有権情報・研修館（INPIT）では2022年度より「IPランドスケープ支援事業」（2021年度までは「特許情報分析支援事業」）を開始している。その他の公的機関でも特許分析に関する補助金・助成金を支給しているので、必要に応じて調べていただきたい。

6　2020年1月以降に日本でも蔓延した新型コロナウイルス感染症の影響でリモートワークが定着した。働き方の自由度を高めた点ではメリットが大きかったが、社内コミュニケーション、特に非公式のコミュニケーションの場が減ってしまったという点ではデメリットも大きかったと感じている。40年ほど前のコンセプトになるが「Managing By Walking Around（MBWA）」というものがあった。マネージャーが現場を歩き回ることで、情報留数・コミュニケーション等を図ることを意味するが、マネージャーに限らず、分析人材はMBMAなどを通じて他部門のスタッフと常日頃から交流し、前もって情報の流れ（分析プロジェクトの依頼など）をスムーズにしておくことが重要である。

　なお、情報発生源を経営層とした場合のコミュニケーションの在り方という点では、特許庁が2023年4月に公開した「知財経営の実践に向けたコミュニケーションガイドブック～経営層と知財部門が連携し企業価値向上を実現する実践事例集～」が参考になる。

　本ガイドブックには、知財を活用した経営を実践している企業では、経営層と知財部門との十分なコミュニケーションの下で、知財部門が企業の将来の経営戦略や事業戦略に対して知財の視点で積極的に貢献している一方、知財経営の実践に悩む企業では、経営層、知財部門が、知財部門の役割を、既存事業等を守るための知財管理として限定的に捉え、相互のコミュニケーションもその範囲内にとどまっていることを示唆している。

③ 分析プロジェクトの組織内ワークフロー

　個別の特許情報分析プロジェクトの進め方については2.5　特許情報分析プロジェクトのフローで述べているので、ここでは組織内において分析プロジェクトを円滑に進めるためのワークフローについて説明する。

　ワークフローを設計する上で重要なポイントは、上流＝依頼時、中流＝分析プロジェクトの途中経過、下流＝分析結果の共有・発表である。このポイントを説明する上で好適な例が図4の旭化成のIPランドスケープ実施フローである。

　本事例では依頼部門が事業本部（事業部・企画）となっているが、研究開発部門等の別部門からの依頼であっても同様だと考えられる。IPランドスケープの依頼（図中ではエントリー）は依頼者である事業本部起点である点が、上流のポイントである。

　経営層や事業部門、研究開発部門等にはそれぞれ抱えている課題がある。その課題を克服するための戦略を立案する際に、特許情報分析結果を用いることで戦略の確度を高めることができる。この課題が明確であればあるほど、分析の方針（図中ではIPL方針）を設定しやすくなる。

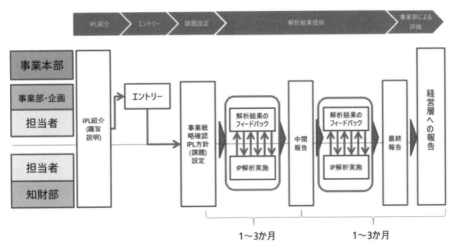

図4　旭化成のIPランドスケープ実施フロー（出所：SPEEDA「総合化学メーカーの
　　　知的財産部門における活用」）

④ 外部アウトソーシング先の活用

　アウトソーシング先を活用する場合は次ページの図5に示すように役割分
担型、完全外注型、一部コラボ型、コラボ型の4パターンがある。

　自社でできることを自社スタッフで対応し、自社ができないところやスキ
ルが足りないところ（例えば特許情報分析については経験があるが、特許以
外・知財以外の情報収集・分析の経験が足りない等）を外部委託で補完する
のが役割分担型である。

　ただし、役割分担型の場合、自社でできないところの経験値を積むことが
できないため、外部の協力を得て分析プロジェクトを進めながら、同時にス
キルアップを図るのが一部コラボ型である。また、特許情報分析についても
経験・スキルが足りない場合はコラボ型のようなタイプもある。そして、自
社でできる部分についてもアウトソースするのが完全外注型である。

　上述した分析・解析専任チームや分析・解析専任スタッフを自社内に持っ
ている場合、または将来的に持ちたい場合は完全外注型ではなく、一部コラ
ボ型やコラボ型などにより分析人材の育成を図るとよいであろう。

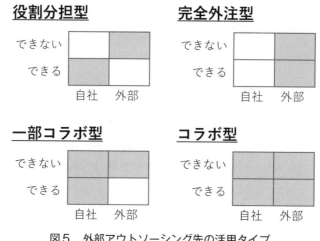

図5　外部アウトソーシング先の活用タイプ

　なお、いずれの外部アウトソーシング先の活用タイプを選択しても、アウトソーシング先に依頼の目的の明確化や分析設計・仕様の確認ができること、つまり、分析に関与する人材に必要なリテラシーのうち、発注者としてのリテラシーは必須である。特に完全外注型の場合、外部に依頼すれば自社では何もせずに良い分析結果が得られると安易に考えるのではなく、自社の課題や明らかにしたいことを明確にしなければならない。

7.1.2　モノ＝分析ツール[7]

　特許情報分析・IP ランドスケープを実現するための経営資源としてモノ＝分析ツール[8]も重要である。COLUMN「知財情報分析に有料の分析ツールは必須か？」でも述べたが、有料ツールでなければ特許情報分析・パテントマップ作成ができないわけではない（本書を読めば MS Excel でも十分な特許情報分析・パテントマップ作成が行えることをご理解いただけると思う）。

7　特許情報を対象にしたものではないが ChatGPT や Value Discovery（入力した事業アイデアから仮説定義からペルソナ、状況、障壁などを自動生成する AI ツール）などの、生成 AI（Generative AI）の最近の目覚ましい発展を見ていると、特許データの定性分析・定量分析だけではなく、分析設計・デザインや分析結果の解釈をサポートするようなツールも近い将来登場すると予想している。

　また、**第4章　無料ツールを利用したパテントマップ作成**で取り上げた Lens.org は無料でありながら、必要最低限の分析を行うことができる。

　分析ツールを検討する上で最も重要なのは、分析の目的および分析対象資料・分析方法に合わせてツールを選択することである。高価な分析ツールを導入したので、そのツールを使って何か目新しい分析ができないか？　ではなく、あくまでも分析の目的を起点にすべきである。

　図6に分析ツールの選択に関するチャートを示す。統計解析を行いたい場合は MS Excel でも十分対応可能であるが、定型化されたパテントマップを作成するのであれば有料の統計解析ツールを利用したほうが作業効率は良い。また、統計解析を行う際に、特許と特許以外の情報を組み合わせて分析したい場合、MS Excel は対応可能であるが、有料ツールの場合は対応している入力データを確認する必要がある。

　次にレイティング・スコアリング[9]である。特許1件を単純に1とカウントするのではなく、権利状況や被引用回数、出願国などを加味して1件ごとの重みを考慮した分析を行いたい場合はレイティング・スコアリングツールが必要になる。

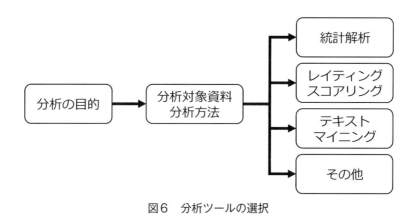

図6　分析ツールの選択

8　分析ツールとは、特許データを収録していない分析機能のみのツール（例えばインパテックのパテントマップ EXZ や DJ ソフトの PatentGrid 5 など）だけではなく、特許データベースに分析機能が搭載されているツール（例えばパテントリザルトの BizCruncher や PatentSight など）も含む。

　2.5.4　ステップ3：分析対象資料・分析方法および分析軸の検討①分析
対象資料の選定の分析対象資料・分析方法検討マトリックスのうち、出願規
模が大きく Key Success Factor が特許（特許の事業への貢献度合いが相対
的に高い）である第1象限に位置する技術領域では特に有効である[10]。レイ
ティング・スコアリングツールとして、国内ベンダーのツールではパテント
リザルトのパテントスコア、海外であれば PatentSight の Patent Asset
Index や Technology Relevance などが広く知られている。

　レイティング・スコアリングツールで特に留意すべきは、レイティング・
スコアリングが高い特許が必ずしもビジネス的にインパクトのある特許では
ないこと、そして、各社独自のアルゴリズムに基づいてレイティング・スコ
アリングを算出していることの2点である。

　あくまでも分析対象技術・テーマを取り巻く業界構造や出願特性なども加
味した上で、レイティング・スコアリングによる分析・可視化が有効である
と判断した場合に利用するとよい。

　なお、本書では詳述しないが、レイティング・スコアリングは権利状況や
被引用回数、出願国などのデータがあれば MS Excel でも算出することがで
きる。著者はダウンロードした特許リストに掲載されている項目をベースに
レイティング・スコアリングを算出している。

　3つ目のテキストマイニングは、統計解析やレイティング・スコアリング
と異なり、要約や特許請求の範囲、全文等のキーワードをベースにした分析
である。これは特許分類では傾向が捉えにくい場合や、大量のテキストデー
タ（数万件以上）から現在の状況や今後のトレンドを推測するために用いる。

9　特許のレイティング・スコアリングの基本や利用時の留意事項については拙稿「特許スコア
　　リング・レイティングの活用方法」（「知財管理」73巻4号418頁［2023］）に詳しく解説してい
　　るので参照していただきたい。
10　第1象限の技術領域でレイティング・スコアリングが有効な理由の一つとして、まとまった
　　件数のクロスライセンスを行う際に特許の重要度も加味することが挙げられる。また、第1象
　　限の場合、特許の棚卸しを行う際も棚卸し対象件数が非常に多いため、レイティング・スコア
　　リングなどを利用して、棚卸しの評価作業を効率化できる。一方、第2象限に位置する医薬品
　　などは1件1件の特許請求の範囲を読み込んで定性的に評価することが重要であるため、必ず
　　しもレイティング・スコアリングが有効であるとは限らない。

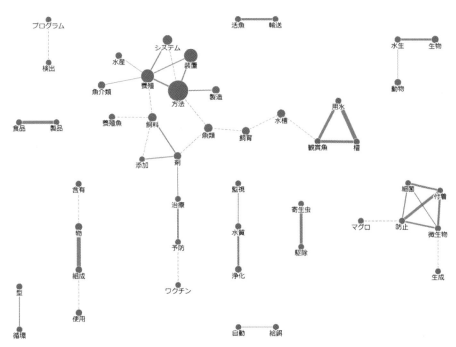

図7　無料で利用可能な AI テキストマイニング（共起キーワード、名詞対象）

　テキストマイニングツールとして、国内ベンダーの有料ツールでは VALUENEX[11]の VALUENEX Radar や NTT データ数理システムの Text Mining Studio、海外ベンダーでは Clarivate Analytics の ThemeScape などがある。無料でも利用可能なテキストマイニングツールとしては KH Coder[12,13]やユーザーローカルの AI テキストマイニングなどがある。

11　テキストマイニングによる分析の可能性について知りたい方は、VALUENEX の代表取締役
　　社長 CEO である中村達生氏が Japio YEARBOOK に寄稿している記事を参照いただきたい。
12　KH Coder の製作者である樋口耕一氏の『動かして学ぶ！はじめてのテキストマイニング』
　　や『社会調査のための計量テキスト分析―内容分析の継承と発展を目指して【第 2 版】』のほか、
　　末吉美喜『テキストマイニング入門：Excel と KH Coder でわかるデータ分析』や牛澤賢二『やっ
　　てみよう テキストマイニング ―自由回答アンケートの分析に挑戦！』などが参考になる。
13　2.4.2 ⑤共願関係マップ・発明者ネットワークマップは KH Coder を用いている。KH Coder
　　はキーワードを対象としたテキストマイニングだけではなく、ネットワークマップを作成する
　　ツールとしても利用可能である。

　特にAIテキストマイニングはブラウザ上でテキストを入力し、クリックするだけでワードクラウドや前ページの**図7**に示すような共起キーワードが生成されるため非常に利便性が高い。また、1つの文章だけではなく、2つの文章を比較することもできるため、キーワードから見たA社とB社の出願内容の違いや、2000年代と2010年代の出願内容の変化なども分析することが可能である。

　テキストマイニングを用いる場面としては、テキストマイニング結果から何か新たな気付きを得るか、統計解析によって何らかの感触を得ている仮説をテキストマイニングで効果的に可視化するかの2つが考えられる。ただし、レイティング・スコアリングツールと同様に、各社独自のアルゴリズムを用いているため、テキストマイニング結果から何か新たな気付きを得るためには、そのアルゴリズムについて理解した上で読み解く必要がある[14]。

　最後の「その他」であるが、非定型のマップ（非統計解析型パテントマップ）の作成と分析支援ツールに大別される。**2.4.2非統計解析型パテントマップ：独自フォーマット型**で取り上げたような非定型のパテントマップについては、MS Power Pointであればテキストボックスやオブジェクトを用いて作成できる（例えば構成部位マップやクレーム範囲に基づくマップ）。

　MS Excelを用いれば**図8**のような課題・解決手段のマトリックスマップを作成することもできる（以下の例では今後の研究開発戦略・出願戦略を策定するために、自社他社の権利取得状況と権利取得予測に基づいてマッピングしている）。

　ここまで紹介した分析ツールは可視化することが主目的であったが、分析を支援するツールもある。典型的なものとして、人工知能を利用して分析母集団からノイズを除去するツールや自社独自分類へ分類展開するツールがある。AIツールの詳細については本書では触れないので、著者がこれまで執筆した記事[15]を参照いただきたい。

　本項末尾に、繰り返しになってしまうが分析ツールはあくまでも特許情報分析のための手段であり、手段が目的化してしまわないように注意する必要がある。

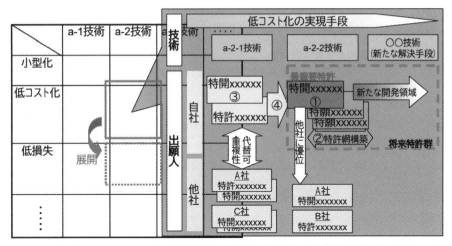

図8　非定型パテントマップの例（出所：特許庁『戦略的な知的財産管理に向けて－技術経営力を高めるために－＜知財戦略事例集＞』）

7.2　特許情報分析の組織における活用事例

　本節では特許情報分析を組織的に活用している事例について紹介する。著者が手掛けている分析プロジェクトについて開示することはできないため、本節で紹介する内容は特許庁などから公開されている事例となる。

7.2.1　大企業における活用事例

　大企業における特許情報分析の活用事例について、次ページの**表3**に示す。
　最近、特許庁では知的財産権の活用事例集を毎年公開している。もちろん、全ての事例が特許情報分析に関連しているわけではないが、知財活用の点から参考になるであろう。

14　著者はセミナー・講演後の質疑応答で「テキストマイニングツールをどのように使ったらよいか？」という質問をいただくことがある。上述のとおりテキストマイニングのアルゴリズム（詳細なアルゴリズムは開示してもらえないと思うが、マッピングされた結果を読み解くための考え方）を理解した上でないと使いこなすのは難しいと考えている。

15　COLUMN「IP ランドスケープとは何か？」に掲載した論考以外に、「特許情報と人工知能（AI）：総論」（「情報の科学と技術」68巻7号316頁［2018]）や著者の note（人工知能・機械学習と特許情報）などを参照いただきたい。

表 3　大企業における特許情報分析活用事例

出所	事例
特許庁	●知財経営の実践に向けたコミュニケーションガイドブック〜経営層と知財部門が連携し企業価値向上を実現する実践事例集〜 ●企業価値向上に資する知的財産活用事例集−無形資産を活用した経営戦略の実践に向けて− ●新事業創造に資する知財戦略事例集〜「共創の知財戦略」実践に向けた取り組みと課題〜 ●経営戦略を成功に導く知財戦略【実践事例集】 ●経営における知的財産戦略事例集 ●戦略的な知的財産管理に向けて−技術経営力を高めるために− <知財戦略事例集>
工業所有権 情報・研修館	● IP ePlat：第2回 IP ランドスケープセミナー第 1 部 （ブリヂストン、リコー、昭和電工―現レゾナック―）
企業	**旭化成** ●知財戦略説明会説明資料（2022年7月7日） ●知的財産報告書 ●知財投資・活用戦略の有効な開示及びガバナンスに関する検討会（第 3 回）資料 5 **ブリヂストン** ●知財投資・活用戦略の有効な開示及びガバナンスに関する検討会（第 2 回）資料 5
YouTube	**イーパテント YouTube チャンネル** ● IP ランドスケープ経営を牽引した元知財部長の新たな取り組み −「知財ガバナンス」の普及（ナブテスコ） **知財実務オンライン** ●知財戦略による企業経営・事業運営の革新と、知財部門の組織改革・人財育成への取り組み（ナブテスコ） ● "庶民派" の IP ランドスケープ活動を中心とした「社内知財コンサルティング」と 経営に資するための「目指すべき企業知財人財」（貝印） ● B 2 B 企業における知財・無形資産の投資・活用戦略の考え方（ナブテスコ） ●これからの企業知財〜企業知財と知財分析でいこう！〜（DIC）

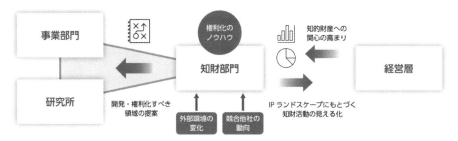

図 9 KDDI の IP ランドスケープ活用事例（出所：特許庁『企業価値向上に資する知的財産活用事例集－無形資産を活用した経営戦略の実践に向けて－』）

　KDDI の事例では「スマートドローン事業においても、事業の構想段階から知財部門が関与するようになり、事業の進捗状況に応じて、マーケット、業界、知財情報の分析結果を踏まえた同社の立ち位置を共有し、さらにどの領域の研究開発・権利取得を推進するべきかなどについて提案している。知財部門の定期的なレポートラインは副社長（コーポレート統括本部長）であり、レポート内容は会長・社長を含む経営層にも共有している。例えばスマートドローン事業の例では、IP ランドスケープの結果を踏まえた事業強化という観点から知財戦略を提案し、了解を得ている」とあり、事業部門・研究所だけではなく、経営層とのコミュニケーションツールとして知財情報分析（IP ランドスケープ）を活用していることが示されている。

　また、表 3 には掲載していないが、2021 年 6 月のコーポレートガバナンス・コード改訂によって"知的財産への投資"という文言が盛り込まれたことにより、投資家向けの情報開示・発信のツールとして特許情報分析を活用する企業も登場している。以下は帝人の有価証券報告書である。

　帝人では経営戦略である「ポートフォリオ変革」の実現に向けて、知財ポートフォリオが変化していることについて、テキストマイニングツールを用いて示している（本書では省略するが PatentSight の Patent Asset Index を用いて、将来の収益獲得のために育成する Strategic Focus 分野の割合が増加していることを示している）。

　さらに、具体的な知財情報解析の戦略的活用として次ページのように述べている。

> IP ランドスケープを経営・事業の意思決定に役立てる取り組みを推進しています。具体的には、グローバル知財情報に学術論文情報や市場情報等の非知財情報をミックスした情報解析手法や特許価値評価手法を独自に開発し、それらを① M&A・アライアンス候補先の探索・評価、② 新規事業・新規 R&D テーマ探索、③ 保有知的財産権の価値評価と維持管理の適正化等の目的に活用しています。

　内閣府知的財産戦略推進事務局から2022年1月に知財・無形資産ガバナンスガイドライン Ver1.0、2023年3月にアップデートされた知財・無形資産ガバナンスガイドライン Ver2.0が公開されており、今後も旭化成の知財戦略説明会や知財報告書、帝人の有価証券報告書など、各種媒体を通じて投資家へ向けた情報開示・発信に特許情報分析・IP ランドスケープが活用されるであろう[16]。

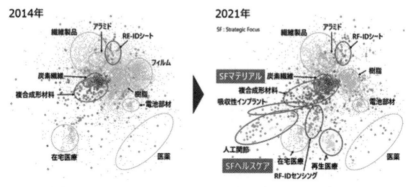

[図中の各点は特許を表し、各点間の距離は技術の類似性により決まる。テキストマイニング技術によって技術的に近い特許は集合を形成する。]
2014年からの対比において、2021年ではマテリアルのStrategic Focus領域の自動車向け複合成形材料や航空機向け炭素繊維中心に特許ポートフォリオが充実化（緑囲み）。ヘルスケアのStrategic Focus領域では、人工関節分野や吸収性インプラント関連の特許が充実化するとともに、再生医療分野への参入により当該分野の特許が加わっている（赤囲み）。一方、フィルム事業の2019年度の事業譲渡によりフィルム関連特許は大きく減少している。

図10　帝人の IP ランドスケープ活用事例
（出所：帝人2021年度有価証券報告書）

16　コーポレートガバナンス・コードと特許情報分析の概要については、COLUMN「コーポレートガバナンス・コード改訂と知財情報分析」を参照されたい。

7.2.2　中小企業およびベンチャー・スタートアップにおける活用事例

　中小企業およびベンチャー・スタートアップにおける特許情報分析の活用
事例としては以下のような資料がある。大企業の事例と同様、全ての事例が
特許情報分析に関連しているわけではないが、知財活用の点から参考になる。

表4　中小企業およびベンチャー・スタートアップにおける特許情報分析活用事例

出所	事例
特許庁	・知的財産を経営に生かす知財活用事例集「Rights」〜その価値を、どう使うか〜 ・知的財産権活用事例集2018 ・知的財産権活用事例集2016 ・知的財産権活用事例集2014 ・ココがポイント！知財戦略コンサルティング〜中小企業経営に役立つ10の視点〜 ・中小・ベンチャー企業知的財産戦略マニュアルについて〜はじめてみよう！知財経営〜 ・中小・ベンチャー企業知的財産戦略マニュアル2006
工業所有権情報・研修館	・特許情報分析による中小企業等の支援事例集（2018、2019、2020、2021）
中部経済産業局	・「平成22年度企業知財分析調査事業」企業知財分析事例集
YouTube	**イーパテント YouTube チャンネル** ・ベンチャー企業の知財戦略・知財マネジメント（マネーフォワード） **知財実務オンライン** ・スタートアップのIPランドスケープ　知財だからできる！経営層と現場のギャップの埋め方（スリーダム）

　特許庁の報告書によれば、**図11**に示す組織別のIPランドスケープ実施状
況[17]では中小企業における実施状況は芳しくなく、一方のベンチャー・スター
トアップでは実施できている企業が多いという結果が出ている。

17　特許庁の報告書におけるIPランドスケープの定義は「経営戦略又は事業戦略の立案に際し、
　①経営・事業情報に知財情報を組み込んだ分析を実施し、②その結果（現状の俯瞰・将来展望等）
　を経営者・事業責任者と共有すること」である。

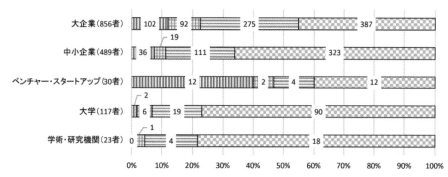

図11 組織属性別の IP ランドスケープ実施状況（出所：特許庁『経営戦略に資する知財情報分析・活用に関する調査研究』）

　これはベンチャー・スタートアップの創業経営者が発明者であり、知財の重要性を理解している場合が多いことに起因していると考えている。一方で、同報告書において IP ランドスケープにおける大企業と中小企業の違いについて**表5**のように整理している。

　ベンチャー・スタートアップと同様に、中小企業は大企業に比べて規模が小さく、経営層と知財部門の距離が近いため「IP ランドスケープは中小企業のほうが実施しやすい」という同報告書のコメントは著者も同感である。

　一方で、人材面・資金面で特許情報分析・IP ランドスケープに十分な資源を投下できない場合も多いと思われるため、上述したように工業所有権情報・研修館（INPIT）などの公的機関が行っている各種支援事業を利用することで、特許情報分析の組織への定着を図るのも一つの方法である。

表5 IPランドスケープにおける大企業と中小企業の違い（出所：特許庁『経営戦略に資する知財情報分析・活用に関する調査研究の概要』）

	大企業	中小企業
意思決定	報告・戦略提案を実施しても意思決定に時間を要する	経営層との距離が近く、意思決定が早い
連携	部門間・組織間の壁が高く厚いため、連携するのが難しい	組織がコンパクトなため、連携するのが容易
実施範囲	事業数が多いため、IPランドスケープを実施すべき領域が絞れない（全部はやり切れない）	事業数が限られるため、IPランドスケープの実施範囲を絞りやすい
コスト	人員・資金等のリソースに余裕はあるが、事業数が多いためコストは膨大になる（全部はやり切れない）	人員・資金等のリソースは限られるが、事業数が限られるため全体のコストは限定的である
戦略構築	自社の強みが把握しにくく、事業部門間での利益相反の可能性も生じるため、戦略構築・実行がしにくい	経営者のコミットメントにより、事業部門間の調整がしやすく、戦略構築・実行がしやすい

7.2.3 その他の活用事例

　本節の最後に、大企業や中小企業、ベンチャー・スタートアップ以外の組織における特許情報分析の活用事例について紹介する。

　ここで取り上げるのは国・公的機関および投資家である[18]。まず、国・公的機関の例として、資源エネルギー庁は日本の今後の脱炭素（カーボンニュートラル）に関する産業政策を検討するために「エネルギーに関する年次報告書に係る脱炭素関連技術の日本の競争力に関する分析作業等」（アスタミューゼ株式会社が分析を担当）を実施している。

　その他、新エネルギー・産業技術総合開発機構（NEDO）などの国の研究機関においては、不定期に研究テーマに関する特許出願動向分析を行っており、成果についてはNEDO成果報告書データベースで入手することができる（無料であるがユーザー登録が必要）。

18　国・公的機関や投資家以外にも学術研究の分野でも特許情報分析は活用されている。例えば長岡貞男『発明の経済学 イノベーションへの知識創造』や玉田俊平太『産学連携イノベーション―日本特許データによる実証分析』、山田節夫『特許の実証経済分析』、藤原綾乃『技術流出の構図：エンジニアたちは世界へとどう動いたか』などがある。

	エネルギー関連産業				輸送・製造関連産業							家庭・オフィス関連産業		
	洋上風力	燃料 アンモニア	水素	原子力	自動車 ・蓄電池	半導体・ 情報通信	船舶	物流・ 人流・ 土木インフラ	食料・ 農林水産	航空機	カーボン リサイクル	住宅・建築物 次世代太陽 光	資源循環	ライフ スタイル
第1位	中国	米国	日本	米国	日本	日本	韓国	中国	日本	米国	中国	中国	中国	中国
第2位	米国	中国	中国	中国	中国	米国	中国	米国	米国	フランス	米国	日本	米国	米国
第3位	米国	日本	米国	イギリス	米国	中国	日本	韓国	韓国	日本	日本	米国	韓国	日本
第4位	ドイツ	ドイツ	韓国	日本	韓国	韓国	米国	日本	中国	日本	韓国	韓国	日本	フランス
第5位	韓国	イギリス	ドイツ	韓国	ドイツ	台湾	ドイツ	ドイツ	フランス	イギリス	フランス	ドイツ	フランス	ドイツ

※2010～2019年のトータルパテントアセットの総和を各分野・各国で比較。
　トータルパテントアセットは、特許の引用数・閲覧数・排他力（無効審判請求数等）、特許残存年数などから算出した指標。

図12　14の重要分野における特許競争力の国別比較（出所：資源エネルギー庁「『知財』で見る、世界の脱炭素技術（前編）」）

タイトル	報告書管理番号	報告書年度	委託先
2022年度成果報告書　戦略策定調査事業／２０２２年度　出願特許分析による俯瞰情報調査	20220000001215	2022年度～ 2022年度	株式会社ＡＩＲＩ
2021年度調査報告　情報収集費／２０２１年度　出願特許分析による俯瞰情報調査	20220000000081	2021年度～ 2021年度	株式会社三菱ケミカルリサーチ
2020年度成果報告書　戦略策定調査事業／２０２０年度　出願特許分析による俯瞰情報収集	20210000000394	2020年度～ 2020年度	株式会社古賀総研
2019年度成果報告書　情報収集事業／２０１９年度　出願特許分析による俯瞰情報収集	20200000000462	2019年度～ 2019年度	みずほ情報総研株式会社
2016年度成果報告書　情報収集事業／平成２８年度出願特許における日本のポジションに関する情報収集	20200000000118	2016年度～ 2016年度	株式会社日立技術情報サービス
2015年度成果報告書　情報収集事業／平成２７年度　出願特許における日本のポジションに関する情報収集	20200000000061	2015年度～ 2015年度	トムソン・ロイター・プロフェッショナル株式会社
2016年度成果報告書　情報収集事業／平成２８年度出願特許における日本のポジションに関する情報収集	20200000000060	2016年度～ 2016年度	株式会社ＳＨＯＢＡＹＡＳＨＩ　ＡＮＤ　ＡＳＳＯＣＩＡＴＥＳ
2017年度成果報告書　情報収集事業／平成２９年度　出願特許等における日本のポジションに関する情報収集	20200000000059	2017年度～ 2017年度	株式会社三菱ケミカルリサーチ
2018年度成果報告書　情報収集事業／平成３０年度　出願特許等における日本のポジションに関する情報収集	20200000000054	2018年度～ 2018年度	株式会社三菱ケミカルリサーチ
2019年度成果報告書　情報収集事業／グラント情報及び特許等の分析による将来技術調査	20190000001126	2019年度～ 2019年度	アスタミューゼ株式会社

図13　NEDO 成果報告書の例（タイトルに"特許"を含む報告書）

　次に、投資家であるが、前述したように2021年6月のコーポレートガバナンス・コード改訂により"知的財産への投資"という文言が盛り込まれたことにより、企業が"知的財産への投資"に関する情報開示・発信を行うようになってきているが、投資家サイドでも投資先の検討などに特許情報を活用する事例が出てきている。

　世界最大の機関投資家である年金積立金管理運用独立行政法人（GPIF）は2021年8月に公開した「2020年度 ESG 活動報告」において MSCI やアスタミューゼに委託した特許情報分析結果を掲載している。**図14**は MSCI の加重平均特許スコアによる GPIF 保有の国内株式ポートフォリオの技術的機会である。

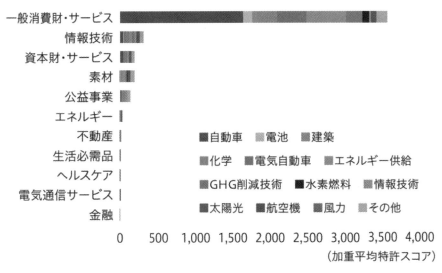

図14 国内株式ポートフォリオの技術的機会（出所：GPIF「2020年度 ESG 活動報告」）

ESG（環境・社会・ガバナンス）[19]のうち、環境技術については特許として比較的出願されやすい分野であるため、企業側だけではなく投資家サイドによる特許情報分析の活用は今後進んでいくものと考えられる。

---

19 ESG とともによく聞くキーワードとして2015年に国連が採択した SDGs（持続可能な開発目標）がある。SDGs については著者が2021年5月に note において「特許から見る SDGs 企業ランキング」（出願トレンド、検索式）を無料公開しているので、特許情報分析を通じて自社・競合他社の取り組みを可視化したい方はぜひともご覧いただきたい。

COLUMN 「コーポレートガバナンス・コード改訂と知財情報分析」

　本書の随所で触れたとおり、2021年6月にコーポレートガバナンス・コード[20]が改訂され、知的財産への投資に関する情報開示および取締役会の役割が追加された。

原則3-1　情報開示の充実
補充原則3-1③　上場会社は、経営戦略の開示に当たって、自社のサステナビリティについての取組みを適切に開示すべきである。また、人的資本や知的財産への投資等についても、自社の経営戦略・経営課題との整合性を意識しつつ分かりやすく具体的に情報を開示・提供すべきである。

原則4-2　取締役会の役割・責務 (2)
補充原則4-2②　取締役会は、中長期的な企業価値の向上の観点から、自社のサステナビリティを巡る取組みについて基本的な方針を策定すべきである。また、人的資本・知的財産への投資等の重要性に鑑み、これらをはじめとする経営資源の配分や、事業ポートフォリオに関する戦略の実行が、企業の持続的な成長に資するよう、実効的に監督を行うべきである。

　2021年7月に公表された「知的財産推進計画2022」では8つの重点施策のうち、2つ目に "知財・無形資産の投資・活用促進メカニズムの強化" を掲げている。

　　競争力の源泉としての知財・無形資産の重要性が高まっている中、日本は、諸外国に比べて、将来の成長に必要な知財・無形資産への投資が圧倒的に不足している。また、日本企業は、投資家との対話の中で、自社の強みとなる知財・無形資産の価値やこれを活用したビジネスモデルの成長可能性を十分にアピールできておらず、そのことが企業価値低迷の一因となっている面があるのではないかとの指摘がある。このため、企業が知財・無形資産の投資・活用の重要性を認識し、知財・無形資産に対して積極的に投資し、活用することを促すためには、企業がどのような知財・無形資産の投資・活用戦略を構築・実行しているかをより一層見える化し、こうした企業の戦略が投資家や金融機関から適切に評価され、より優れた知財・無形資産の投資・活用戦略を構築・実行している企業の価値が向上し、更なる知財・無形資産への投資に向けた資金の獲得につながるような仕組みを構築することが重要である。

20　日本取引所グループに掲載されている「コーポレートガバナンス・コード（2021年6月版）」を参照されたい。

前記の施策で指摘されているように、"自社の強みとなる知財・無形資産の価値やこれを活用したビジネスモデルの成長可能性を十分にアピール"するため、2022年1月に「知財・無形資産ガバナンスガイドライン Ver.1.0」、そして、2023年3月にはアップデートされた「知財・無形資産ガバナンスガイドライン Ver.2.0」が公開されている。

図 「知財・無形資産ガバナンスガイドライン Ver.2.0」の全体像

本ガイドには知財・無形資産の投資・活用のための企業における7つのアクションのほか、知的財産への投資に関する情報開示等に積極的に取り組んでいる企業の事例などが掲載されている。

なお、企業における知的財産に関する情報開示については、コーポレートガバナンス・コードが改訂される2021年より前に、経済産業省から「知的財産情報開示指針」（2004年）および「知的資産経営の開示ガイドライン」（2005年）が発表されている。「知的財産情報開示指針」には知的財産情報開示の項目として以下の10項目[21]が挙げられている。

1．中核技術と事業モデル
2．研究開発セグメントと事業戦略の方向性
3．研究開発セグメントと知的財産の概略

　　4．技術の市場性、市場優位性の分析
　　5．研究開発・知的財産組織図、研究開発協力・提携
　　6．知的財産の取得・管理、営業秘密管理、技術流出防止に関する方針
　　7．ライセンス関連活動の事業への貢献
　　8．特許群の事業への貢献
　　9．知的財産ポートフォリオに対する方針
　10．リスク対応情報

　また、「知的資産経営の開示ガイドライン」には以下の内容が事例も含めて紹介されているので、知的財産への投資に関する情報開示を検討している際は、これらの指針・ガイドラインも参考にするとよいであろう[22]。

　① 企業が将来に向けて持続的に利益を生み、企業価値を向上させるための活動を経営者がステークホルダーにわかりやすいストーリーで伝え、
　② 企業とステークホルダーとの間での認識を共有する。ストーリー中に裏付けとなる、幾つかの知的資産指標（定量的情報）を盛り込む。
　・売上高対研究開発費（または能力開発費）
　・外部委託研究開発費比率
　・知的財産の保有件数、賞味期限（経済的に意味のある期間）
　・新陳代謝率（従業員平均年齢とその前年比）
　・新製品比率

21　「知的財産情報開示指針」に基づいて企業から発行されたのが知的財産報告書であるが、最近では知的財産報告書を発行しているのは旭化成などの一部企業に限られる。その代わりにアニュアルレポート・統合報告書などに知的財産の取り組みについて開示している企業が増えている。また、コーポレートガバナンス・コード以降は帝人のように有価証券報告書に知的財産への投資について開示する企業も登場している。

22　知的財産への投資に関する情報開示・発信において、KPI（Key Performance Indicator：重要業績評価指標）をどのように設定するか議論の俎上に上がることがある。2.5.4でも述べたように、業界・業種によって業界特性および出願特性が異なるため、著者としてはさまざまな業界・業種に適用し得る統一的なKPIの設定は難しいと考えている。しかし、経営層・事業部門が知的財産への投資をマネジメントする上で何らか定量化する努力は必要だと感じている。知的財産への投資に関するKPIの設定については杉光一成・立本博文「コーポレートガバナンス・コード改訂に伴う知的財産に関するKPI等の設定（中間報告）」（東京大学未来ビジョン研究センター、ワーキングペーパー、No.10）や杉光一成ら「重要特許が企業の財務データに及ぼす影響の一考察」（「IPジャーナル」24号26頁［2023]）などを参照されたい。

第8章
外国特許情報分析

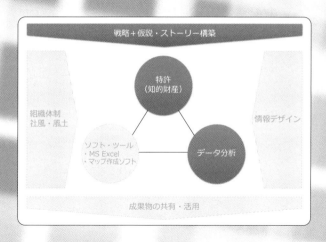

　　日本が世界の主流だった時代は、受動的であっても最新の情報
は我が国に集まってきたが、今や海外企業に集まっているといわ
れる。実際、研究者の国際的な流動において、我が国は、主要な
地域から外れつつあり、また、資金の面においても、我が国で使
用した研究費に占める海外からの資金の割合は増加傾向にはある
ものの、依然全体に占める割合は主要国に比べて大幅に低くなっ
ている等、我が国は人材・資金等の面において、グローバルネッ
トワークから孤立している恐れがある。

（出所：経済産業省「イノベーションを推進するための取組について」）

　日本企業のグローバル展開、欧米企業や中国をはじめとするアジア企業の伸長等によって外国特許情報分析の必要性・重要性が高まってきている。

　これまでの章では日本国内における特許情報分析を前提として説明してきたが、本章では外国特許情報分析を行うための基礎知識や留意点などについて述べる。

8.1　外国特許出願状況

　近年、日本特許庁への特許出願件数は減少から横ばい傾向にあるが、一方で日本企業の外国への特許出願は増加傾向にある。外国特許情報分析を行うためには日本企業の外国への特許出願状況だけではなく、外国企業の日本への特許出願状況についても把握しておく必要がある。日米欧中韓の五大特許庁間の特許出願状況を図1に示す。

　日本や中国・韓国は内国人出願比率が約80%であり、自国企業・機関からの出願が支配的であることが分かる。米国および欧州は内国人出願比率が約50%であり、残り50%は外国からの出願である。

　日本への出願が多いのは米国や欧州であるが、それでも年間2万件強にすぎず、自国へ出願しているうちのごく一部のみを日本に出願している。

　つまり、日本の特許出願だけを分析して外国競合企業の出願状況を把握したとは到底いえない。

　一方、図2に示すとおり、ASEANなどの新興国では内国人出願比率が約10〜20%程度となり、圧倒的に外国人出願比率が高いのが特徴である（BRICS諸国の中では中国・ロシアは内国人出願比率が高く、インドも最近は内国人出願比率が上昇している）。

　外国人出願比率が高いということは外国対応特許が存在するということである。

　図1および図2で紹介した統計は外国出願状況のごく一部であるが、外国特許情報分析を行う際は、日本の特許構造とは異なる国々を対象に分析していることを念頭に置き、分析結果を解釈することが重要である。

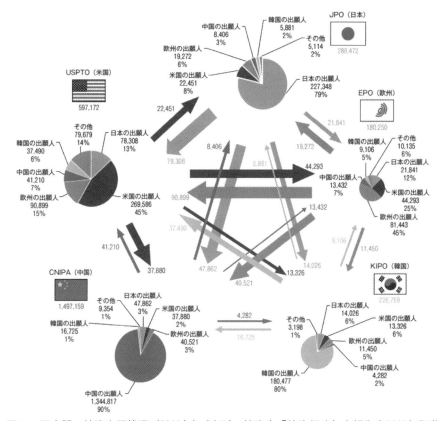

図1　五庁間の特許出願状況（2020年）（出所：特許庁「特許行政年次報告書2022年版」）

8.2　外国特許情報分析時の留意点[1]

8.2.1　日本企業と異なる外国企業の出願戦略

　日本企業からの出願が支配的な日本の特許情報分析を行っていると、外国企業も日本企業と同様の特許出願形態を採っているのではないかと錯覚してしまうことがある。しかし、日本企業と外国企業の出願戦略は異なる。

1　外国特許情報分析についての論考ではないが、出願人／権利者、出願日、特許分類などの分析対象項目によって分析結果が異なる点については堀越節子が「切り口の違いによる分析結果の違いについて」（「情報の科学と技術」60巻8号340頁［2010］）において指摘している。

1-1-34図 【シンガポールにおける特許出願構造】

■ 米国からの出願　■ 中国からの出願　■ ドイツからの出願
■ 外国人（日本、米国、中国、ドイツを除く）による出願
■ 日本人による出願　□ 内国人による出願　─○─ 自国以外からの出願比率

（備考）・米国、中国、ドイツは、2020年の外国人による出願のうち上位3か国（日本除く）。
　　　　・国別順位内訳は下記資料の定義に従っている。
（資料）WIPO Intellectual Property Statisticsを基に特許庁作成。

1-1-35図 【インドネシアにおける特許出願構造】

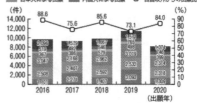

■ 米国からの出願　■ 中国からの出願　■ 韓国からの出願
■ 外国人（日本、米国、中国、韓国を除く）による出願
■ 日本人による出願　□ 内国人による出願　─○─ 自国以外からの出願比率

（備考）・米国、韓国、中国は、2020年の外国人による出願のうち上位3か国（日本除く）。
　　　　・国別順位内訳は下記資料の定義に従っている。
（資料）WIPO Intellectual Property Statisticsを基に特許庁作成。

1-1-36図 【タイにおける特許出願構造】

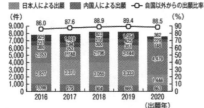

■ 米国からの出願　■ 中国からの出願　■ ドイツからの出願
■ 外国人（日本、米国、中国、ドイツを除く）による出願
■ 日本人による出願　□ 内国人による出願　─○─ 自国以外からの出願比率

（備考）・米国、中国、ドイツは、2020年の外国人による出願のうち上位3か国（日本除く）。
　　　　・国別順位内訳は下記資料の定義に従っている。
（資料）WIPO Intellectual Property Statisticsを基に特許庁作成。

1-1-37図 【マレーシアにおける特許出願構造】

■ 米国からの出願　■ 中国からの出願　■ ドイツからの出願
■ 外国人（日本、米国、中国、ドイツを除く）による出願
■ 日本人による出願　□ 内国人による出願　─○─ 自国以外からの出願比率

（備考）・米国、中国、ドイツは、2020年の外国人による出願のうち上位3か国（日本除く）。
　　　　・国別順位内訳は下記資料の定義に従っている。
（資料）WIPO Intellectual Property Statisticsを基に特許庁作成。

図2　ASEANにおける特許出願動向（出所：特許庁「特許行政年次報告書2022年版」）

　図3に自動車、化学、家電、IT・通信、医薬品の主要企業の2019年に最先発行されたパテントファミリー数と1カ国出願比率を示した。1カ国出願比率とは、パテントファミリー内に含まれる出願先国数が1カ国のみであるパテントファミリーの比率であり、この比率が高いほど外国出願をあまり行っていない（1カ国≒自国のみへの出願が多い）。図3から業種および日本・外国企業で出願規模や外国出願状況が異なることが分かる。医薬品分野は総じて出願規模が小さく、外国出願比率（＝2カ国以上出願比率）が高い。

　この傾向は企業の国籍にはあまり関係がないといえる。出願規模が小さいながらも日本・外国企業で外国出願比率の傾向が異なるのが化学分野である。

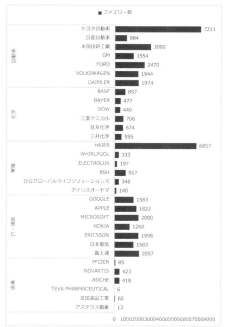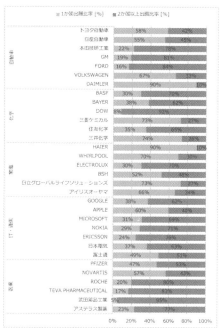

図3 主要企業の2019年最先発行ファミリー数および1カ国出願比率

一方、自動車やIT・通信分野は日本・外国企業とも総じて出願規模が年に数千ファミリーとなるが、外国出願状況は企業ごとに特徴がある。

仮にトヨタ自動車とフォルクスワーゲンを比較分析する場合、それぞれグループとしてのパフォーマンスは売上高が30兆円台前半であり、年間生産台数も約900〜1000万台とほぼ同じ水準であるが、2019年最先発行ファミリー数を見るとトヨタ自動車が7211ファミリーであるのに対して、フォルクスワーゲンはその約4分の1の1944ファミリーしかない。

さらにフォルクスワーゲンの外国出願比率は33%であり、同程度の出願規模のGMやフォードと比べて積極的に外国へ特許出願していこうという意図も感じられない。

このような場合、単純にトヨタ自動車とフォルクスワーゲンの技術分野別（例えば自動運転やEV・HEV）を実数ベースで比較することで有意なメッセージを導き出すことができるのかを考える必要がある。

　一般的に、フォルクスワーゲンの外国出願比率は低かったが、欧米企業は日本企業に比べて出願規模が小さい代わりに積極的に外国出願を行う傾向にある。一方、日本企業は出願の約半分は自国のみへの出願であり、権利化も行わない場合が多い。近年、特許出願件数の増加が著しい中国は、ファーウェイなど一部のグローバル企業を除けば、ほぼ自国中心の特許出願となっている。あくまでも一般論であるが、外国特許情報分析を行う際には各業界や各社の出願形態、各社の特許出願1件1件へ対するスタンスなども念頭に置いた上で分析を行うことが好ましい。

8.2.2　分析対象単位：出願ベース・ファミリーベース

　データベース Patbase で検索したある一つのパテントファミリーを以下に示す。

　これは Patbase 上では1ファミリーとして収録されているレコードであるが、Application number（出願番号）のところを見ると、中国1件、欧州1件、日本2件、米国4件、PCT1件の計9つの出願[2]から構成されているパテントファミリーであることが分かる。また、Priority（優先権データ）を見ると、このパテントファミリーには計8つの優先権データがあり、そのうち最も古いのは「US20070977629P 20071004」である。Patbase の優先権データは前半が優先権主張番号、後半が優先日となっているので、2007年10月4日がこのパテントファミリーの最先優先日、2007年が最先優先年となる。また、Publication date（発行日）ベースでは、WO 特許の2009年4月9日がこのパテントファミリー内の最先発行日で、2009年が最先発行年となる。

　外国特許情報分析を行う場合、出願単位で分析するのか、またはファミリー単位で分析するのかを明確にする必要がある。上記の Patbase はパテントファミリー型データベースであるが、もしも出願単位で分析したい場合は、図4のファミリー内の情報を出願単位に分割しなければならない。

2　CN200088011073、EP20080835134、JP20100528196T、JP20130178460、US20100751833、US20110031003、US20130100980、US20080245680、WO2008US78861の9つがユニークな出願番号である。

Family: Family Explorer

Publication number	Publication date	Application number	Application date	Links
CN101861586 A	20101013	CN200880111073	20081003	
EP2206055 A1	20100714	EP20080835134	20081003	
EP2206055 A4	20120725	EP20080835134	20081003	
JP2010541111 T2	20101224	JP20100528196T	20081003	
JP2014002780 A2	20140109	JP20130178460	20130829	
JP5357164 B2	20131204	JP20100528196T	20081003	
JP5677536 B2	20150225	JP20130178460	20130829	
US2010191564 AA	20100729	US20100751833	20100331	
US2011145120 AA	20110616	US20110031003	20110218	
US2014195403 AA	20140710	US20130100980	20131209	
US7895104 BA	20110222	US20080245680	20081003	
US8606671 BB	20131210	US20110031003	20110218	
WO09046385 A1	20090409	WO2008US78861	20081003	

Priority: Priority Map

US20070977629P 20071004	US20070978088P 20071005	WO2008US78861 20081003
US20100751833　20100331	US20080245680　20081003	JP20100528196　20081003
US20110031003　20110218	US20130100980　20131209	

図4　パテントファミリーの例（データベース：Patbase）

　パテントファミリー型データベースを用いて、特許発行国を限定しないマクロ分析・セミマクロ分析を実施する場合はファミリー単位で行うのが一般的であるが、企業・技術分野によっては1ファミリー内に100を超す出願を含むものがあり（米国のベンチャー企業の出願によく見られる）、そのような場合は実際の出願が100以上もあるのに、ファミリー単位でカウントするとたった1ファミリーになってしまうことがある点は留意しておくべきである。

　また、ファミリー単位で分析を行う場合に、図4の1ファミリーの件数推移マップの基準となる年を最先優先年にすべきか、出願年にすべきか図5で確認してみる。1ファミリーにつき最先優先年は1つ（複数の優先日の中で最先のものを取る）であるが、出願年は複数存在する。

　次ページの図5に示したとおり、図4のパテントファミリーの例では2008年、2010年、2011年、2013年の4つの出願年が存在する[3]。

3　ファミリー単位なので、各出願年に該当する出願が何件あってもファミリー数は1となる。

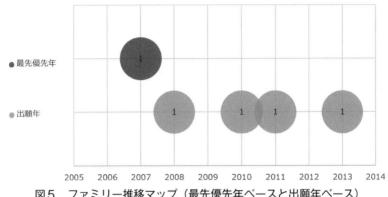

図5　ファミリー推移マップ（最先優先年ベースと出願年ベース）

　ファミリー単位の分析であるにもかかわらず出願年を基準として件数推移マップを作成すると、1ファミリーが4ファミリーとしてカウントされてしまう。そのため、ファミリー単位で時系列分析を行う場合は最先優先年を用いるとよい。

　次に図4のパテントファミリー内に含まれる特許発行国について分析する際に、ファミリー単位と出願単位、そして最先優先年ベースと出願年ベースで比較したマップを図6に示す。なお、出願年は各国における出願年を示す。上述のとおり、ファミリー単位で分析する場合は最先優先年ベースが好ましいので、ファミリー単位×各国出願年のマップは省略している。

　ファミリー単位・最先優先年ベースでマップ化すると（左上）、パテントファミリー内に1特許発行国の出願が複数存在してもカウントとしては1となる（図4のパテントファミリー内には米国出願が4件、日本出願が2件含まれるが、パテントファミリーとしてカウントすると1となる）。

　一方、出願単位で分析すると、パテントファミリー内に含まれる各特許発行国の出願をカウントすることになるので、最先優先年ベースまたは各国出願年ベースのいずれでも累積すると中国は1、欧州は1、日本は2、米国は4、そして国際出願が1となる。最先優先年ベースの場合、全発行国出願が2007年にカウントされたマップとなり（左下）、各国出願年ベースの場合、各国・各出願の出願年でカウントされるので、図6の右下ようなマップとなる。

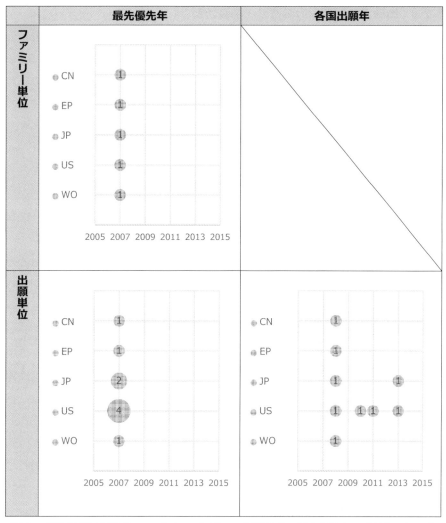

図6　特許発行国別推移マップ（ファミリー・出願単位、最先優先年・出願年ベース）

　特許発行国を限定せずにグローバルでマクロ分析・セミマクロ分析を実施する場合、最先優先年ベースで行うとよい。一方、特定の特許発行国に焦点を当てた分析を実施する場合は、分析対象国の出願年ベースで行うほうが好ましい。

8.2.3　出願人・権利者の名寄せ・名義統制

　3.3.5で出願人・権利者の名寄せについて説明したが、外国特許情報分析を行う際にも出願人・権利者の名義について留意しなければならない（なお、本項では出願人・権利者名を英語で検索することを前提として話を進める）。出願人・権利者名を確認するためには、主に以下の3点に留意する。

● 正式社名の確認

● 出願人・権利者名の社名変更や知財管理会社の確認

● 出願人・権利者名のM&A（吸収・合併）や統合の確認

　例えばIBMの外国特許出願状況について分析したい場合、出願人・権利者名を"IBM"と設定するのは、原則として正しくない。

　IBMの正式社名はInternational Business Machines Corporationであるので、出願人・権利者名を"International Business Machines"と設定するのが正しい[4]。

　欧米企業については通名と正式社名が異なっても、企業ウェブサイトやウィキペディアにより簡単に確認することができるが、表1に示すように中国企業の英語社名は複数のバリエーションが存在し、全てを網羅するのは非常に難しい。最も良いのは英語・中国語のハイブリッド言語検索が可能な特許検索データベースで、中国語社名と確認可能な範囲の英語社名[5]のそれぞれの集合を形成してOR演算する方法である。

　商用特許検索データベースによっては独自に出願人・権利者名を統制しているものや、出願人・権利者の子会社や関係会社も含めてグループ化している場合もあるので、各種ヘルプやマニュアル等を確認されたい。

4　最近では商用特許検索データベースでは"IBM"でも"International Business Machines"名義の出願を補足できるようになっている。また、日本IBMの英語での正式社名は"IBM Japan, Ltd."であり、"International Business Machines"を用いると逆にヒットしない。

5　中国語社名で検索した集合の英語出願人・権利者ランキングを算出することで英語社名を確認することができる。また、ハイブリッド言語検索ができない場合は、企業ウェブサイト等で確認できる英語社名を手掛かりに、その英語社名を基に形成した母集団の出願人・権利者ランキングを取って、その英語社名に用いられている別のバリエーションがないかどうかを何回か繰り返し確認するとよい。

表1　中国語社名と主な英語社名[6]

中国語社名	主な英語表記
中国石油天然气	● PETROCHINA CO LTD ● PETRO CHINA CO LTD ● CHINA NAT PETROLEUM CORP ● CHINA NATIONAL PETROLEUM CORP
第一汽车	● CHINA FAW GROUP CORP ● CHINA FIRST AUTOMOBILE WORKS ● CHINA NO 1 AUTOMOBILE GROUP
中兴通讯	● ZTE CORP ● ZHONGXING TELECOMMUNICATION EQUIPMENT CORP ● ZHONGXING COMM CO LTD ● ZHONGXING TELECOMM CO LTD
中国科学院大连化学物理研究所	● DALIAN INST OF CHEMICAL PHYSICS CHINESE ACADEMY OF SCIENCES ● DALIAN CHEMICAL PHYSICS INST ● DALIAN INST OF CHEMICAL PHYSICS CHINESE ACADEMY OF ● DALIAN INST CHEM AND PHYSICS CAS

　2点目の出願人・権利者名の社名変更・知財管理会社であるが、比較的規模の大きな企業の社名変更等であれば企業ウェブサイトやニュース記事等で確認することができる（例：日立金属からプロテリアル、昭和電工からレゾナック、日本電産からニデックなど）。確認が難しいのは知財管理会社を通じて出願している場合である。例えばグローバルな食品・飲料メーカーであるネスレは、ネスレ（NESTLE）以外にネスレの子会社であり開発管理会社であるネステック（NESTEC）名義でも出願している。

　また、知財管理会社を通じて出願している例としては、パナソニック（パナソニックIPマネジメント）、GM（GM Global Technology Operations）、フォード（Ford Global Technologies）、3M（3M Innovative Properties）、インペリアルカレッジロンドン（Imperial Innovations）などが挙げられる。

6　この英語社名についてはデータベースPatbase収録情報をベースに整理した。データベースによって収録されている英語表記が異なる場合があるので留意いただきたい。

　知財管理会社についてまとまった情報源は存在しないため、ある年から急激に出願が減少しているなど、出願トレンドから推測等を行うほかないのが現状である。

　最後のM&A（吸収・合併）や統合について、これらは有料ニュースデータベースなどを用いて調べることもできるが、企業ウェブサイトやウィキペディア・ニュースサイトなどを丹念に調べていくことでもある程度の情報を集めることはできる。ウィキペディアにはM&Aが活発な企業について"Lists of corporate acquisitions"が整理されており、AppleやGoogle、IBM、Microsfotなどの企業についてページが作成されている[7]。

　上記の点に留意して、特定企業分析を実施するのであれば、分析対象母集団を設定する段階で出願人・権利者名を十分に洗い出す。また、技術動向分析などを行うのであれば、分析対象母集団の設定後に出願人・権利者等が関係するランキングマップ等の各種マップを作成する際、必要に応じて名寄せ・名義統制を行う。

8.2.4　権利状況・ステータス

　権利の生死状況、ステータスを加味した分析を実施する場合は、ファミリー単位ではなく出願単位で実施するのが通常である。なぜならば、1パテントファミリー内に生きている特許（権利存続中、公開、審査中）と死んでいる特許が混在するようなケースがあり、ファミリーごとに生きているか、死んでいるかを判定するのが困難なためである。

　日本特許ステータス情報については、J-PlatPatや民間の商用特許検索データベースは工業所有権情報・研修館が提供する特許情報標準データ（書誌・経過情報に関するデータ）[8]を利用しており、権利状況・ステータス情報の精度は高いといえる。一方、外国特許ステータス情報については、EPOにより作成されたINPADOC Legal Statusを利用している場合が多い。

7　もちろん、ウィキペディアの情報だけを用いるのではなく、企業ウェブサイトや有価証券報告書・10-kなども併用して重要なM&A情報が漏れていないか確認しなければならない。

　データベースベンダーによっては各国特許ステータス情報を独自入手して INPADOC Legal Status を補完している場合もある。

　権利状況・ステータスを加味した分析を実施する際は、利用するデータベースの権利状況・ステータスの収録状況を十分確認した上で、分析結果を誤って解釈したり、パテントマップから依頼者をミスリードするようなことがないように注意する必要がある。

8.3　外国特許情報分析で用いるデータベース

　外国特許情報分析で用いるデータベースを表2に示す。外国特許分析を行う場合は、8.2.2でも述べたように出願単位で分析を行うか、パテントファミリー単位で分析を行うかで選択するデータベースも異なる。また、パテントファミリー単位にも INPADOC ファミリー[9]と DWPI ファミリー[10]の2種類が存在するので、どのような基準およびファミリー単位で外国特許情報分析を行うのか明確に意識しておく必要がある。

8　以前は権利状況・ステータス情報は整理標準化データという名称で提供されていたが、2019年9月にデータ提供が終了した。その代わりに特許情報標準データ（TSV 形式データ）が提供されている（参考：https://www.jpo.go.jp/system/laws/sesaku/data/keikajoho/）。

9　以前のバージョンの Espacenet のヘルプ画面によれば「INPADOC のパテントファミリーは同一の優先権またはその優先権の組み合わせを持つすべての文献を含むものとして定義されています。これはある特許庁に最初の出願として提出された特許出願と、他の国の特許庁に優先権主張期間内に優先権を主張して出願された同一の特許出願から生じるすべての特許文献が含まれます」とある。

10　DWPI ファミリーの基礎となる Basic 特許の定義は、「入手した特許の優先権データをチェックし、DWPI に同一の優先権データが見つからなかった場合、その特許情報はトムソン・ロイターにとって全く新規の発明とみなされ、自らがパテントファミリーを作る基となります。このような特許情報を、『Basic（ベーシック）特許』と呼びます。Basic 特許には、DWPI タイトル、DWPI 収録を始めとして、トムソン・ロイター独自の分類や検索用の特別な索引が付与されます」である（以前のトムソン・ロイターウェブサイトに掲載されていた説明であり、現在は閲覧できない）。

表2　外国特許情報分析で用いるデータベース

データベースの種類	データベース名の例
商用データベース （日本ベンダー）	● Shareresearch ● PatentSQUARE ● CyberPatent Desk ● HYPAT-i2 ● JP-NET
商用データベース （外国ベンダー）	● Derwent Innovation ● Minesoft Patbase ● Questel Orbit ● PatentSight ● PatSnap ● IPlytics ● STN DWPIファイル
無料データベース	● Lens.org ● Patentscope ● Espacenet ● DEPATISnet

COLUMN 「知財情報業務のスマイルカーブ―AI 時代を迎えて―」

人間の仕事の47% が人工知能によって置き換えられてしまうという衝撃的な報告書「The Future of Employment: How Susceptible are jobs to computerization?」が出たのは2013年であった。さらに2022年11月の ChatGPT の登場により、著者もセミナー・講演等で人工知能が知財情報業務へ与える影響について話す機会が増えたが、特許調査や分析など、全てが人工知能に代替されてしまうとは考えていない。

以下は著者が考えている知財情報業務のスマイルカーブ（主にエレクトロニクス産業における付加価値構造を表す曲線）である。前提として「（知財情報業務の）基礎知識」や「情報・データベースの理解」があり、情報業務の上流工程が「分析デザイン」、中流が「分析・読み込み（人・ツール）」、そして下流が「解釈・戦略策定」である。

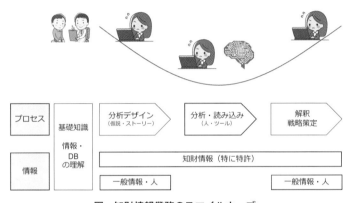

図　知財情報業務のスマイルカーブ

現在、ベンダーから発表されている AI ツール（AI Samurai や Deskbee をはじめ、特定の業務に特化した AI ツールなど）は主に、中流工程の「分析・読み込み」を効率化・省力化するものである[11]。

11　特許情報調査・分析業務における AI ツールのトレンドについては拙稿「許情報と人工知能（AI）：総論」（「情報の科学と技術」68巻7号316頁［2018］）や Japio YEAR BOOK のほか、多賀和宏「特許庁における AI 技術の活用可能性検証」（「知財管理」70巻12号1685頁［2020］）、日本知的財産協会 情報検索委員会第2小委員会「特許調査における AI 等の活用に関する研究」（「知財管理」70巻12号1767頁［2020］）、日本知的財産協会 情報検索委員会第2小委員会「AI を用いた特許調査における 業務効率化に関する研究―教師データの作り方の検討を中心に―」（「知財管理」71巻1号88頁［2021］）日本知的財産協会 情報検索委員会第2小委員会「知財情報分析における AI 等の活用に関する研究」（「知財管理」71巻11号1502頁［2021］）や花王の安藤氏の論考（例えば「特許調査における AI 検索と概念検索の有効活用」（「情報の科学と技術」72巻7号245頁［2022］）など）を参照されたい。

　「分析デザイン」や分析結果の「解釈・戦略策定」はいくらAIツールが発展しても主に人間が行うべき業務である。ただし、**第9章COLUMN**で取り上げるように生成AIであるChatGPTの登場により、今後は上流工程「分析デザイン」や下流工程「解釈・戦略策定」においても、AIツールの活用は浸透していくであろう。

　本書では中流の「分析・読み込み」におけるMS Excelを使ったパテントマップ作成について詳述しているが、近い将来に生成AIによってMS Excelによる特許情報分析・パテントマップ作成のスキル・テクニックは陳腐化してしまうかもしれない[12]。

　しかし、AIツールがいくら発展しても、どのような分析を行うのか？　分析結果を解釈して自社の方向性を決定する等の上流工程「分析デザイン」や下流工程「解釈・戦略策定」で人間が行うべきタスクは残る。第3版では「分析デザイン」や「解釈・戦略策定」についても可能な限りページを割いて説明を追加したので、ぜひとも中流のみのテクニックだけではなく、AI時代においても必要とされる上流・下流についての知識・考え方を習得していただきたい。

12　本書執筆時点でも、Microsoftの「Office 365 Copilot」やNumerous.aiのようにプロンプトベースで統計解析やグラフ作成可能なツールが発表されている。

第9章
特許情報分析スキルを磨くために

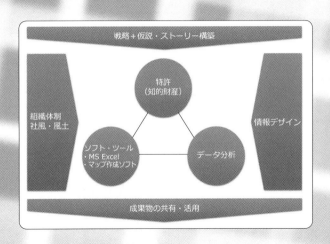

　どの職業でも向いている人、向いていない人がいるが、コンサルタントの適性があるのはどういった人だろうか？私は4つの資質が重要であると考えている。（中略）1つ目は、苦しい労働環境を楽しめるマゾヒストであること、2つ目は、自分が大好きなナルシストであること、3つ目は、知的好奇心が強く、常に新しいことを知りたがること、4つ目は、世の中を常に客観視し、斜めから見ている天邪鬼な性格であること－である。

（出所：長谷部智也『いたいコンサル すごいコンサル』）

9.1　求められる人材像

　前章までで特許情報分析における一通りの基礎について説明した。本章ではさらに特許情報分析スキルを磨くための方策について述べる。

　まず、工業所有権情報・研修館が公開しているサーチャーのキャリアルートに関する調査研究報告書をベースにどのような人材が求められているのか見てみよう。

　下図によればレベル３の熟練サーチャーへのパスとしては、アナリスト型、エキスパート型、リーガル型、マネージャー型の４つがあり、アナリスト型サーチャー（以下、アナリスト）は特許情報分析スキルだけではなく戦略提言にも強みを持つことが必要とされる[1]。

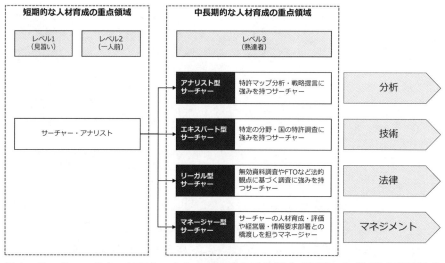

図1　サーチャーのキャリアルートと人材育成の重点領域（出所：みずほ情報総研株式会社「特許調査従事者の現状と今後に関する調査研究報告書2012」）

1　リーガル型は著者が追加したサーチャータイプである。なお、組織においてIPランドスケープ・知財情報分析を浸透させるためには、アナリスト型だけではなく、マネージャー型の知識・スキルも必要とされる。

表1　マネジメント層からみた知財情報、特許調査担当者に求めること
〈出所：日本知的財産協会知的財産情報検索委員会第4小委員会（2011）〉

	日油　早崎氏	武田薬品工業　秋本氏	パナソニック　志村氏
知財および知財情報の考え方	●知財は製品の差別化による企業利益の最大化に寄与すべきもの ●経営とは事業の開始、中止等の判断そのものであり、知財情報はその判断材料の一つ ●知財情報は客観的かつワールドワイドな情報として重要	●知財は経営ツールの一つでしかない ●知財情報は知財活動を行う上での基礎となる	●知財情報は事業参入、撤退、M＆A等の経営の局面における判断材料の一つ
マネジメント層が求める知財情報	●経営の判断材料となる内容を含む情報。局面によって必要とされる情報は異なる ●個々の知財情報（出願件数等）にあまり興味はない ●競合他社との差別化ポイントにかかる特許について整理された競合分析等は判断材料として有益 ●知財部門としての対応まで考察した報告である必要	●ファクトデータ（出願件数等）の報告は重要ではない ●会社に及ぼす影響という観点で分析、考察された情報が重要 ●知材部門として自社への影響について価値判断した報告であるべき。その判断も含めた知財情報に基づき経営判断がなされる	●他社特許の非侵害確認、業界での特許の強み・弱み、研究開発の活動状況の評価等の要点をまとめ、知財部門で価値判断された情報であるべき

　戦略提言にも強みを持つということは、アナリストの報告対象はマネジメント層中心になる。そこで、企業の知財マネジメント経験者が知財情報や特許調査担当者に求めることを**表1**に掲載する。

　業種は化学、医薬、エレクトロニクスと異なるが、単純な出願件数等の報告では意味がなく、何かしらの意味を付加することが重要である点は共通している。

表1　マネジメント層からみた知財情報、特許調査担当者に求めること
（前ページの続き）

	日油　早崎氏	武田薬品工業　秋本氏	パナソニック　志村氏
特許調査担当に求めること	● マネジメント層が必要とする時に必要な情報（＝判断材料）を迅速かつ的確に提供する ● マネジメント層が必要としている情報を常に把握する努力が必要 ● 知財情報は知財部長が窓口になってマネジメント層に伝達する仕組みが重要 ● 特許調査担当が社内スタッフであるからこそ密接な情報伝達が機能する（存在価値の一つ）	● 企業の知財部員としての特許調査担当であることを常に意識する ● 「自分たちにしかできないことをやる」という心構えが必要。業務を通じて自らの存在価値を示す必要がある ● 事業環境、経営方針、研究開発の方向性等を正確に把握し、目的、意図に合致した調査・判断を行う ● 調査結果に対し「自分たちはこう考える」という結論を出すことが重要 ● 人的ネットワークを含めた情報網の構築のため、常に関係する部署とコミュニケーションを図る ● 経営情報の現場への伝達は知財部長の重要な役割	● 何のために自分の組織・業務が存在しているのか（存在意義）という原点を常に意識する必要がある ● 知財部門としての「顧客」の信頼を獲得するためには、調査の精度、スピード、コミュニケーションの3要素が重要 ● 依頼者の特許調査の目的、意図の把握には密なコミュニケーションが特に重要 ● 方向付け（ナビゲーター）、価値評価（エバリュエーター）、情報分析（アナリスト）の3機能を併せ持つ ● 知財情報のみならず、文献、市場動向、技術動向等、他のさまざまな情報を含めて目的に合致した調査を実施する。すなわち「知財版シンクタンク」を目指すべき

9.2　MBA・MOT に関する知識を習得する

　パテントマップのベースとなるのは特許情報である。企業や研究機関が、何かしらの戦略や意思・意図に基づいて特許出願を行った結果、発行される特許情報を用いる。

　1.1で述べたように、知財戦略というのは経営戦略（全社戦略）および事業戦略を支えるための機能別戦略であることから、特許出願という行為は経営戦略・事業戦略に大きな影響を受けている。そのため、経営学に関する学位である MBA（Master of Business Administration）、技術マネジメントに関する学位である MOT（Management of Technology）やイノベーションマネジメントに関する知識を習得することが、特許情報分析スキルを向上させることに役立つ。

　経営大学院や専門職大学院に通い、MBA・MOT について学んで学位を取得するのもよいが時間や費用がかかるので、書籍や YouTube などで学習する方法もお勧めである。特許情報分析スキルの向上に役立つ MBA・MOT およびビジネススキル関連の主な書籍について読者サポートウェブサイトの「引用文献・参考文献リスト」に掲載している[2]。

　マイケル・ポーター氏の5フォースやバリューチェーンをはじめ、さまざまな戦略論・競争戦略のフレームワークがあるが、全ての産業・業種、あらゆる競争地位の組織、そしてテクノロジーライフサイクルのいかなるフェーズにも適用し得る戦略論や競争戦略のフレームワークは存在しない。

　重要なポイントは書籍などを通じて、現在提唱されている戦略論やフレームワークを知識として、頭の中の引き出しに入れておいた上で、分析対象技術・業界における勝ちパターン・主な成功要因（KSF：Key Success Factor）は何かを考えて、その勝ちパターン・KSF が特許や意匠・商標またはノウハウなどの知的財産によりサポートされ得るかどうかを考えることである[3]。

2　本書で紹介している書籍はあくまでも著者が読んで良いと思ったものであり、MBA・MOT における古典的な書籍であっても含まれていないものもある。書店などに行って実際に自分の感覚に合う本を選ぶことが肝要である。

3　読書をどのように成果につなげるかという点では山口周『外資系コンサルが教える読書を仕事につなげる技術』や御立尚資『使う力 知識とスキルを結果につなげる』などがお勧めである。

9.3　セミナー・研究会へ参加する

　特許情報分析スキルを磨く上で外部セミナーや研究会に参加し、自分のスキル・レベルを客観的に把握することは重要である。表2は著者の把握している特許情報分析に関連するセミナー・研究会である。また、外部セミナー会社が行っているセミナー等についてはパテントサロンや技術情報協会、情報機構といったセミナー会社のウェブサイトをチェックされたい。

表2　特許情報分析関係のセミナー・研究趣旨団体

日本知的財産協会
●専門委員会活動　http://www.jipa.or.jp/katsudou/iinkai_katsudou/chousa.html
●研修　http://www.jipa.or.jp/kensyu/seminar/index.html
日本知財学会
https://www.ipaj.org
情報科学技術協会
●委員会・研究活動　http://www.infosta.or.jp/research
●研修会・セミナー　http://www.infosta.or.jp/seminars
発明推進協会
http://www.jiii.or.jp/kenshu/chizaikenshu.html
インパテック
●パテントマップ研究会　https://www.inpatec.co.jp/societv
知的財産研究教育財団
●知的財産アナリスト認定講座　http://www.ip-edu.org/ipa
● IP ランドスケープ推進協議会　https://ip-edu.org/iplsuishin
企業研究会
https://www.bri.or.jp
アイ・ピー・ファイン
●知財 AI 活用研究会　http://www.ipfine.com/deskbee/AI.html

※最終アクセス：2023.06.01

9.4 文献・カンファレンス資料をウオッチングする

特許情報分析関係の定期刊行物やカンファレンスには以下のようなものがある。特に「知財管理」には特許情報分析関係の論考が比較的多く掲載されるので定期的にチェックするとよい。

表3 特許情報分析関係の定期刊行物・カンファレンス主催団体

定期刊行物と URL
World Patent Information http://www.sciencedirect.com/science/journal/01722190
Research Policy http://www.sciencedirect.com/science/journal/00487333
Technological Forecasting and Social Change http://www.sciencedirect.com/science/journal/00401625
Technovation http://www.sciencedirect.com/science/journal/01664972
知財管理 http://www.jipa.or.jp/kikansi/chizaikanri/
情報の技術と科学[4] https://www.jstage.jst.go.jp/browse/jkg/-char/ja
研究技術計画 https://www.jstage.jst.go.jp/browse/jsrpim/-char/ja
月刊「パテント」https://www.jpaa.or.jp/info/monthly_patent/
特技懇 http://www.tokugikon.jp/
特許研究 https://www.inpit.go.jp/jinzai/study/index.html
Japio YEARBOOK http://www.japio.or.jp/00yearbook/
IP ジャーナル http://fdn-ip.or.jp/ipjournal/
カンファレンス主催団体と URL
PIUG – Patent Information Users Group http://www.piug.org/
EPO（East meets West、Search Matters、PATLIB など） http://www.epo.org/learning-events/events/conferences.html
発明推進協会、日本特許情報機構、産経新聞社（特許・情報フェア＆コンファレンス） http://www.pifc.jp/

※最終アクセス：2023.06.01

---

4 「情報の技術と科学」は、刊行後6カ月程度を経過すると CiNii で PDF が無料で閲覧できるようになる。

　なお、読者サポートウェブサイトの引用文献・参考文献リストには、**表4**に掲載している以外にも特定業種や特定企業を対象とした知財戦略分析に関する主な日本語の論考を掲載しているので、ぜひ参考にしていただきたい。

表4　特定業種・特定企業に関する知財戦略分析の論考

国内外企業

- ●特許庁「企業価値向上に資する知的財産活用事例集−無形資産を活用した経営戦略の実践に向けて−」[2022]
- ●特許庁「経営戦略に資する知財情報分析・活用に関する調査研究」[2021]
- ●特許庁「新事業創造に資する知財戦略事例集〜「共創の知財戦略」実践に向けた取り組みと課題〜」[2021]
- ●特許庁「経営戦略を成功に導く知財戦略【実践事例集】」[2020]
- ●特許庁「経営における知的財産戦略事例集」[2019]
- ●情報検索委員会第3小委員会「グローバル企業の出願戦略の事例研究」(「知財管理」66巻2号149頁[2016])
- ●特許庁「戦略的な知的財産管理に向けて−技術経営力を高めるために−〈知財戦略事例集〉」[2007]

特定業界・業種

- ●医薬・バイオテクノロジー委員会第2小委員会「医薬品ライフサイクルマネジメントに実効性のある特許戦略研究」(「知財管理」71巻2号241頁[2021])
- ●富山明俊ほか「情報分析に基づくコモディティ市場への新規参入戦略」(「情報の科学と技術」71巻3号129頁[2021])
- ●荒牧裕一「ゲームソフト会社の知財戦略の転換の検証−「釣りゲーム事件」判決前後の特許出願の分析を踏まえて−」(「大和大学研究紀要」75頁[2020])
- ●医薬・バイオテクノロジー委員会第2小委員会「バイオ医薬品分野におけるバイオシミラー等をふまえた特許戦略研究」(「知財管理」69巻1号84頁[2019])
- ●医薬・バイオテクノロジー委員会第2小委員会「医薬品産業の知財戦略（その1）−グローバル医薬品事業における特許ポートフォリオの分析−」(「知財管理」65巻11号1515頁[2015])
- ●医薬・バイオテクノロジー委員会第2小委員会「医薬品産業の知財戦略（その2）（完）−医薬品の各特許タイプの権利化の分析−」(「知財管理」65巻12号1687頁[2015])
- ●植西祐子・伊佐田文彦「国内製薬企業の特許共同出願に見るパートナーシップのネットワーク分析」第30回研究・技術計画学会年次学術大会講演要旨集
- ●井出達徳ほか「電機業界における技術情報としての特許の利用例」(「情報の科学と技術」64巻7号259-264頁[2014])

日本企業

- ●田中裕紀「コロナ禍における富士通知財の DX 支援」(「情報の科学と技術」71巻7号317頁 [2021])
- ●三沢岳志ほか「特定企業の戦略的特許出願網の事例分析 − S 社の自転車部品市場における知的財産戦略 −」(「情報の科学と技術」71巻2号74頁 [2021])
- ●三橋敬憲ほか「特定企業の戦略的特許出願網の分析〜日本における介護入浴装置の事例〜」(「情報の科学と技術」70巻4号211頁 [2020])
- ●石塚利博「企業の知財戦略について − 日立ハイテクの取り組み −」(「特許研究」60号28頁 [2015])
- ●鈴木崇・前田三奈「事業成長を支える日立の知的財産戦略」(「日立評論」2015年4月号 12頁)
- ●佐々木剛史「環境技術におけるトヨタの知的財産活動」(「特許研究」50号16頁 [2010])

米国企業

- ●国際第1委員会「米国企業の協業活動に関する知財戦略の考察」(「知財管理」67巻7号1029頁 [2017])
- ●国際第1委員会「米国企業の戦略的特許買収」(「知財管理」65巻10号1363頁 [2015])
- ●上野剛史「IBM の知的財産戦略」(「知財管理」64巻4号487頁 [2014])
- ●国際第1委員会「Apple 社の知財戦略について」(「知財管理」63巻5号699頁 [2013])
- ●国際第1委員会「Google 社の知的財産戦略について」(「知財管理」62巻8号1103頁 [2012])

スタートアップ企業

- ●ソフトウェア委員会第1小委員会「スタートアップ企業における資金調達から見た特許出願の有効性に関する研究」(「知財管理」72巻8号944頁 [2022])
- ●情報活用委員会第1小委員会「スタートアップ企業の特許情報に着目したオープンイノベーションに関する研究」(「知財管理」71巻8号1109頁 [2021])

欧州企業

- ●アン・スンホ「サムスン電子株式会社の知的財産戦略」(「知財管理」61巻4号437頁 [2011])

その他の国・地域

- ●情報検索委員会第1小委員会「インド市場における企業の知財戦略に関する研究」(「知財管理」68巻2号182頁 [2018])
- ●国際第4委員会第1小委員会「特許訴訟データから見るインド知財戦略に関する調査・研究」(「知財管理」67巻8号1167頁 [2017])
- ●情報検索委員会第1小委員会「インド市場における企業の知財戦略解析に関する研究」(「知財管理」66巻10号1289頁 [2016])

　参考文献には可能な限り入手しやすい書籍・文献およびウェブサイト上からダウンロードできるドキュメント情報を掲載した。本書中に引用していない場合であっても掲載している参考文献があるので、本書を通読された後は参考文献の中から興味のある文献やドキュメントを探して読んでいただきたい。

　なお、文献・カンファレンス資料以外に書籍や官公庁の審議会資料・シンクタンクのレポートをウオッチングするのも重要である。特に企業分析などを行う際に、企業経営者や経営評論家などが執筆した当該企業に関する本[5]や雑誌・ウェブサイトのインタビュー記事などを読むとよい。技術的な話がなかったとしても、特許情報分析結果やパテントマップを解釈するための底流となる組織や文化・考え方などを把握することができる。

　官公庁における審議会・研究会の配布資料や委託調査報告書は、シンクタンクやコンサルティングファームが事務局や委託先として資料を作成していることもあり、業界動向など充実した情報が掲載されている。これらの情報は無料で入手することができるので、定期的に確認しておくとよい。

　例えば図2は経済産業省の委託調査「令和3年度重要技術管理体制強化事業調査報告書」に掲載されているチャートである。本報告書はボストンコンサルティンググループによって作成されており、経済安全保障の観点から注目すべき産業・技術について情報収集・整理している。

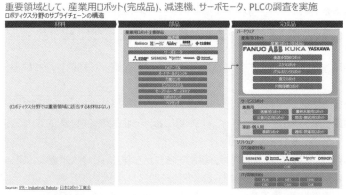

図2　ロボティクス分野のサプライチェーンの構造
（出所：経済産業省「令和3年度重要技術管理体制強化事業調査報告書」）

外資コンサルティングファームやシンクタンクは、自社ウェブサイトでも定期的に論考などを公表している。さまざまな独自分析結果に基づくコンサルタントの知見が披瀝（ひれき）されており、その知見自体を学ぶだけではなく、分析の着眼点を学ぶという点でも参考になる。

9.5　その他

著者のように外部のリサーチ・コンサルティング会社に勤務している場合に限らず、事業会社内部の知財部門や研究開発部門、事業部門に所属している場合であっても、顧客からのリクエストがあって特許情報分析・パテントマップ作成を行う。外部顧客であっても内部顧客であっても、顧客に対するコンサルティングマインドを持つことが非常に重要である[6]。

また、組織を構成しているのは人間であり、データ分析のみで全てを明らかにできるわけではない[7]。データ自体は客観的なものであるが、その客観的なデータの裏側には主観的な人間の感情・想い、弱さなどが存在している点も考慮に入れて分析結果・パテントマップを解釈しなければならない[8]。

5　例えばビール業界について分析するのであれば、渡淳二『カラー版 ビールの科学』のような本だけではなく、高杉良『最強の経営者 アサヒビールを再生させた男』や前野雅弥『ビール「営業王」社長たちの戦い』などの書籍も読むとよいであろう。

6　例えばP・F・ドラッカー『プロフェッショナルの条件』やデービッド・マイスターほか『プロフェッショナル・アドバイザー』、ジャグディシュ・N・シースほか『選ばれるプロフェッショナル』、エドガー・H・シャイン『謙虚なコンサルティング』、波頭亮『プロフェッショナル原論』、遠藤功『戦略コンサルタント 仕事の本質と全技法』などを参照されたい。また、分析プロジェクトを円滑に進めるためのプロジェクトマネジメントスキルも必要とされる。プロジェクトマネジメントについては山口周『外資系コンサルが教えるプロジェクトマネジメント』や長尾清一『問題プロジェクトの火消し術』を参照されたい。また、企業側として外部のコンサルタントや調査・分析会社をうまく活用するためにはカレン・フェラン『申し訳ない、御社をつぶしたのは私です。』や、長谷部智也『いたいコンサル すごいコンサル』、長尾清一『ベンダー・マネジメントの極意』などを読んでおくとよいであろう。

7　データ分析重視の潮流に一石を投じているのが社会科学的なアプローチで企業へイノベーションコンサルティングを提供しているReD Associatesである。ReD Associatesのメンバーが書いたクリスチャン・マスビェアほか『なぜデータ主義は失敗するのか？』も参照されたい。

8　冨山和彦『リーダーの「挫折力」』など。また、経営コンサルタントの経験に基づいた三枝匡の三部作『戦略プロフェッショナル』『経営パワーの危機』『V字回復の経営』は、客観・主観を両立させながら改革を進めていく様子が小説仕立てで分かりやすく書かれている。最近では木村尚敬『ダークサイド・スキル』および『修羅場のケーススタディ』などがお勧めである。

COLUMN 「特許情報分析への ChatGPT 等生成 AI の活用」

2022年11月30日に OpenAI より発表された ChatGPT は世界に衝撃を与えた。読者の中には既に ChatGPT などの生成 AI（Generative AI）を業務に活用している方もいるであろう。**第8章 COLUMN** で AI 時代を迎えた知財情報業務のスマイルカーブについて述べたが、ここでは特許情報分析への生成 AI についての著者の活用方法を述べる。

まず、ChatGPT でできること（自然言語におけるユースケース[9]）を以下の図で確認しておく。

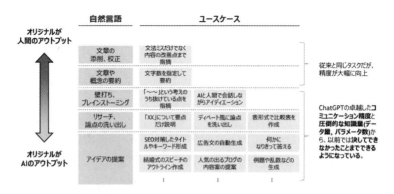

図　ChatGPT でできること（出所：松尾豊「AI の進化と日本の戦略」）[10]

日本語に限定されない文章の添削・校正や要約のほか、各種アイデアの提案や壁打ちなどができる。特許情報分析における著者の ChatGPT の活用方法としては、以下などがある。

・分析デザイン・設計や分析ストーリーの予備検討
・分析軸の検討
・分析母集団検索式作成におけるキーワード・同義語の洗い出し
・分析母集団検索式作成における特許分類の予備検討

9　本書執筆時点で最新版である GPT-4 は、テキストだけではなく画像や動画も扱うことができるマルチモーダルとなっているが、ChatGPT で利用できるのはテキストのみであるため、本 COLUMN では自然言語処理に焦点を当てている。図面や動画を扱うことができるようになると、より幅広い知財業務への活用が可能になると考えている。

10　本チャートは塩崎彰久衆議院議員の note「自民党 AI の進化と実装に関するプロジェクトチーム」に掲載されている。本 note には松尾氏の資料以外にもさまざまな有識者の資料が掲載されており、非常に有益である。

あなたは特許情報分析の専門家です。お客様からスマート農業に関する動向分析の相談をもらいました。スマート農業の特許出願動向分析に関する分析の着眼点を5程度作成してください

スマート農業の特許出願動向分析において、以下の着眼点を考慮することが重要です。

1. 技術分野別の出願数: 各技術分野ごとの特許出願数を調査し、どの技術が活発に研究・開発されているかを把握します。これにより、市場での競争力や技術の将来性を評価できます。

2. 主要企業・研究機関の特許出願動向: 市場をリードする企業や研究機関の特許出願動向を分析し、その戦略や研究開発の重点分野を把握することができます。

3. 地域別の特許出願数: 各国・地域ごとの特許出願数を調査し、地域ごとの研究開発の活発さや市場機会を分析できます。また、特許保護の範囲や強度にも関心を持ち、国際展開を考慮した戦略を立てることができます。

4. 特許審査の状況: 特許審査にかかる期間や許可率を分析し、技術の新規性や進歩性を評価することができます。また、審査状況によっては、特許戦略の見直しや、技術開発の方向性を再検討する必要があります。

5. 特許引用分析: 特許文献が引用される頻度や引用関係を分析することで、技術の影響力や革新性を評価できます。また、引用関係をたどることで、競合技術や研究開発の先行動向を把握することが可能です。

図　ChatGPTで生成したスマート農業の特許動向分析に関する着眼点

　ただし、ChatGPTの回答は最新情報ではなく（本書執筆時点で2021年9月までの情報で学習）、情報の正確性に問題がある。そのため、上図のリサーチ＝事実情報の収集にChatGPTを用いるのは控えたほうがよい。

　ChatGPT以外にもGPTを搭載したAIツールがあるため、目的によって使い分けるとよい。著者はリサーチ（例えば**第5章 COLUMN**で取り上げた市場規模データの収集など）にはPerplexityやBing Chatを用いている。

　なぜならば、以下のように引用元が表示されるからである[11]。引用元が表示されるのはBing Chatも同様である。

11　ChatGPTと同様に表示された回答が正しいかどうか分からないため、引用元をクリックして正しい情報であるか否をチェックする必要がある。ChatGPTではこの引用元が表示されないため、別途、正否をチェックしなければならない。

図　Perplexity の検索結果

　その他、GPT ベースに AI ツールとして著者は Google Chrome のアドインである Glarity Summary を活用している。ChatGPT では文章などの要約ができると述べたが、この Glarity Summary を用いると文章だけではなく、Google 検索結果や YouTube 動画の要約を作成することができる。

　以下は Google Patents で検索した米国特許公報の日本語要約を作成した例である。

図　Glarity Summary による Google Patents 検索結果の要約

　もちろん、権利的な判断などを行う場合は、特許請求の範囲などを詳細に読み込む必要があるが、特許の概要を把握したい場合などは単なる Abstract の日本語訳よりも内容を把握しやすくなっている。下表に DeepL で日本語訳した Abstract と Glarity Summary で生成された日本語要約を示す。

表　Glarity Summary の日本語要約と DeepL で日本語訳した Abstract

Glarity Summary の日本語要約	DeepL で日本語訳した Abstract
流体サンプリングシステムは、坑井軸に沿って延びる坑井を囲む地層から地層流体サンプルを回収し、地層はその中に処女流体と汚染された流体を有する。システムは、サンプル注入口と、サンプル注入口に隣接して配置され、坑井軸に沿った第1の方向にサンプル注入口から間隔を置かれた第1のガード注入口と、サンプル注入口に隣接して配置され、坑井軸に沿った第2の反対方向にサンプル注入口から間隔を置かれた第2のガード注入口を含む。少なくとも1つの浄化用フローラインは、汚染された流体を通過させるために第1及び第2のガードインレットに流体的に接続され、評価用フローラインは、バージン流体を収集するためにサンプルインレットに流体的に接続されています。	この記事は、油田掘削における地下の岩石層の調査に関するもので、特に採取された地層液の汚染を減らすための装置と方法について説明しています。地下の岩石層を掘削する際、掘削液が通常、掘削管を通じて岩石層に送り込まれます。岩石層の圧力や浸透性を測定するためには、通常、掘削管を取り外してワイヤーラインツールを岩石層に降ろす必要があります。しかし、このプロセスは時間がかかり、コストがかかるため、通常は本当に必要なときだけ使用されます。また、岩石層液を取り出す際には、汚染物質が入り込む可能性があるため、その汚染を減らす装置や方法が開発されています。本記事では、サンプルインレット、第1のガードインレット、第2のガードインレットを備えた岩石層液サンプリングシステムが提供され、これらが連動して動作することで、汚染物質が取り込まれることを防止する方法が提供されています。

　ここで挙げたのは知財情報業務への ChatGPT の活用である。知財情報業務に限定しなければ、より広い業務への活用が可能である（例えばアイデア創出、出願書類作成支援や、セミナー・講演や論考執筆時の構成の検討など）また、生成 AI の進歩の速度はすさまじいものがあるため、本書発行時点では、また新たなツールが登場している可能性が高い。本 COLUMN で紹介するのはあくまでも本書執筆時点の活用方法である点に留意して各種情報源から生成 AI に関する最新情報を入手し、実務に活用することが望ましい。

用語索引

おわりに

　初版の発行から約10年の歳月が経過した。著者の勤務先も日本技術貿易（現NGB）からランドンIP、イーパテントと変遷し、特許情報業界を取り巻く環境も大きく変わった。

　20年近く知財業界にいると、世の中のトレンドというものが5〜10年ごとに移り変わっていく様子を感じる。著者が新入社員として日本技術貿易に入社した頃は小泉純一郎元首相が知財立国宣言を行い、パテントマップがブームであった。

　その後、特許情報は出願から1年半前の情報なので古い、パテントマップを見てもよく分からないといった批判もあり、そのブームが落ち着き、次に特許情報が脚光を浴びたのが2010年前後の「経営に資する知財」「事業に資する知財」であったが、これも長続きしなかった。そして2017年にIPランドスケープが登場し、2021年にはコーポレートガバナンス・コードに「知的財産への投資」が盛り込まれたことで、21世紀に入って三度目の特許情報分析ブームを迎えている。

　特許情報分析（広くいえば知財情報分析）をビジネスに活用しようという動きが今までなかったわけではない。知財部門が以前から抱えている困難な課題であるからこそ、再び脚光を浴びているのだと考えている。もちろん、分析を支えるインフラや人工知能などの技術的な発展もその一役を担っているが、分析ツールがいくら発達しても、分析の目的を決めるのは人間であり、分析結果を解釈して意思決定を下すのも人間である。

　分析ツールや分析テクニック習得の重要性を否定するものではないが、特許情報分析で自らの組織の発展させるためには、あくまでも分析担当者が特許情報分析を行う際の考え方をしっかりと身に付けることが最も重要であるという想いは不変であると考えている。そのような取り組み・活動を推進していく上で、本書が多少なりとも役立つのであれば著者としてこれ以上の喜びはない。

なお、本書『特許情報分析とパテントマップ作成入門』（自称：赤本）と、『特許情報調査と検索テクニック入門』（自称：青本）という2冊を出版させていただき、特許検索・調査と特許分析の入門書は上梓済みであるが、読者から「現状分析（技術動向・競合他社分析）や新規事業開発といった分析の目的に応じた事例を盛り込んだ実践編も出版してほしい」という要望を数多くいただいている。本書第3版の改訂作業もなんとか完了したので、これから『特許情報分析とパテントマップ作成実践（仮）』（自称：黒本）の執筆に取り掛かりたいと考えている。分析の目的に応じて「現状分析編—技術動向・競合他社分析—」「新規事業開発編」「M&A・提携先探索および社会課題編」の三部作でお届けする予定なので、赤本で基礎を習得された方はぜひとも黒本のほうも購入いただければ幸いである。

　最後に、毎度のことではあるが、平日も土日も仕事や執筆作業などで追われている著者を支えてくれている妻・志保と、初版時は2歳であったが今年14歳になった娘・百音に感謝したい。

2023年8月吉日

野崎 篤志

著者プロフィール

野崎 篤志（のざき あつし）
株式会社イーパテント 代表取締役社長／
知財情報コンサルタント ®

1977年11月　新潟県生まれ
2002年３月　慶應義塾大学院 理工学研究科
　　　　　　総合デザイン工学専攻修了（工学修士）
2002年４月　日本技術貿易株式会社入社 IP 総研に配属
2010年３月　金沢工業大学院 工学研究科 ビジネスアーキテクト専攻修了
　　　　　　（経営情報修士）
2010年４月　日本技術貿易株式会社 IP 総研 コンサルティングソリューション
　　　　　　グループ グループリーダー
2010年10月　日本技術貿易株式会社 IP 総研 マネージャー
2012年４月　ランドン IP 合同会社 シニアディレクター（日本事業統括部長）
2013年４月　東京理科大学 工学部 非常勤講師
2014年４月　東京理科大学大学院 イノベーション研究科 知的財産戦略専攻 非常勤講師
2017年４月　KIT 虎ノ門大学院 イノベーションマネジメント研究科 客員准教授
2017年５月　株式会社イーパテント 代表取締役社長
2019年３月　平成30年度特許情報普及活動功労者表彰 特許庁長官賞
2021年４月　大阪工業大学大学院 知的財産研究科 客員教授
2022年４月　KIT 虎ノ門大学院 イノベーションマネジメント研究科 客員教授

「知財情報を組織の力に ®」をモットーに、知財情報コンサルティング（技術動向分析、競合他社分析、中長期戦略策定支援、未来予測・将来予測、知財デューデリジェンス、アイデア・発明創出支援など）や、人材育成・研修業務に従事する傍ら、YouTube「野崎篤志のイーパテントチャンネル−調査・分析系中心−」や note など複数の情報発信メディアを運営している。著書に『調べるチカラ「情報洪水」を泳ぎ切る技術』（日本経済新聞出版社）、『特許情報調査と検索テクニック入門 改訂版』（発明推進協会）、『MS EXCEL を用いたパテントマップ作成・活用ノウハウ』（技術情報協会）、『知的財産戦略教本』（部分執筆、Ｒ＆Ｄプランニング）、『欧州特許の調べ方』（編著、情報科学技術協会）がある。

所属学会：日本知財学会、自動車技術会、情報科学技術協会、情報知識学会、人工知能学会、研究・イノベーション学会、日本マーケティング学会

経営戦略の三位一体を実現するための

特許情報分析とパテントマップ作成入門　第3版

2011 (平成23) 年12月9日	初　版		発行
2012 (平成24) 年7月11日	初　版	第2刷	発行
2013 (平成25) 年12月13日	初　版	第3刷	発行
2016 (平成28) 年11月1日	改訂版		発行
2017 (平成29) 年6月1日	改訂版	第2刷	発行
2023 (令和5) 年9月8日	第3版		発行

著　　者　　野崎　篤志
©2023 NOZAKI Atsushi
発　　行　　一般社団法人発明推進協会

発 行 所　　一般社団法人発明推進協会
　　　　　　所在地　〒105-0001　東京都港区虎ノ門2-9-1
　　　　　　電　話　03-3502-5433（編集）　03-3502-5491（販売）
　　　　　　ＦＡＸ　03-5512-7567（販売）

印刷・製本・デザイン　株式会社丸井工文社　Printed in Japan
乱丁・落丁本はお取り替えいたします。
ISBN978-4-8271-1388-4　C3032
本書の全部または一部の無断複写・複製を禁じます（著作権法上の例外を除く）。